Heinrich Preschers

Einsweilige hochfürstlich spielerische Anmerkungen über das von Seite des hochwürdigen Domkapitels zu Speier im Druck erschienene Memoriale

Heinrich Preschers

Einsweilige hochfürstlich spielerische Anmerkungen über das von Seite des hochwürdigen Domkapitels zu Speier im Druck erschienene Memoriale

ISBN/EAN: 9783743679436

Hergestellt in Europa, USA, Kanada, Australien, Japan

Cover: Foto ©Suzi / pixelio.de

Weitere Bücher finden Sie auf **www.hansebooks.com**

Hochfürstlich-Speierische
Anmerkungen

Ueber das von Seite

des Hochwürdigen Domkapitels zu Speier

im Druck erschienene

MEMORIALE

an

Eine hohe allgemeine Reichsversammlung

nebst beigefügten Geschichtserzählung

in Betreff

Der vom Kaiserlichen Reichshofrathe wider das Domkapitel zu Speier vorgeblich Reichsconstitutions- und Wahlcapitulationswidrig erlassene Urtheile und Strafgebote

In Sachen

Des Herrn Fürstbischofs zu Speier

gegen

erwehntes Domkapitel

Puncto

anfechten wollenden Landesherrlichen und Geistlichen Gerechtsamen

Mit Anlagen unter den Buchstaben A. bis Qq.

Im Jahre 1786.

Nachricht
an
den Vorurtheils freien Leser.

Vor kurzer Zeit ist Seiner Hochfürstlichen Gnaden zu Speier der auswärts benannte domkapitlische Abdruck wider alle Erwartung zu Gesichte gekommen, und aus solchem das frevelhafte Benehmen des Schriftstellers zu ersehen gewesen.

Höchstdieselbe fanden sich in Rücksicht auf die unächte Geschichtserzählung sowohl als auch auf die hier und dort eingeflossene unwahre Aufstellungen und äusserst vermessene Verläumdungen gezwungen, ihre bestgegründete Anmerkungen in möglichster Kürze und Eilfertigkeit zu fassen, solche mit unverwerflichen Urkunden zu belegen, und zum leichteren Begriff eines jeden Lesers, die domkapitlische Rekursschrift auf der einen- sodann auf der andern Seite ihre Anmerkungen zum Druck befördern zu lassen.

Die fürstlichen Anmerkungen sind mit eilender Feder niedergeschrieben worden, und nicht weniger eilend war der Abdruck, daher auch manche eingeschlichene Druckfehler nicht vermieden werden konnten.

Indessen wird doch das über Leidenschaften hinausgesetzte Publikum darüber sein gerechtes Befremden nicht bergen können, daß die Verfasser der Paritionsanzeige, des Restitutionslibells und der Rekursschrift sich haben erdreusten mögen, ihre hohe Principalschaft durch Einstreuung ungegründeter und unwahrer Sätze, durch erniedrigende Beiflickung schamloser Schmähungen, wozu nur ein Sclav von Leidenschaften fähig sein kann, zu täuschen. Es war freilich eine starke Dosis von unredlicher Zudringlichkeit nöthig, um ein- oder anderem Domkapitularen Staub in die Augen zu werfen; besonders da vielen unter denenselben nicht zuzumuthen ist, mit eignen Augen durch das aufgestellte Blendwerk zu dringen, und das Wahre von dem Falschen zu erkennen, sondern ein jeder sich berechtiget hält zu glauben, daß der oder die Rathgeber aufrichtig gehandelt hätten. Sollte übrigens das hochwürdige Domkapitel nach der Seite 116. der fürstlichen Anmerkungen ersichtlichen Muthmassung von dem Rekursbegehren abstehen, und einen andern Weg einschlagen; so wird man auch diesseits zu einem Nachtrag sich veranlasset finden. Im Christmonat 1786.

Domkapit-

Domkapitlische Rekursschrift.

Memoriale
an Eine hohe allgemeine
Reichs-Versammlung
in Betreff
der von dem kaiserlichen Reichshofrath wider das Domkapitel zu Speier Reichsconstitutions- und Wahl-Capitulationswidrig erlassenen Urtheile und Strafgebote
In Sachen
des Herrn Fürst-Bischoffen zu Speier
gegen
erwähntes Domkapitel
Puncto
vorgeblich anfechten wollender landesherrlicher und geistlicher Gerechtsame.

Hochfürstl. Speierische Anmerkungen.

Parturiunt montes, nascetur ridiculus mus.

HORATIUS.

Seine Hochfürstliche Gnaden zu Speier hätten den Innhalt der anmaßlichen domkapitlischen Rekursschrift, aus welcher die Hinfälligkeit der sich zueignen wollenden landesherrlichen Rechte jeder Sachverständige beim ersten Ueberblick wahrnimmt, keiner Aufmerksamkeit würdig geachtet, wann nicht dieselbe in offenen Druck erlassen worden wäre, und solche unverschämte Ausdrücke enthielt, welche ihre Ehre, und fürstbischöfliches Ansehen bei dem nicht unterrichteten Publikum benachtheiligen könnten.

Zur Nothwendigkeit wurde es also, nicht nur dasselbe mittels Vorlegung der wahren Umstände über die eigentliche Beschaffenheit zu belehren, sondern auch den betheiligten Domkapitularen, massen dem glaubhaften Vernehmen nach, weder der Herr Domdechant noch verschiedene andere Domkapitularen einigen Theil an dieser Schmähschrift haben, ihr grosses Unrecht und den Dunst der vorgespiegelten Gerechtsame bemerklich zu machen.

Der alle Schranken der Höflichkeit nicht nur überschreitende, sondern vielmehr durch ausserordentliche Grobheiten unter dem entlehnten Namen des hochwürdigen Domkapitels sich auszeichnende Federführer hat zwar vorzüglich in Absicht auf die vielmal verworfenen Ausdrücke: **gebohrner Senat, auch Erb- und Grundherrschaft** mit einem fremden Kalbe gepflüget, jedoch müssen ihm die erforderlichen Einsichte, um das Wahre von dem Falschen zu unterscheiden, gemangelt haben, sonst er nicht mit offenen Augen geträumet, und bereits zuvor die Herrlichkeit der erfochtenen Sache im Tone eines Weissagers auf der reizendsten Seite vorgestellet haben würde.

Domkapitlische Rekursschrift.

Des Heil. Römischen Reichs Churfürsten, Fürsten und Stände

Zu gegenwärtiger allgemeiner Reichsversammlung bevollmächtigte vortrefliche Räthe Bottschafter, und Gesandte,

Hochwürdig- Hoch- und Wohlgeborne, Hochedelgeborne und Hochgelehrte, Großgünstige, Hoch- und vielgeehrte Herren!

1) Nur durch den äussersten Zwang genöthiget sieht das Domkapitel zu Speier sich veranlasset, Euer Hochwürden, Excellenzen, Hoch- und Wohlgebornen ꝛc. ꝛc. in der angebogenen Ausführung eine Geschichte vorzulegen, die ihres ganz ausserordentlichen Verlaufs halber und des drückenden Unrechts wegen auch eine ganz besondere Aufmerksamkeit verdienen dörfte.

2) Auf einseitige Vorstellungen und Klagen seines eignen Hrn. Fürstbischofs über angebliche Eingriffe in ihre landesherrlich- und geistliche Gerechtsame, hat es nemlich der kaiserliche Reichshofrath gegen alle gesetzmäßige Vorschriften ohne weiteres für erlaubt gehalten, aus einigen hie und da entdeckten Spuren, da die Beschuldigungen nicht erweißlich zu machen waren — eine neue Masse zu sammeln —

Hochfürstl. Speierische Anmerkungen.

Es muß ihm folglich unbekannt gewesen seyn, daß der gebohrne Senat (den man an seinem Orte im wahren Gesichtspunkte darlegen wird) ein Unding sey, sobald von landesherrlichen Gerechtsamen die Frage ist, und daß die Erb- und Grundherrschaft von einer altjährigen Brute eines Hirngespenstes entstanden.

Diese untrügliche Sätze bewähren, daß seine Prophezeihung nur ein Dampf war, und blieb, der eilend verschwand, sohin auch die Grossen den domkapitlischen Regierungsgeist zum Zweck gehabten Absichte ein eitles Nichts gewesen.

ad 1) Man hat sich vorgenommen, in möglich- und immer thunlichster Kürze bei den einschlagenden Stellen die Unerfindlichkeit des äussersten Zwangs eben so, als den ordnungsmäßigen Gang der Sache und das rechtliche der oberstrichterlichen Entscheidung sonnenklar, und ganz natürlich ohne Schminke vor Augen zu legen, um dadurch jedermann zu überzeugen, daß die sogenannte domkapitlische Rapsodie nicht die mindeste Aufmerksamkeit verdiene.

ad 2) Hier wird im Allgemeinen bemerkt, daß der Innhalt des Memorialis an eine hohe allgemeine Reichsversammlung ein kurzer Auszug sämtlicher in der nicht ächten Geschichtserzählung enthaltenen theils irrigen und theils unwahren Aufstellungen sei, welche behörigen Orten ihre Erledigung und den wahren Aufschluß erhalten werden.

Für jetzt bringt man in Anregung, daß seine hochfürstliche Gnaden keinen ordentlichen Prozeß angestellet, sondern nur seiner römisch-kaiserlichen Majestät als obersten Lehnherrn die bisherige domkapitlische Mißbräuche, worüber sich schon ihre Hrn. Vorfahrer die Cardinäle von Schönborn und Hutten beschweret, in einem

Offi-

Domkapitlische Rekursschrift.	Hochfürstlich Speierische Anmerkungen.
	Offizialberichte angezeiget hatten und darauf von dem kaiserlichen Reichshofrath in der behörigen Rechtsordnung um so mehr verfahren worden sei, als keine Frage von einer Prozeßgattung, sondern allein von Richtigstellung der widrigen Thathandlungen war, die das hochwürdige Domkapitel in seinen eigenen beim kaiserlichen Reichshofrath überreichten Anzeigen nicht hat beseitigen können. Daß es aber seiner hochfürstlichen Gnaden Meinung nicht war, mit ihrem Domkapitel einen Prozeß zu führen, erhellet daher, weil höchst Sie niemals das geringste von jenen domkapitlischer Seits beim kaiserlichen Reichshofrath übergebenen Schriften kommunicirt erhalten, noch solches verlanget haben, und es höchst Denenselben nur um Abstellung der Mißbräuche, zur Aufrechthaltung ihrer Hochstifts-Regalien, auch Sicherheit des hochstiftischen Aerarii und ihrer treuen Dienerschaft zu thun war.
3) Sofort daraus, ohne das Domkapitel über deren richtig oder unrichtiges Gehalt vorher zu hören, sogleich von Amtswegen ein exekutivisches Verfahren zu modeln, wodurch die domkapitlische Reichssatzungs- und Wahlcapitulationsmäßig gesicherten Vorzüge, Zuständigkeiten und Freiheiten, dem offenkündigen Reichsherkommen, und der Analogie des deutschen Staatsrechts zuwider, auf einmal gänzlich zerstäubt werden wollen, die uralte speierische kirchliche Verfassung hingegen auf die Spitze gestellt ist, bei jeder geringsten Bewegung in Schutt verkehret zu werden. Weder der Ruf heiliger Gesetze, noch die Stimme des unter seinen vorigen Oberhäupter versammelten Reichs, weder Titul, noch Besitz waren fähig den kaiserlichen Reichshofrath von seinen vorgefaßten Neulings-Grundsätzen abzubringen, und an das Grenzmal seines Gewaltes zurückzuführen. Das Domkapitel blieb in den eingeschlagenen strengen	ad 3) Alle diese schändliche Auflagen enthalten so viele Unwahrheiten, als Worte sie in sich begreifen. An jeder Stelle in der Geschichtserzählung wird man den domkapitlischen Schriftsteller schamroth machen, und durch die von dem hochwürdigen Domkapitel sowohl überreichte Vorstellungen, als darauf erfolgte Reichshofraths-Conclusa, Ihn seiner falschen Angaben, daß dem hochwürdigen Domkapitel das Verhör versagt worden, überführen.

Domkapitelische Rekursschrift.

gen Wegen nach, wie vor verurtheilet, von nun an das nicht mehr zu seyn, was es immer gewesen, und wofür es in den Westphälischen Friedenstafeln von Kaiser und Reich, von den garantirenden Kronen durch einen ruhigen unverrückten Gebrauch, diesem richtigen Dollmetscher aller Zweifel, wo nur immer wahre Zweifel möglich sind, erkannt worden ist.

4) Aber eben diese Verurtheilung, da sie lediglich den Mißbrauch des Ansehens zum Führer — da sie ganz ausser den Grenzen einer contentiosen Gerichtsbarkeit, durch einseitige Auslegung und Zernichtung der vorzüglichsten Reichsfundamentalgesetze viel zu tief in den Statum publicum eingreift, und da sie mit unzähligen Gebrechen jener Art umwunden ist, worüber nicht nur das gesamte Reich schon im Jahr 1611, sondern sogar die österreichisch- und burgundische Gesandschaften, Ausweiß der Fürstenraths Protokolle vom Jahr 1665 das öffentliche Mißfallen zu äussern kein Bedenken trugen, eine solche Verurtheilung kann und wird hoffentlich nicht bestehen, wenn sie neben den Reichsgesetzmäßigen Vorschriften auf die Capelle gelegt, und dabei zugleich die betrübten Folgen überdacht werden sollten, welche früher oder später aus einer gleichgültigen Duldung solcher willkührlicher Behandlungen aufkeimen dörften.

5) An Euer Hochwürden, Exzellenzen, Hoch- und Wohlgebohrn, auch Hochedelgebohrn ꝛc. ꝛc. ergehet daher die dringende Bitte des Domkapitels zu Speier dahin gehorsamst, bei seiner kaiserlichen Majestät durch ein schleunig abzufassendes Reichsgutachten zu veranlassen, womit die hierinnfalls ergangene Reichshofräthliche Judicata de plano wieder aufgehoben, und demselben allweiters Unternehmen nachdrücklich niedergelegt, ermeldtes Domkapitel hingegen bei seinen, aus einem unfürdenklichen Reichsherkommen erworbene, durch den westphälischen Frieden so,

Hochfürstlich Speierische Anmerkungen.

ad 4) Die aus einer Gallsucht in wütende Bosheit verwandelte höchst strafbare Ausdrücke beschuldigen Seine kaiserliche Majestät eines Mißbrauchs in Ausübung des allerhöchsten oberstrichterlichen Amts, da doch Allerhöchstdieselbe nach dem Beispiel ihrer allerhöchsten Vorfahrer der römischen Kaiser Leopold, Carl des sechsten, und Franz des ersten die offenbare domkapitlischen Mißbräuche nur abgestellet haben, wie die Ehre liebende, und billig denkende Welt einstimmig bekennen wird, und muß.

Auch kommt es hier auf ehemaligen Beschwerde gegen ein oder anderes der höchsten Reichsgerichte nicht an, sondern ob in gegenwärtigem Falle eine solche Beschwerde vorhanden, wie sie gegen alle Wahrheit erdichtet werden will? daß dem also, und nicht die mindeste erfindlich, wird sich in den folgenden Anmerkungen über die verunstaltete Geschichte deutlich ersehen lassen.

ad 5) Der kürzeste, aber nicht der rechtliche Weg würde es freilich seyn, *de plano* alle Reichshofräthliche Judicata aufzuheben. Niemand, als einem Wahnsinnigen, oder dem domkapitlischen Schriftsteller könnte es jemals eingefallen sein, einer hohen allgemeinen Reichsversammlung einen solchen rechtswidrigen Vortrag zu machen; angesehen, wann auch das hochwürdige Domkapitel eine rekursfähige Beschwerde hätte, ohne vorgängigen Bericht des obersten Gerichts sich kein Schluß fassen ließ. Wunderbar ist es doch, daß man domkapitlischer Seits so laut von Beschwerden spricht, und nach dem ob omnimodam irre-

Domkapitlische Rekursschrift.	Hochfürstlich Speierische Anmerkungen.
so, wie durch die feierlichen kaiserlichen Wahlverträge von einer Zeit zur andern bestättigten, und bishieher nie bestrittenen Gerechtsamen, Vorzüge, und Prädikaten kräftigst geschützt werden möge.	irrelevantiam novorum den 11ten August 1785. verworfenen Restitutionsbegehren ein anderes Rechtsmittel nicht eingelegt habe, sondern erst zur Zeit, wo der Vollzug der in die Rechtskraft getrettenen allerhöchsten kaiserlichen Judicatorum vor der Thüre stehet, auf einen gar nicht statt findenden Rekurs habe angetragen werden mögen. Keinesweges kann sich durch die von Verstäubung der domkapitlischen Zuständigkeiten, und Freiheiten, von dem Reichsherkommen, Analogie des deutschen Staatsrechts, westphälischen Frieden, und kaiserlichen Wahlcapitulationen geführte Sprache, die in einem leeren ganz unbedeutenden Geschwätze bestehet, und eben so wenig zweckmässig, als erheblich ist, ein wirksamer Erfolg versprochen werden, da durch die kaiserliche Judicata die Mißbräuche einzig abgestellet, und dem hochwürdigen Domkapitel von jenem nichts entzogen worden ist, was ihm zur Zeit des erledigten Fürstbischofsstuhls von rechtswegen zustehet, und was dasselbe gleichermassen von rechtswegen bei Besetzung dieses Stuhls etwa verlangen kann, welches sich aber nach der gesetzlichen Vorschrift über die bestimmten Fälle nicht ausdehnen läßt.
6) In welch tröstlicher Hofnung dasselbe mit der schuldigsten Verehrung geharret Euer Hochwürden, Excellenzien, Hoch- und Wohlgebohrnen, auch Hochedelgebohrnen gehorsam ergebenste, auch dienstbereitwilligste Probst, Senior, und Kapitularen des Domstifts zu Speier.	ad 6) Die Unterschrift zeiget, daß der Herr Domdechant an dem vermessenen Schreibwerk keinen Theil habe. Zur Herstellung der zwischen dem Haupt und Glieder allerdings ersprieslichen Eintracht würde es gereicht haben, wann der grössere Theil der betheiligten Herren Kapitularen den so weisen, als gründlichen Rath seines Hrn. Domdechants mit beiden Händen danknehmig gleich Anfangs ergriffen, und den in concluso Cæsareo vom 28ten Aug. 1781. enthaltenen kaiserlichen Vorschriften sich schuldigst gefüget hätte, wo alsdann die ohne des Hrn. Dochdechants Einverständnisse beim kaiserl. Reichshofrath übergebene, und im Jahre 1782 in Druck erlassene so betitelte Paritionsanzeige nach der Hand als eine in den mehresten Punkten sich offenbare Imparition gerechtest nicht verworfen worden wäre. Weit mehr dankbar würde man sich haben er-

Domkapitlische Rekursschrift.

7) Aechte Geschichtserzählung mit welch-ausserordentlicher Eilfertigkeit, und Strenge das Domkapitel zu Speier in dem von seinem Herrn Fürstbischofen bei dem kaiserl. Reichshofrath angesponnenen Prozesse

sub rubro

die anfechten wollende landesherrlichen und bischöflichen Gerechtsame betreffend

A) Ganz gegen alle Regelmäßigkeit eines ordentlichen gerichtlichen Verfahrens

In der Hauptsache selbst aber

B) Gegen den deutlichsten Buchstaben der vorzüglichsten Reichsgrundgesetze

C) gegen das hellaut sprechende allgemeine Reichsherkommen, und

D) gegen die damit übereinstimmende Analogie des deutschen Staatsrechts

von Anbeginn bis zum Ende behandelt worden sey

Nebst

angehängter Ausführung

daß

der ersagtem Domkapitel abgenöthigte Rekurs in mehr als einem Anbetracht zu nähern Einsicht des in seinem Haupt, und Gliedern allgemein versammelten Reichs erwachsen, und zu einem schleunig zu veranlassenden Reichsgutachten, und Einhaltsgebot vollkommen geeignet sey.

Hochfürstl. Speierische Anmerkungen.

kennen müssen, wenn der wohlmeinende Rath des Hrn. Domdechants vom Jahre 1784. Eindruck gefunden hätte, wodurch jedoch leider! nichts als die Auslassung dessen Namen in der Rekursschrift erwirket worden ist, unerachtet derselbe die Hinfälligkeit, und den Unbestand des Rekursvorhabens auf das deutlichste vor Augen gelegt haben solle. Allein ein böser und vielleicht aufgebrachter Rathgeber kann viel Gutes hindern, und mannichfaltiges Uebel stiften, welches ihm doch am Ende zu Last fallen muß: nam malum consilium consultori pessimum est.

ad 7) Das regelmäßige Verfahren und die gerechteste reichshofräthliche Entscheidungen werden sich in der Folge selbst darlegen. Nur glaubt man, daß hier der Ort sei, wo der domkapitlische Schriftsteller wegen seiner falschen Angaben, sowohl in Absicht auf die wahrheitwidrige Vorstellung der ausserordentlichen Eilfertigkeit, als auch wegen nicht gestattet sein sollendes Gehörs ins Licht gestellet werden müsse.

Dies wird kenntlich, wann der sachverständige Leser erwäget, daß

a) auf seiner hochfürstlichen Gnaden Vorstellung de *præs.* 7. *Maji* 1778. per conclusum de *7ma Augusti* ejusdem anni dem hochwürdigen Domkapitel aufgegeben wurde, die in Frage gestandene Wahlcapitulation in forma probante einzuschicken.

b) daß ein hochwürdiges Domkapitel sub præs. den 31ten Mai 1779. zwar diesem allerhöchsten Auftrag das schuldige Genügen geleistet, zugleich aber Anmerkungen der überreichten Wahlkapitulation beigefüget, und sich in solchen auf vorgegangene Verträge de annis 1760 und 1771 bezogen habe, worauf ihm

c) per conclusum vom 7ten April 1780. die Aufgab geschah, diese Verträge in beglaubter Form vorzulegen. Diesem vorgängig erfolgte

d) am 28ten August 1781 das dem hochwürdigen Domkapitel so sehr gehässige, allen deut-

schen

schen Hochstiftern aber desto angenehmer gewesene Conclusum, woraus

e) dasselbe alle Gegenstände nicht nur erkannt, sondern auch sub præs. 7ten Mai 1782. und also nach Ablauf eines ganzen Jahrs, seine sobenannte Paritionsanzeige mit Beilagen von Ziffer 1. bis 21. hatte überreichen lassen; Und da

f) hierauf erst am 30ten April 1784. jenes dem hochwürdigen Domkapitel ebenfalls nicht anständige Conclusum erfolget ist, so wird Niemand die vorgebliche ausserordentliche Eilfertigkeit, und das nicht gestattet sein sollende Gehör sich denken können. Vielmehr erhellet, daß

g) das hochwürdige Domkapitel, nachdem auch sein ganz unerhebliches Restitutionsgesuch per conclusum vom 11ten Aug. 1785. verworfen worden, immerdar halsstarrig verblieben, und

h) auf die ad parendum per conclusum *de 3tia Novembris* 1785. angesetzte weitere zweimonatliche Frist, endlich sub præs. den 7ten Jenner 1786. eine fernerweite Paritionsanzeige überreichen lassen, und in einer andern Vorstellung *sub præs. 3tia Febr.* 1786. gebeten habe, zur Zahlung der Spolien ratorum verschiedene Termine oberstrichterlich vorzuschreiben, worauf zum Schluß

i) per conclusum Cæsareum vom 29ten Aug. 1786. die Zahlungsfristen der Spoliumsgelder bestimmet, und dem hochwürdigen Domkapitel zugleich die abermalige Paritionsanzeige ad conclusum vom 28ten Aug. 1781 auferlegt wurde unter der Verwarnung: daß ansonst die angedrohte Sequestration der Präbendalrevenüen wirklich erkannt sein, und diesfalls Commissio cæsarea auf den Herrn Fürbischof expedirt werden soll.

Wer wird nun nach einem achtjährigen Verzug sich vorstellen mögen, daß der domkapitlische Schriftsteller die Frechheit haben könne, bei der deutschen Reichsversammlung über ausserordentliche Eilfertigkeit des Richters Beschwerde zuführen: und wer kann sagen, daß dem Domkapitel das Gehör versagt worden sey, da es doch umständliche Vernehmlassungen, und sogar einen Restitutionslibell übergeben hat, daher ferner jeder vernünftige Mann schliessen muß, daß ihm die Gegenstände bekannt gewesen seien, davon man zum Uiberfluß unten den überzeugenden Beweiß vorlegen wird.

8) Fast sollte das Domkapitel zu Speier glauben, daß des jetzigen Herrn Fürstbischofes Hochfürstliche Gnaden schon in den ersten Tagen ihrer Berufung zu Stab und Infel sich mit dem Plane beschäftiget haben müssen, die uralte Verfassung der Speierischen Cathedralkirche aus ihren Grundlagen zu heben, allen domkapitlischen Einfluß auf die Seite zu schaffen, und frei von jeden Verbund, das Vermögen und die Gerechtsame der Kirche nach ihrem alleinigen Gutbefinden zu verwalten.

Lange stunde es wenigstens nicht an, daß Höchstdieselbe eine ganz besondere Neigung nicht zu jenem consulere, quam dominari magis, welches leztere Pabst Leo an den Mazedonier Bischof zu Thessalonich so sehr mißbilligte

cap. 6. dist. 45.

bemerken liesen.

ad 8) Seine Hochfürstliche Gnaden zu Speier hatten von Antritt ihrer Regierung, nemlich vom 29. Mai 1770. sich zur wahren Angelegenheit gemacht, dem hochwürdigen Domkapitel zu Speier sowohl in concreto, als verschiedenen individuis besondere Gnaden angedeihen zu lassen. Unter jene von der ersten Gattung gehören a) der strenge, und sogar allzustrenge Vollzug ihrer Wahlkapitulation, so weit sie damals die Information hatten, und geschehen zu können, vermutheten, b) der hierauf zum ausnehmenden Vortheil des hochwürdigen Domkapitels getroffene Vertrag *de anno* 1771, in welchem dem hochwürdigen Domkapitel 1) über seine Ortschaften, namentlich: Jöhlingen, Welschbach und Röttersheim die Huldigungseinnahme, die Gerichtbarkeit, die Erheb- und Benuzung der ordinaire Schatzung, die Befugniß die collectas extraordinarias circuli, & imperii, auch Kriegsprästationen durch seine Beamte erheben, in Kriegszeiten die Rekruten ziehen, und an das Hochstift übergeben zu lassen, die manumissiones von den domkapitlischen Unterthanen, und den Abzug zu erheben, zugestanden. 2) In Confiscationsfällen und in Geldbusen nach Abzug der Kosten die Hälfte davon Capitulo überlassen, die Concurrenzquota zum hochstiftischen Kreißcontingent NB. nur zu Kriegszeiten von dem 20ten auf den 25ten Theil vermindert, 3) die nach der Wahlkapitulation bedungene Afterbelehnung der hochstiftischen reichslehnbaren territorial-Obrigkeit zu Bauerbach (womit Seine kaiserliche Majestät in concluso vom 28. Aug. 1781. ad art. XVII. capitulationis nicht zufrieden gewesen sein mögen) zugesaget wurde. Ferner haben

4) sich

4) Seine hochfürstliche Gnaden verwilliget, daß von den domkapitlischen Bescheiden und Urteln das Jus recipiendi appellationes, aliosque recursus nur alsdann Platz haben solle, wenn die Sache wenigstens ein hundert Gulden, oder ein ewiges Recht oder respective Dienstbarkeit ꝛc. betreffe. 5) Die Novaljehenden größtentheils Capitulo überlassen, und 6) dem hochwürdigen Domkapitel die Alternativpräsentation auf die Pfarreien Dudenhofen und Heinfeld bewilliget. Ferner gehören zu dieser Gattung.

c) die Beförderung der schleunigen Justiz in verschiedenen vorhin nicht erörtert wordenen Sachen, d) die Verwendung bei auswärtigen Stellen in domkapitlischen Angelegenheiten, e) die kostspielige Herstellung der von den Kriegszeiten des vorigen Jahrhundert in ihrer Asche gelegenen Domkirche ꝛc. Das hochwürdige Domkapitel wird, und kann Seiner Hochfürstl. Gnaden über diese, und mehrere nicht benannte Gegenstände das Zeugniß nicht versagen, und die individua werden wissen, welche Gefällig- und Nutzbarkeiten ihnen zugeflossen seien.

Seine hochfürstliche Gnaden können auch mit Stillschweigen nicht übergeben, daß höchst Ihnen beinahe in den drei ersten Jahren ihrer fürstlichen Regierung Merkmale der Danknehmeigkeit zu verspüren gewesen, allein jener, oder jene, die den Zunder zu Mißhelligkeiten gelegt haben, mögen sich prüfen, ob sie den daraus entstandenen schlimmen Erfolg verantworten können.

In dem Jahre 1773 war höchst Ihnen bereits eine persönliche Abneigung zu verspüren, ohne die Urheber davon zu muthmassen. Indessen ergab sich nach und nach der Aufschluß. Dann

1) im erwähnten Jahre 1773 wollte man Höchstdenenselben die Direction des Domkirchebaues bestreiten, unerachtet höchst Sie den größten Theil der Kosten, der sich über $\frac{100}{m}$ beloffen hat, zu tragen hatten. Den Anlaß mag wohl ein damaliger fürstlicher Diener gegeben haben, weil man ihm das Bauwesen nicht übertrug.

2) Im nämlichen Jahre erfrechte sich ein Domkapitular an Seine Hochfürstliche Gnaden ein in den respektsvergessensten Ausdrücken gefasstes Schreiben zu erlassen, und unter andern strafmässigen Aeusserungen sich wegen eines nicht zu recht bestandenen Kapitularschlusses zu erklären, daß sein stahlfestes Verharren auf den bisherigen Kapitular-Conclusis, Seiner Hochfürstl. Gnaden Willen zu brechen, abziele. Höchstdenenselben ist zwar durch die Vorschrift Seiner kaiserlichen Majestät die desfalsige Genugthuung angediehen. Da aber der domkapitlische Rekursschriftverfasser das Conclusum vom 7ten Aug. 1778. verstümmelt dem Ziffer 1. beigefüget hat; so wird solches seines ganzen Innhalts unterm Buchstaben A. beigelegt.

A

3) Das hochwürdige Domkapitel erklärte an Seine Hochfürstliche Gnaden vom Jahr 1774. in einem Schreiben, daß höchst ihre Anordnungen keine andere, als hinfällige, und unstatthafte Vortheile bringen könnten.

4) In einem andern Schreiben vom Jahr 1775 wurde ohne Scheue zu erkennen gegeben, daß *Capitulum* Seiner Hochfürstl. Gnaden Anordnung nur auf ihre Lebenszeit einschränke.

Höchstdenenselben mußten diese gegen Sie, als den Fürstbischof dictatorisch zu erkennen gegebene domkapitlische Gesinnungen um so mehr auffallend seyn, als ihnen nicht verborgen geblieben war, daß Capitulum im Jahre 1743 während der damaligen Sedisvacanz eine von weiland Hrn. Cardinal von Schönborn Eminenz erlassene landesherrliche Verordnung *ex plenitudine potestatis* als Erb- und Grundherr (NB. dieses seind die eigentliche Worte, deren sich Capitulum bedienet hatte) annullirt und caßirt hatte.

5) Enthielten mehrere domkapitlische Schreiben sehr unanständige Ausdrücke gegen seine Hochfürstliche Gnaden, und das hochwürdige Domkapitel trat sogar in einer Privatcivilsache, durch ein Schreiben de anno 1777. als der gebohrne Senat vom geistlichen Fürstenthume Speier auf. Man trieb es

6) so

6) so weit, daß man gradezu die fürstliche Schriftsteller benennt, und wie es hieß, den Anbringer wissen wollte. Dasselbige mischte sich

7) in geist- und weltliche Geschäfte, und wer sollte zweiflen, daß alles dieses den afferirten Condominat nicht zur Absicht hatte. Diese Vorgänge, welchen

8) Die Intimidirung, und Bedrohung der Dienerschaft unter seiner hochfürstlichen Gnaden Regierung sowohl, als unter den zwei vorigen (worüber sich die Regenten H. n. Cardinäle von Schönborn und Hutten in den 1730er und 1759er Jahren bei seiner kaiserl. Majestät beschwehret hatten (wozu die Arretirung eines nach der Hand nicht schuldig befundenen Dieners während der Sedisvacanz de ao. 1743, und die Annahme neuer Diener ꝛc. ꝛc. zu zählen seind) müsten freilich Seine Hochfürstliche Gnaden aufsichtig, und auf unverweilte Ergreifung der erforderlichen Vorbeugungsmittel wachtsam machen, damit den bedrohten üblen Folgen vorgekommen, sohin die landesfürstliche Gerechtsame für jezt und die Zukunft aufrecht erhalten, aller Nachtheil von dem Hochstifte entfernt, und die unumgänglich nöthige Sicherheit für die treue Diener geleistet würden.

Aus diesen, und keinen andern Beweggründen haben Seine hochfürstliche Gnaden nicht für ihre eigne Person, sondern für ihre Nachfolger, für ihr Hochstift, und ihre treue Dienerschaft die Sorge getragen, und sich nothgedrungen veranlasset befunden, seiner kaiserlichen Majestät, als dem obersten Lehnherrn und Reichsoberhaupt die bisherige Sedisvacanz-Ereignisse am 6. Mai 1778, und in der Folge allerunterthänigst anzuzeigen, und zu Beseitigung alles Nachtheils, auch sonstigen Mißbräuchen Allerhöchstdieselbe um den kaiserlichen reichsgrundgesetzlichen Beistand und Kirchenschutz anzurufen, der auch in dieser Absicht rechtsbehörig erfolget ist.

Das unpartheiische Publikum muß die Sprache des domkapitlischen Verfassers für niederträchtig halten, wann dasselbe verwegen und unwahr angiebt, daß sich Seine Hochfürstliche Gnaden in den ersten Tagen ihrer angetretenen Regierung beschäftiget hätten, die speierische Cathedralkirche-Verfassung zu untergraben. Aergerlich ist der Gedanken, daß domkapitlische Mißbräuche zur uralten Verfassung der speierischen Cathedralkirche gehören sollen.

Domkapitlische Mißbräuche waren es, die ex officio angezeigt, ud vom obersten Richter Ausweiß der allerhöchsten Conclusorum abgeschaffet worden, deren Nichtexistenz für die Zukunft ein jeder billigdenkender Kapitular beloben muß.

9) und dieser Neigung folgten Sie wirklich, so bald Sie sich von den gelegten Minen der domkapitlischen Erschütterung gesichert halten mochten.

ad 9) Wozu waren Minen nöthig? um vielleicht den domkapitlischen Regierungsgeist in die Luft zu sprengen? hiebei konnte man das Pulver sparen, da die Kirche- und Reichsgesetze die hinlängliche Kraft hatten das Fantome zu verjagen. Der rechtliche Ausspruch des obersten Reichsrichters mußte den auf Mißbräuche schwebenden Göz allein auf einmal stürzen.

10) Ohne sich der geringsten Anmaßung schuldhaft gewußt zu haben, und ohne alle vorherige Warnung, (so hoch auch diese jedem Kirchenvorsteher zur Pflicht gerechnet sind cap. 15. caus. 2. quæst. 7. hatte das Domkapitel aus einer unerwarteten reichshofräthlichen Verfügung (Ziffer 1.) auf einmal wahrzunehmen, daß es bei kaiserlicher Majestät von seinem Herrn Fürstbischofen in geheimen Anzeigen mancher Vor- und Eingriffe in die landesherrliche, und (welches dahin gar nicht gehörte) in die bischöfliche Gerechtsame beschuldiget worden sey, und daß bei solchen Beschuldigungen der jüngste bischöfliche Wahlvertrag eine ganz besondere Rolle vertreten haben müsse.

ad 10) Die Anmassungen, deren sich das hochwürdige Domkapitel schuldig gemacht hatte, und die zu keiner Zeit gerechtfertiget werden konnten, seind aus den ergangenen kaiserlichen Conclusis zu ersehen. Und von welcher Wirkung würde eine vorherige Warnung gewesen seyn, da man von dem Jahre 1773 bis zum Officialbericht de anno 1778 bei allen Gelegenheiten die empfindlichste Verunglimpfungen gegen Seine Hochfürstl. Gnaden äusserte, ihre Verfügungen lächerlich machte, dieselbe auf ihre Lebensjahre einschränkte, ja sogar bis auf diese Stunde den gerechtesten oberstrichterlichen Weißungen den schuldigsten Gehorsam versagte. Die fürstliche Offizialanzeige enthielt Mißbräuche, die entweder bei der Sedisvacanz de anno 1743. und 1770 ausgeübet worden, oder ferner zum Nachtheil des Hochstifts und fürstlicher Dienerschaft zu befahren stunden, davon freilich auch verschiedenen Auszüge aus der Wahlkapitulation de anno 1770 das lautsprechende Zeugniß darlegen musten. Uebrigens seind die fürstliche perita nicht geheim geblieben, massen solche das hochwürdige Domkapitel seiner Rekursschrift Seite 77. Ziffer 2. beige-

Domkapitlische Rekursschrift.

11) Zwar konnte der Rückhalt solcher Anzeigen, die Geheimhaltung ihres wesentlichen Innbegrifes, der gewählte Weg der Beschleichung, die dreuste Vermengung der geistlichen Gegenstände: lauter Dinge, die mit jener Ermahnung Gregorii in Moralibus lib. 23. cap. 7.

non festinet Episcopus aspere dominando inflectere

abermal, und durchaus unvereinbarlich sind, das Domkapitel zum voraus errathen lassen, daß, so unerweißlich auch immer am Ende der Aufklärung, die Vorwürfe der angefochtenen Landesherrlichkeit bleiben würden, dennoch dabei aus einem Ton gesprochen seyn dörfte, welcher etwa für sich allein fähig genug wäre, auch in einem andern Gesichtspunkte annoch Eindrücke von der widrigsten Gattung zurück zu lassen.

Dem jedoch allem ohngeachtet, setzte sich dasselbe durch das Bewußtseyn eines unverfänglichen Betragens über alles hinaus, was es einsweilen als leere Besorgnisse betrachten zu können, glaubte; und es begnügte sich somit lediglich durch die ergänzte Vorlegung des abgefoderten Wahlvertrags nur mit Beifügung ein, und anderer Anmerkungen, sein tief gewurzelten Gehorsam zu bezeichnen, den Erfolg jener Anzeigen hingegen unter dem wärmsten Vertrauen auf die genaue Einhaltung der gerichtlichen graden Ordnung, und auf das Gleichgewicht der Gerechtigkeit ruhig zu erwarten.

12. Wie groß muste nicht aber dessen Erstaunen werden, da ihme das unter dem Ziffer 2 angebogene vielbedeutende reichshofräthliche Konklusum mit dem unbegränz-

Hochfürstlich Speierische Anmerkungen.

beigefüget hat, und zu Belehrung des Publikums unterm Buchstaben B. beigelegt werden, woraus B
sich der Innhalt der Fürstlichen Anzeigen, dagegen das hochwürdige Domkapitel in seiner sogenannten Paritionsanzeige vom Monat Mai 1782. so sehr geeifert hatte, offenbart.

ad 11) Dreuste Verwegenheit ist es, daß der domkapitlische Schriftsteller die Vermengung geistlicher Gegenstände zu wiederholen sich nicht scheuet, da doch ihm bekannt war, und aus der Anlage B. erhellete, daß die fürstlichen petita hierauf nicht gefasset waren: und wird derselbe, wegen angeblicher Beschleichung durch die oben Nummer 7. angeführte data der Unwahrheit sich überführt sehen.

Die vorhabende Anfechtung der Landesherrlichkeit wird doch scheinbar, wenn man die vorhin Nummer 8. ausgezeichnete Stellen in Erwägung ziehet. Lächerlich muß jedem Unpartheiischen vorkommen, wann der domkapitlische Federführer mit dem Schatten fechten, und über einen Gegenstand sich aufhalten will, auf den es nicht ankömmt.

ad 12) Redlich ist es einmal nicht gehandelt, wenn man facta unterschlägt, welche offenbar machen, daß der oberste Richter das Gehör nicht versagt habe. Nach Erkenntniß des ergänz-

ten Befehl der Unterwerfung urplötzlich verkündiget wurde.

C

13) Durchaus ungehörte, und zu der in dem Recht der Natur liegenden Vertheidigung weder aufgerufen, noch zugelassen, von aller Beschuldigung der eingeklagter massen gewagten Regierungseingriffe, welche gleichwohl nach dem aufgestellten Rubro den alleinigen Werksatz jener fürstbischöflichen Anzeigen ausmachten, vollkommen freigesprochen;

membr. II. Conclusi.

ja noch endlich gar durch das allerhöchste kaiserliche Wohlgefallen über das enthaltsame Betragen währender letzten Sedisvakanz gedeckt,

membr. III. Conclusi
Lit. A.

ten Conclusi unterm Buchstagen A. ließ das hochwürdige Domkapitel sub præf. 31. Mai 1779 die letzte fürstliche Wahlcapitulation beim kaiserlichen Reichshofrath überreichen, und solcher sogenannte Anmerkungen beifügen, in denen sich auf die errichtete Verträge de annis 1760 und 1771 bezogen wurde.

Der kaiserl. Reichshofrath hat hierauf per Conclusum vom 17ten April 1780 (welches hinterlistiger weiße der Rekursschrift weder beigelegt, noch in derselben das mindeste davon angeregt worden ist) nach dem Buchstaben C. dem hochwürdigen Domkapitel aufgegeben, diese beide Verträge in beglaubter Form kaiserlicher Majestät innerhalb zwei Monathe allerunterthänigst vorzulegen. Nachdem nun domkapitlischer Seits diesem kaiserlichen Befehle nachgelebt und eine mit vielen Beilagen bekleidete Vorstellung, wie aus dem Concluso cæsareo vom 28. Aug. 1781. ejusdem membro 3tio *ad Lit. D.* bemerklich wird, exhibirt worden; so ist erst das der Rekursschrift Ziffer 2. angebogene Conclusum vom 28ten Aug. 1781. ergangen, durch dessen Verkündung das übergrosse Erstaunen erreget worden sein solle.

ad 13) Der unpartheiische Leser wird nach Einsicht der beigefügten Conclusorum unter den Buchstaben A. und C. ersehen, daß kaiserl. Majestät von dem hochwürdigen Domkapitel selbst die Einsendung der betreffenden Wahlkapitulation *de anno* 1770, und der Verträge *de* 1760. und 1771. aus der Ursache anverlanget haben, weil es eigentlich unter andern hierauf mitankam, ob das hochwürdige Domkapitel sich mehrerer Mißbräuche schuldig gemacht habe, oder nicht? weiter war nichts erfoderlich, dann die ehevorige domkapitlische Mißbräuche waren schon durch legale Urkunden hergestellet, und man rufet den jenseitigen Schriftsteller zum voraus hiemit auf, ob er im Stande sich befinde, gegen die unten bemerkt werdende Vorgänge etwas einzuwenden oder solche gar abzuläugnen. Wie hat sich also derselbe erkühnen mögen, von ungehörter

ter, und nicht zugelassener Vertheidigung wahrheitswidrig zu sprechen, da doch das hochwürdige Domkapitel nach seiner eigenen Eingeständniß in dieser Absicht eine weitwendige Vorstellung, vermöge des der Rekursschrift angebogenen Ziffers 3 überreicht hatte.

Seine hochfürstliche Gnaden zu Speier hatten gegen ihr Domkapitel keinen Prozeß angestellet, sondern nur die eingeschlichene Mißbräuche angezeiget, und um deren künftige Abwendung gebeten, worauf das unterm Ziffer 2. angeführte Reichshofraths Conclusum den 28ten Aug. 1781 auf vorgängig an seine kaiserl. Majest. erstattes allerunterthänigstes Gutachten, und darauf erfolgte allerhöchste Begnehmigung erlassen worden ist.

Nicht anderst als höchst strafbar müssen seine kaiserl. Majestät das jenseitige frevelhafte, und wahrheitswidrige Vorgeben ansehen, besonders da besagtes allerhöchste Conclusum auf keine ungewöhnliche, sondern gleichförmige Art mit jenen in Sachen Kur-Cölln contra das Domkapitel daselbst pto. der Land- und Kreißausschreibung den 13. Oktob. 1727. sodann zu Eichstädt Domkapitel contra den Hr. Bischofen und Fürsten daselbst pto. diversorum gravaminum den 2. März 1779. ergangenen, und unten beigelegt — werdenden reichshofräthlichen Erkenntnissen ausgeflossen ist.

Wie frei aber das hochwürdige Domkapitel von Regierungseingriffen sei, müssen dessen Protokollen belehren, und geben wenigstens die Zeiten der Hrn. Cardinälen von Schönborn und Hutten von nämlichen Anmassungen Zeugnisse, auch glauben seine hochfürstl. Gnaden aus dem vorherigen Nummer 8. davon nicht unächte Spuren dargelegt zu haben, vermeinen aber bis jetzt noch nicht, auf das zweite membrum dicti conclusi um nähern Beweiß sich umzusehen.

Das enthaltsame Betragen während der letzten Sedisvakanz kann sich das hochwürdige Domkapitel allein nicht zuschreiben, vielmehr seind auf jedesmaligen Vorträge seiner hochfürstl. Gnaden als damaligen Hrn. Domdechant, die

Domkapitlische Rekursschrift.

14) Soll demnach das Domkapitel sich nun für alle Zukunft gefallen lassen, in der Allgemeinheit, und ohne alle Mäßigung seine Senatsrechte vertilget, seine Grund- und Erbherrschaft aufgehoben, seine Regierungsbefugnisse zur Zeit des erledigten oder behinderten bischöflichen Stuhls bis auf die seltenen Fälle einer auf dem Verzug haftenden Gefahr, oder eines besorglichen unwiderbringlichen Schadens abgewürdiget, und folglich sich von allen seinen Vorzügen unverschuldeter Dinge herabgewürdiget zu sehen.

Hochfürstl. Speierische Anmerkungen.

Kapitelsschlüsse dahin gefaßt worden, daß alles in statu quo zu belassen, und dem künftigen Regenten anheim zu stellen — die Dienerschaft nicht zu beunruhigen — keine neue Diener anzunehmen, noch den bestehenden etwas in den Weg zu legen sei. Wird sich das hochwürdige Domkapitel nach diesem Maaßstab bei der nächsten, und künftigen Sedisvacanzien richten, so wird dasselbe nach Recht und Billigkeit handeln, sich bei dem obersten Richter weder einen Vorwurf machen, noch gegen die allerhöchste kaiserliche Verfügungen in diesen Punkten die mindeste Einwendung erregen können. Indessen war es für jezt nöthig, daß kaiserliche Majestät diesfalls für die Hinkunft die allergerechteste Vorsehung thaten, weil in der Sedisvacanz vom Jahre 1743 das administirende hochw. Domkapitel einen nicht schuldigen Diener mit Arrest belegte, und anno 1770. einen unschuldigen fürstl. Reitknecht caßirte, welcher aber durante sedisvacantia wieder aufgenommen wurde.

ad 14) Hier wird der Knoten sichtbar, welcher in der domkapitlischen sogenannten Paritionsanzeige de anno 1782 hin- und her gewendet worden, ohne ihn aufgelöset zu haben. Darüber wurde in dem vermeintlichen Restitutionslibell so viel unanwendbares Mischmasch und Latein aus einer ganzen Büchersammlung geschrieben, welches zur Sache nicht gehörig, von dem obersten Richter verworfen werden mußte, und von jedem gelehrten Leser als eine unglückliche Geburt noch heutiges Tags erkannt werden wird.

Man schreyet über Vertilgung seiner Senatsrechte, und Aufhebung seiner Erb- und Grundherrschaft, vereiniget nicht weniger die in concluso cæsareo *de* 28*ma Aug.* 1781. enthaltene, und auf verschiedene Gegenstände gerichtete Worte: von der auf dem Verzug haftenden Gefahr, und eines unersetzlichen Schadens.

Zu Auflösung des Knotens, und Zerstäubung des ganzen Luftgebäudes, auch unnöthiger Wiederholung des jenseitigen Schriftstellers aufgewärmter Sätzen, und nicht anwendbaren übrigen

gen Stellen, will man die Fälle von einander sondern, und es wird nicht mehr ein Zeichen davon übrig bleiben.

a) Wegen des gebohrnen Senats und der daraus sich zueignen wollenden Rechte, hatten seine hochfürstl. Gnaden bereits 1777 die unterm Buchstaben D. angebogene pro Nota dem hochwürdigen Domkapitel zu seiner Belehrung, und Ablegung der beigebrachten irrigen Begriffen zugeschickt. Dasselbe hätte hieraus deutlich entnehmen können, daß sich die Zeiten, in denen das *Presbyterium* der getreue Rath war, ungemein geändert hatten, und die eigene Trennung der Domkapiteln (welche zu dem moli bestandenen Presbyterium gehörten) von ihren Bischöffen in Ansehung ihrer Kapitulargüter, der Dienerschaft, und Versammlungen allerdings verdiene, in Betrachtung gezogen zu werden. D

Die geistlichen Rechte bestimmen jene Fälle, in welchen die Bischöffe den domkapitlischen Beirath, oder Einwilligung einzuholen haben, und wo keine Einschränkung in den geistlichen Satzungen sich findet, hat der Bischoff uneingeschränkte Gewalt, es sei dann ein anderes durch rechtsbeständige Verträge, und Herkommen hergebracht, welches aber in casu substrato nicht zu behaupten ist.

Wann aber der Bischof als Reichsfürst seine landesherrlichen Regalien ausübt, so fällt ohnehin der geringste Gedanken von Beirath oder Einwilligung der Domkapitel hinweg, in mehrerem Betracht das jus canonicum nur von den das Kirchen- und nicht das weltliche Regiment betreffenden Sachen handelt; mithin kann in Fällen, wo die Rede von weltlichen Regierungssachen ist, das *Capitulum 3 x. de his, quæ fiunt a Prælato sine consensu capituli*, keine Anwendung finden: dann der Patriarch zu Jerusalem, an den Pabst Alexander der dritte schrieb, hatte keine landesherrliche Rechte in seinem Wirkungskreise, und nirgends ist den Domkapiteln eine weltliche Herrschaft aufgetragen worden.

Wie will nun der domkapitlische Federführer seine angerühmte Senatsrechte auf landesherrlichen Regierungsgegenständen aufdringen, welches eine rühmende Geschicklichkeit nicht zu erkennen giebt, die Zeit jedoch ihn aufklären wird, daß dieser absichtliche Ausdruck von seiner kaiserl. Majestät, als dem obersten weltlichen Lehenherrn nimmermehr geduldet werden könne.

b) In Betreff der anmaßlichen Erb- und Grundherrschaft, und des daraus gezogen werden wollenden affektirten *condominii* und *plenitudinis potestatis*, ist überhaupt zu wiederholen, daß durch kein existirendes Gesetz einem Domkapitel die Landesherrschaft in einem geistlichen Fürstenthum zur Zeit des besetzten fürstbischöflichen Stuhls aufgetragen sey, und es bei dieser allgemeinen unwidersprechlichen Regel sein unabänderliches Verbleiben habe, auch immer hin haben muß, so lang nicht dies oder jenes Domkapitel davon die besondere Ausnahme mittelst Vorlegung rechtsbeständiger Verträgen, oder rechtmäsigen Herkommens herstelle. In unserm Falle kann aber domkapitlischer Seits die Ausnahme nicht dargethan werden, und es bleibt die Regel unverrückt bestehen.

Zur Zeit des erledigten, oder behinderten fürstbischöflichen Stuhls zu Speier hingegen, hat das hochwürdige Domkapitel in geistlichen Dingen sich nach Vorschrift des geistlichen Rechts zu achten, und muß unverrückt dabei sein Verbleiben haben, *quod sede vacante nihil innovetur*. Belangend die Temporalien, so wird ihm niemand *administrationem vicariam*, & *tutoriam*, *non nomine proprio*, *sed ex delegatione sub auspiciis cæsareis* bestreiten, niemals aber kann ihm eine Erb- und Grundherrschaft zugestanden werden, weil das Eigenthum der fürstlich-speierischen Landen dem Regenten und dem Hochstift Speier, nicht aber dem hochwürdigen Domkapitel zukommt.

vid. *Ickstads* in der allgemein bekannten disquisitione &c. §. 37. & seq.

Diese vormundschaftliche Gewalt gibt dem hochwürdigen Domkapitel kein Recht, *sede reple-*

ta

ta, *vel vacante* ein condominium sich zuzueignen, welches doch durch die Erb- und Grundherrschaft aus mehreren in offenen Schriften liegenden Fällen, und insbesondere aus der domkapitlischen sogenannten Paritionsanzeige erzwungen werden will.

Dieses Unfugs hätte sich der Rekursschriftverfasser nicht nur aus den Schriften der bewährtesten deutschen Staatsrechtslehrer, sondern aus ältern und neuern kaiserlichen judicatis überzeugen, sohin sein Vorhaben unterlassen sollen.

Kürze halber wird derselbe nur

1) auf des Hrn. geheimen Justizraths *Bohmer Princip. Jur. can. L. 3. Sect. 4. tit. 8. §. 507.*

2) *a Rieger Instit. Jurispr. Eccles. de anno* 1774. *part.* 3. *pag.* 155. *seq.*

3) Struben Nebenstunden erster Theil, erste Abh:

4) v. Moser persönliches Staatsrecht erstes Buch. 8. Capitel.

5) Faber neueste Staatskanzlei 14. und 15ten Theil

verwiesen; daß aber die auf Gesetze sich gründenden kaiserliche Entscheidungen derlei Anmaßungen mit gerechtestem Unwillen ahnden, konnte er sich aus den vorliegenden kaiserlichen oberstrichterlichen Rechtssprüchen belehren. Dann gleichwie

a) im Jahre 1591 nach dem Buchstaben E das Domkapitel zu Augspurg *sede vacante* sich nicht befugt zu seyn erkannte, die Stifts-*Jurisdiction* ausüben zu dörfen, sondern hiezu eine kaiserliche Erlaubniß sich ausbat, die ihm dahin ertheilet worden, so lang durch des Stifts Augspurg weltliche Räthe die freischliche Oberkeit ausüben zu lassen, bis ein anderer Bischof ordentlich erwähler, und belehnet seyn werde. So wird ferner E

b) offenbar, daß Innhalts des Buchstabens F. dem hochwürdigen Domkapitel zu Würzburg, den 16. März 1698. aufgegeben worden, sich des vermeintlichen affectirten *condominii* unerachter, der zur Ungebühr anmassenden *Independenz* und jener dem Hrn. Bischof zu Würzburg *immediate* competirenden hohen Landes-*Jurium*, und Gerechtsamen zu enthalten. F

c) Bestättiget das unter dem Buchstaben G. beigehende Reichshofraths-Conclusum vom 21. Jänner 1772. die von Kurbaiern angelegte Getraidsperre betreffend, daß die Notification von der kaiserlichen Verfügung dem *sede vacante* damals administrirenden Domkapitel, nicht aber den Erb- und Grundherrn geschehen sey.

d) Werden per conclusum cæsareum, Buchstaben H. vom 30. August 1779. dem hochwürdigen Domkapitel zu Salzburg die auf eine anmaßliche Grundherrschaft sich gründenden Sätze auf das nachdrücklichste verwiesen, und wird dasselbe alles Ernstes gewarnet, sich dessen in Zukunft zu enthalten, sonst die Urheber und Veranlasser derlei ungegründeten Sätzen nach Beschaffenheit der Umstände mit schärferer Ahndung (welches sich die domkapitlisch-speierischen Urheber und Veranlasser einsweilen merken können) angesehen würden; wobei seine kaiserliche Majestät, um willen erwähntes Domkapitel sogar die Landesregierung erwähntes Domkapitel sogar die Landesregierung und Regalien als anmaßlicher Erbstiftsherr nach eingelangter päbstlichen Confirmation anerst dem erwählten Hrn. Fürstbischofe zu übertragen sich unterfangen, diesen den allerhöchsten kaiserlichen Gerechtsamen nachtheiligen Mißbrauch allergerechtest aufgehoben haben.

e) Gibt das, in Sachen zu Salzburg Erzstift, die bei der letzten Sedisvacanz angeblich unternommene Eingriffe betreffend, den 13. Jul. 1784 erfolgte kaiserliche Reichshofrathsconclusum Ausweiß des Buchstaben I. zu erkennen, daß bei der letzten Sedisvacanz das domkapitlisch-salzburgische Betragen den Reichsgesetzen nicht durchgängig angemessen gewesen sey, wornach sich desselben potestas vicaria & nude administratoria nur auf solche Handlungen zu erstrecken habe, aus deren Verschub, soviel die interna principatus betreffe, dem Hochstift, oder dessen Unterthanen ein wesentlicher und unersetzlicher Schaden zuwachsen, die Justiz-

admi-

administration gehemmet, oder sonst die allgemeine Ruhe und Sicherheit gestöret, quoad externa aber Reichs- und Kreißgeschäfte bei den Reichs- oder anderen ständischen Gerichten anhängigen Prozeßen, oder anderen dergleichen Angelegenheiten ein Aufenthalt verursachet werden könne. Womit

f) das in vorwürfiger Sache den 28. August 1781. im Buchstaben K. folgende Reichshofrathsconclusum übereinkommt, und K

g) lange vorher der königlich dänische Staatsrath v. Moser in seinem anno 1775. in Druck erlassenen persönlichen Staatsrecht ersten Theile 1. Buch, 8. Kapitel §. 9. Seite 277. folgendes gesagt hat.

> Sollte man aber ja auch etwas von dem *petitorio* sagen, so halte ich den Kirchen, und Staatsrechten Deutschlands am gemäßesten zu seyn, daß die Kapitel befugt seyen, die currentia in Justiz, Polizei- und Staatssachen zu besorgen: was hingegen wichtige Sachen seynd, und in die Reservata Principis, und ansehnlichste Stücke der Landeshoheit einschlägt, wo auch kein periculum in mora vorhanden ist, das solle, und müsse nach der Wahl verschoben bleiben.

und was will man sich dann

h) in die Regalien tiefer, als erlaubt ist, einmischen, da nach dem tridentinischen Kirchenrath *seß.* 14. *cap.* 16. de reform. das Domkapitel sede vacante nicht selbst die Rechte ausüben kann sondern in *spiritualibus* einen *vicarium generalem*, und in *temporalibus* einen *œconomum* aufstellen solle.

i) mag der jenseitige Federführer das Protokoll der letzten kaiserlichen Kammergerichtsvisitation einsehen, und er wird finden, daß den 2. Jenner 1768. die vom kurtrierischen Delegirten vorgelegte, und vom administrirenden Domkapitel ausgestellte Vollmacht wegen des Ausdrucks: regierenden Domkapitels nicht hat angenommen werden wollen.

Wer sieht dann nicht, daß der höchste Richter den hohen Begrif, mit welchem die Domkapitel von einer Mit- und Grundherrschaft eingenommen waren, in den Zirkel der Unterthanen Pflicht schon längstens heruntergesetzt habe; und wer sollte nun anderst, als etwa ein speierisch-domkapitlischer Urheber, und Veranlasser die Gerechtigkeit des allerhöchsten kaiserlichen Erkenntnisses in Rücksicht auf die Erb- und Grundherrschaft bezweifien? Wenigstens hat ein hochwürdiges Domkapitel zu Salzburg dies nicht dafür gehalten, und dadurch ein Merkmal seiner zu belobenden gerechten Einsichten an den Tag gelegt. und wann es darauf ankommen sollte, ist man diesseits im Stande, eine Menge fürstlich- und fürstbischöflicher Zeugnissen vorzulegen, welche das belobte Conclusum als eine rechtliche und ewige Richtschnur für sämtliche Erz- und Domstifter in den Hauptpunkten ansehen, und für eine *normam judicandi* im deutschen geistlichen Staatsrechte halten, welch- nämliche Meinung auch mehrere bewährteste Staatslehrer in ihren gedruckten Schriften deutlich zu erkennen gegeben haben. Und wie kann man jezt domkapitlischer Seits sagen, daß es sich von allen seinen Vorzügen herabgewürdigt sehe, da es sich niemals aus den Senatsrechten, aus der Erb- und Grundherrschaft einige habe zueignen können. Schließlich wird erinnert, daß diese Bemerkung etwas weitwendiger ausgefallen ist, weil man sich in der Folge darauf beziehen, und unnöthiger Wiederholungen überhoben seyn will.

15) Solche Ketten verdient zu haben, welche sich nur für den Despotismus, für wahre Mißbräuche schicken, konnte das Domkapitel zu Speier sich unmöglich überreden.

ad 15) Der domkapitlische Despotismus, und die unterlossene wahre Mißbräuche seind theils in den Sedisvacanz-Protokollen, und theils in den Wahlkapitulationen zu finden, davon die deutlichste Spuren in dem Reichshofrathsconcluso vom 28. August 1781 offenbar darliegen, und die weitere Aufklärung bei den betreffenden Stellen zu ersehen seyn wird.

ad 16)

Domkapitlische Rekursschrift.

16) Und um so unbedenklicher griff selbes eben darum nach jener Art von Rettung, wodurch sich insgemein die Beschleichungen zu entwickeln pflegen.

Eigentlich wuste zwar selbes in Ermanglung der ihm gegen die klare Weisung der Reichshofrathsordnung Tit. II. §. 4.

> sollen den mandatis, rescriptis und andern Prozessen die narrata supplicationis ganz und weder weniger, noch mehr einverleibt werden ꝛc.

stets unsichtbar gebliebenen fürstbischöflichen Anzeigen, den Schwung nicht zu ergründen, der den kaiserlichen Reichshofrath bewogen haben mag, ausser den Grenzen der eingeklagten und verworfenen Anfechtungen landesherrlicher Rechte, sich von Amtswegen in ganz andere Gegenstände zu vertiefen. Indessen glaubte es doch in der befasten respective Paritionsanzeige, und Berichtserstattung unter dem Ziffer 3. eine Richtung genommen zu haben, in welcher es denen Einkleidungen seines Herrn Fürstbischofs ziemlich nah beikommen dörfte.

Hochfürstlich Speierische Anmerkungen.

ad 16) Jedem Leser muß der hierliegende Widerspruch recht fühlbar werden, wann dessen Ausdrücke mit einem flüchtigen Blicke überdacht werden wollen. Dann der Rekursschriftsteller will eigentlich in Ermanglung der stets unsichtbar gebliebenen fürstlichen Anzeigen, den Schwung zu ergründen nicht gewust haben, der den Reichshofrath bewogen habe, das erst beregte Conclusum zu erlassen: glaubt aber doch, daß in der domkapitlischen Paritionsanzeige und Berichtserstattung Ziffer 3. eine solche Richtung genommen worden, in welcher das hochwürdige Domkapitel den Einkleidungen seines Hrn. Fürstbischofs ziemlich nahe beigekommen seyn dörfte.

Nun zeiget die diesem Ziffer 3. von dem hochwürdigen Domkapitel angefügte Beilage unterm Ziffer 2. den ganzen Innhalt der fürstlichen petitorum, folglich hatte dasselbe davon die vollkommene Nachricht, und konnte die Richtung nicht weit hergeholt seyn, den fürstlichen petitis, wann es nur immer möglich gewesen wäre, nahe beizukommen, oder eigentlicher zu sagen, solche zu widerlegen. In nichts weiter bestunde das dem hochwürdigen Domkapitel bekannt gewordene fürstliche Begehren, und das kaiserlich oberstrichterliche Conclusum vom 28. Aug. 1781. legte an den hellen Tag den Despotismus, und die Mißbräuche, welche für ewig abgeschaft seyn sollten, wobei der kaiserliche Reichshofrath nicht anderst, als in Sachen zu Eichstädt Domkapitel contra den Hrn. Fürstbischof daselbst puncto diversorum gravaminum durch das unterm Buchstaben L. beiliegende merkwürdige Conclusum vom 2. März 1759. geschehen, verfahren ist. Weiß man dann jenseits nicht, daß jeder Richter nur auf erwiesene Thatumstände sein Augenmerk zu nehmen habe? und war dann nicht der Beweiß durch des hochwürdigen Domkapitels eigene Sedisvacanz-Protokollen und Wahlkapitulation selbst hergestellet? An dessen Richtigkeit ist eben so wenig zu zweiflen, als wenig das Gegentheil dargethan werden kann. L

ad 17)

Domkapitelische Rekursschrift.

17) Unglücklicher Weise wollte der kaiserliche Reichshofrath aber auch darinn nichts Bewegendes, nichts Ueberzeugendes finden, so ihn auf eine mildere Behandlung zurückführen mögte.

Dem Domkapitel blieb durch eine nachgefolgte Paritori-Urtel vom 30ten April 1784. (Ziffer 4) nach wie vor zur Zeit der Sedisvakanz mehr nicht, als eine von kaiserl. Majestät demselben belassene Potestas vicaria, & nude administratoria, und auch diese nur unter den ehevorigen Beschränkungen eingeräumt. Die Behauptung der Senatsrechte ohne alle Modification verworfen; der Name und Gebrauch einer Erb- und Grundherrschaft auch in dem gemäßigsten Verstand auf ewig niedergelegt; die Rückerstattung der bezogenen Interregnumsgelder sehr ernsthaft eingeboten.

18) Auch sogar das, was es an seinen Herrn Fürstbischof ohne Zwang gesonnen, und dieser in seinem Wahlvertrag freiwillig zugestanden hat, zur Sünde gerechnet, und ausgemustert, endlich aber auch all dieses mit einem Schwarm der bittersten Ausdrücke, und der härtesten Drohungen besiegelt.

Hochfürstlich Speierische Anmerkungen.

ad 17) Rechtmäßiger Weiße wurde die fast durchaus unstatthafte Paritionsanzeige verworfen, und darauf den 30ten April 1784 die Paritori-Urtel erkannt.

Die Nichtigkeit der anmaßlichen Senatsrechte, und der auf die vermeintliche Erb- und Grundherrschaft gebaute Condominats- und Regierungsgeist tempore *sedis vacantis*, aut *repletæ* war offenbar weltkündig, und wie oben Nummer 14. nur mit wenigen kurzen und unumstößlichen Sätzen angeführt worden, hergestellet, mithin blieb dem obersten Richter nichts übrig, als die, gegen Gesetze, und vielfache richterliche Aussprüche anstossende Paritionsanzeige mit vollem Grunde zu verwerfen.

ad 18) Den gegen geistliche und weltliche Gesetze anstossenden Wahlkapitulationen stehen noch immer jene Gründe schnurstrack entgegen, welche seit 1417 durch alle Zeiten, und wider alle Domkapitel von jenem zu Brixen an, bis auf die zu Hildesheim, Eichstädt, Salzburg, und nunmehr Speier in actis publicis, und sonstigen Schriften gebraucht worden seind. Aus der Geschichte ist allgemein bekannt, daß durch die auf vorgängige kaiserliche Einwilligung erlassene Constitution des Pabsts *Innocentii XII. de* 1695. in welcher jene der Päbsten *Nicolai III. Pii V. &* *Gregorii XIII.* wiederholet werden, alle vor einer Wahl, oder Postulation errichtete Capitulationen untersaget, sofort die Wahlverträge, welche die bischöfliche Gewalt einschränken ꝛc. zum voraus als null, nichtig, und unkräftig erkläret worden,

vid. *Faber* alte Staatskanzlei 2ter Theil Seite 13. & seq.

und daß von Weiland kaiserl. Majestät Leopoldi glorwürdigsten Gedächtnisses, beregte päbstliche Constitution gebilliget, sofort alle und jede den Regalien, landesherrlichen Gerechtsamen ꝛc. de-

rogi-

rogirenden Wahlverträge ebenfalls als null- und nichtig erklärt worden, und so lang von keinem Bestand sein sollen, bis solche kaiserl. Majestät zu allerhöchst ihrer Erkenntniß eingeschickt, und darauf die kaiserl. Bestättigung erfolgt sei, ist aus dem von belobten Kaisers Maj. an weiland den Hr. Fürstbischoff zu Würzburg am 11ten Sept. 1698. erlassenen unter dem Buchstaben M. anliegenden Rescript umständlich wahrzunehmen. M

Das hochw. Domkapitel hat ohnehin aus der mit dem Buchstaben N. beigehenden, und in seinem Archiv befindlichen Bulla des Pabst *Innocentii* des *VI.* de anno 1552. wissen müssen, daß schon damals der mit dem speierischen Bischoff Gerhard errichtete Wahlvertrag aufgehoben worden, und in der Folge wird sich zeigen, daß das per capitulationem zugestandene zum Nachtheil des fürstlichen Hochstifts gereichte, und als nichtig anzusehen, sohin die contra leges, & judicata beschehene Zumuthungen allerdings ahndungsmäßig waren. Die Spoliirung der fürstlichen Hofkammer war eine große Sünde, davon die betheiligte Domkapitularen nur allein durch den Ersatz losgesprochen werden können, dann nach der Lehre des juris canonici de spolio heißt es: non remittitur peccatum, nisi restituatur ablatum N

vid. *Moser* persönl. Staatsrecht 2ter Theil Seite 367. §. 6.

19) Hier lag nun alles zu Boden, was diesem sittlichen Körper durch eine Reihe von Jahrhunderten unendlich schätzbar sein muste, was bisher, und eben so lang alle übrige Domkapitel, als eine Barriere der kirchlichen Verfassung betrachtet haben; was von Kaisern, dem gesammten Reich, und auswärtigen Kronen immer gutgeheißen, und durch geschriebene, und ungeschriebene deutsche Gesetze stetshin gebilliget worden ist.

ad 19) Wann auch der Rekursschriftsteller mit einer sicheren schwäbischen Reichsstadt: Wir leider! Gott erbarms, Burgermeister und Rath ic. noch so viele Seufzer über die zu Boden liegende Barierre der Senatsrechte, der Erb- und Grundherrschaft ausstossen sollte, so würde er doch Rechte beweinen, die sich zwar ein und anderes Domkapitel angemasset hatte, aber niemals rechtmäßig besitzen konnte, und davon die Bekanntwerdung jedesmal oberrichterlich geahndet worden. vid. *Num.* 14.

Man klaget Wehe über niemals gehabte, oder wenigstens nur durch rechtswidrig in der Stille ausgeübte Handlungen, angemaßten Rechte,

Domkapitlische Rekursschrift.

20) Aber auch bei diesem ungeheuren Sturz verzweifelte doch das Domkapitel zu Speier an der Wiederaufrichtung seiner gebeugten Rechte noch nicht gänzlich, weil es ihm unglaublich scheinen wollte, daß die zum Grund der ganzen Entscheidung gelegte Privatmeinung eines *v. Ickstadt in disquisit. de orig. & progres. capitul.* neben so vielen andern ungleich wichtigeren Gründen die Capelle jemals halten könne.

Von diesem schmeichlenden Gedanken, zugleich aber durch eine weitere Sammlung faktischer Umstände ermuntert, welche bisher unbekannt, und zum Theil, als überflüßig, nicht benutzet waren, wählte das Domkapitel den gesetzmäßigen Weg der Wiederherstellung, den es bei dem Erfund neuer Urkunden, bei der deutlichen Vorsehung des westphälischen Friedens, bei der allgemeinen Sprache des ält- und jüngeren Reichsherkommens, und bei der damit übereinstimmenden Analogie unter dem Ziffer 5. bewähret) für unfehlbar zu halten, Ursach hatte, seine bekümmerte Vorrechte wieder auflebend zu machen.

21). Doch vergeblich, durchaus vergeblich war auch dieses Bestreben. Ein unterm 11ten August dieses Jahrs anderweit ergangenes reichshofräthliche Conclusum (Ziffer 6.) verwirft platthin das Restitutionsgesuch als unerheblich; es verwirft Gesetz und Herkommen, das Heiligthum aller Grossen, und eines jeden deutschen Burgers.

Das nemliche nochmahl zu sagen, was schon der Restitutionslibell enthält, ist hier überflüßig, mögte es auch ferner sein, sich in jenes, was annoch hie- und da zu sagen sein dörfte, tiefer einzulassen, da einer hohen allge-

Hochfürstlich Speierische Anmerkungen.

che auch nach Verlauf von mehreren hundert Jahren nicht gerechtfertiget werden mögen.

ad 20) Der Sturz war also nicht so ungeheuer, weil der Schriftsteller die Barriere wieder aufzurichten dachte: aber aus welchen Gründen sollte dies geschehen? die in dem Restitutionslibell angebrachte, mittels Auszügen aus mannichfaltigen Schriften geschöpfte unglückliche Anwendungen waren wenigstens nicht ergiebig, und konnten in alle Ewigkeit den jenseitigen Absichten einen Schein von Rechtsgründen destominder beilegen, als man sich eine Landesherrlichkeit in voller Maß zueignen, und wie es aus der domkapitlischen sogenannten Paritionsanzeige nicht undeutlich hervorblickt, vielleicht gegen Recht, und Billigkeit alles untereinander mengen wollte.

Den von Ickstädtischen Grundsätzen kann man nicht die Billigkeit versagen, maßen dieselbe auf geistlichen, und weltlichen Gesetzen beruhen, auch bei Lebzeiten des Autoris durch kaiserliche Rechtsprüche befestiget waren, und bishieher durch mehrere nachfolgende ihre standhafte Dauer für die Zukunft, nebst dem Beifall der redlichst- und geschicktesten Rechtsgelehrten, erhalten haben.

Das aufgewärmte Herkommen und die wahrhaft aus Mißverstande angebrachte Analogie seind von keiner Bedeutung, und nur allein verunglückte Geburten des jenseitigen Schriftstellers.

ad 21) Ganz unerheblich, und also vergeblich war der Innhalt des Restitutionslibells welchen der würdige Herr Domdechant in seinem gründlichen Voto, doch ohne weitere Wirkung, als daß sein Name dem Restitutionslibell nicht beigesetzet wurde, dem Vernehmen nach ganz anschaulich vor Augen gestellet haben solle. Das gelehrte deutsche Publikum würde des Herrn Domdechants überzeugenden geschickten Vortrag, wann man ihm solchen für jetzt vorlegen könnte, nicht nur bewundern müssen, sondern auch nicht begreifen mögen, daß dessen aus geist- und weltlichen Gesetzen, auch nach der gesunden Vernunft geschilder-

Domkapitlische Rekursschrift.

allgemeinen Reichsversammlung die genaueste Kenntnisse der Reichsgesetze, ihres ächten Verstandes, und ihrer richtigen Anwendung, so, wie der Umfang, und die Grenzen eines beständigen Reichsherkommens ohnehin ganz eigen und bekannt sind.

Immittelst mag es gleich dem Domkapitel zu Speier verzeihlich seyn, wenn es lediglich in der Absicht alles zusammen liefert, um seine Bekränkungen desto geschwinder überschauen zu können.

22) Das empfindlichste unter allen solchen ist die bis auf einen nichtsbedeutenden Namen herabgesetzte domkapitlische Zwischenregierung zur Zeit des erledigten oder behinderten bischöflichen Stuls.

Diese soll nemlich für jetzt, und in Zukunft schlechterdings nur eine von kaiserlicher Majestät als allerhöchsten Lehensherrn demselben belassene potestas vicaria seyn, und nebstdeme sich nicht weiter als auf solche Handlungen erstrecken, aus deren Verschub entweder dem Hochstift oder dessen Unterthanen ein wesentlicher, und unersetzlicher Schaden verursachet, die Justizadministration gehemmet, und die allgemeine Ruhe und Sicherheit gestöhret werden könnte, oder, welche propter imminens damnum irreparabile eine schnelle Vorkehrung erfodern dörften.

Hochfürstl. Speierische Anmerkungen.

perte Beweggründe keinen Eindruck gefunden, und das unwirksame Restitutionsgesuch zu hintertreiben nicht vermögend waren.

ad 22) Kurz vorher will der jenseitige Verfasser die Contenta des Restitutionslibells nicht wiederholen, doch aber erscheint davon ein Auszug. Eckelhaft wird es, das so oft und viel gesagte aufzuwärmen, und nicht begreifen zu wollen, daß die allerhöchste kaiserliche Weisungen den eigentlichen Sinn der geist- und weltlichen Reichssatzungen mit sich führen, und zur Absicht haben, daß während der Sedisvacanz das kaiserliche Reichslehen nicht deteriorirt werden, auch alle sonstige Gewaltthaten und Ungerechtigkeiten entfernt bleiben sollen. Ist es denn unbillig, daß die a prædecessore durch Ruhm und Fleiß zurückgelassene Ersparnis, die als ein wahres radicale zur Verbesserung des verwaisten Hochstifts, und kaiserlichen Lehens bestimmt war, pro successore & in perpetuum beibehalten, oder aber von den administratoribus nach Wollust und willkührlichem Eigennutze theils verschwendet, theils aber auch sich selbst spoliative zugeeignet werde???

Der Kontrast dieser Gegensätzen ist augenfällig. Eben daher wurde auch in letzterer Sedisvacanz nichts anderst vorgenommen, als was seine kaiserlichen Majestät vorhin so oft eingeschärfet hatten, so fern man nur a) das übermäßige spolium, dann b) die der fürstlichen Hofkammer abgedrungene und von derselben bezahlte Kapitularzeichen, endlich c) die Kassation eines fürstlichen Reitknechts, welcher ausser der pflichtmäßigen Befolgung der vom lebenden Regenten ertheilten, und ihm durch den vorgesetzten Oberstallmeister

meister aufgetragenen Befehlen kein weiteres Verbrechen auf sich hatte, abrechnet.

Man beobachtete übrigens den canonischen Rechtssatz; *ne sede vacante, aliquid innovetur*, ließ alles in statu quo, und verwieß alle nicht eilende, und keiner Gefahr ausgesetzte Gegenstände ad futurum regentem: die Dienerschaft wurde bei ruhiger Ausübung ihrer Dienste belassen, keinem das mindeste in den Weg gelegt, und man hat nicht einmal einen neuen Diener angestellt: man muß daher domkapitlischer Seits unzurechtfertigende Absichten hegen, wenn man in die Fußtapfen der in letzter Sedisvacanz de anno 1770 getroffene heilsame und ruhmwürdige Maaßreglen, mit welchen man nun selbst pranget, nicht eintretten, sondern sich gegen die allerhöchste kaiserliche Vorschriften durch vermeintlichen Rekurs schon jetzt einige rachgierige Schlupfwinkel für die Zukunft gleichfalls offen halten will. Ueber dies seind dann die Domkapitel mit ihren anmaßlichen Rechten auf die Welt gekommen, und haben dieselbe als Souverains die weltliche Interimsregierung nach freier Willkühr ohne Einschränkung ausgeübet? die Geschichte weiß nichts davon, wohl aber daß Anfangs die jeweilige Kaiser bei erfolgten Sedisvacanzien die Administration der Temporalien selbst haben besorgen lassen, und in folgenden Zeiten diese Interimsadministration ad ædificandum & non ad destruendum aus kaiserlicher Nachsicht auf die Kapitel übergangen sey. Der Kaiser allein als oberster Lehnsherr belehnt den zeitlichen Fürstbischof mit dem Fürstenthum Speier, nicht aber das hochwürdige Domkapitel: der Kaiser allein beläßt letzterm die potestatem vicariam und denkt nach eröffterten Conclusis an nichts weniger, als den Domkapiteln die gesetzmäßige Ausübung der sonstigen Rechte zu benehmen, davon in der Folge die Rede seyn wird.

23) Im Grunde betrachtet wäre somit das Domkapitel mehr ein bloser Zuschauer, als Verwalter: eine Maschine ohne Be-

ad 23) Das Domkapitel ist in der That nicht anderst, als ein Tutor zu betrachten: und man will nicht hoffen, daß die Regierungs-Absichte

Domkapitlische Rekursschrift.

Bewegung, oder doch gewiß nur eine solche Maschine, die sich nicht eher bewegen darf, bis das Schlagwerk eine Gefahr auf den Verzug verkündet: ein Körper mit gebundenen Händen, der seine Auflösung, seine Thätigkeit, und die Grade derselben einzig und allein der oberherrlichen Willkühr zu verdanken haben soll.

Hochfürstlich Speierische Anmerkungen.

te jenes im Schilde führen, was gegen den Regenten bei seinem Leben, und nach seinem Absterben auch gegen seine Dienerschaft in der Paritionsanzeige geäussert worden.

Die domkapitlische schwere Regierung zur Zeit der Sedisvacanz, womit das übermäßige Spolium hat gedeckt werden wollen, wird ihm zur Ehre gereichen, wann solche den allerhöchsten Verordnungen angemessen ist, und mit schwehren Arbeiten, dazu nicht ein jeder Kapitular aufgelegt, wird man sich nicht plagen wollen: unerlaubt wäre es gar, ohne die mindeste Gefahr, und ohne einen unersezlichen Schaden einen oder andern der treuen fürstlichen Diener zu beunruhigen, und sowohl die Klage weiland des Cardinals von Schönborn in verbis:

> Daß man die landesfürstliche Beamten, und Bedienten so zu quälen, und zu intimidiren wisse, daß sie auch alles lieber dem Landesfürsten und dem Publico verloren gehen lassen müssen, als sich das Domkapitel zu ungnädigen Herren zu machen, und der immerwährenden Bedrohung und Gefahr zu unterwerfen,

als auch weiland des Hrn. Cardinals von Hutten:

> Wann man von Seiten des Domkapitels sich noch bei Lebzeiten des Landesregenten untersteher, getreue, und dem Hochstift mit wahrem Nuzen dienende Räthe und Bediente mit dem sogenannten Interregno zu bedrohen, was können, sich dann selbige wohl anderst vorstellen, als daß die *minæ* bei sich ereignenden Fall zum Vollzug kommen werden. *Hæc si fiant in viridi, quid fiet in arido?*

auflebend zu machen.

Seine Hochfürstliche Gnaden hoffen nicht, daß man als eine angebliche Maschine, (welche sich nach Leidenschaften regieren läßt, und nach Beispielen, auf das männ- und weibliche Geschlecht oft Einfluß gehabt, auch vielleicht aus Absicht auf eine oder die andere Stimme aus vergeblichen Gefallen Uebel gestiftet hat) handeln, und sich verantwortlich machen wolle. Höchst Sie hegen von dem jetzigen corpore bessere Gedanken, und zweiflen nicht, daß die mehr einsichtige, und billig denkende Kapitularen das Modell von der letzten Sedisvacanz beibehalten werden, wo ohnehin ein jeder verpflichteter Diener sich leicht durch die Befehle seines Regenten, wann man anderst ihn nicht von Wehr und Waffen rechtswidrig entfernt, wird schützen können.

24) So enge aber hat der westphälische Friede die domkapitlischen Zwischen-Regierungsrechte nicht eingeschlossen.

Die Verwaltung und Ausübung der bischöflichen Gerechtsame, welche den Domkapiteln pro more (consueto scilicet) ohne Begrenzung zustehet,

Instr. Pac. Osnabr. art. 5. §. 17.

Ihr unbedingtes Stimmrecht auf allen allgemeinen und besondern Reichsversammlungen.

art. 5. §. 21.

Die ihnen gelegenheitlich der in den Erz- und Bißthümern Bremen und Verden vorgegangenen Aenderung ex natura privationis, welche zu Folge gesunder Begriffe einen untrüglichen habitum unterstellt, eingeräumte gubernatio terrarum ad hos ducatus pertinentium, Und das Regimen Episcopatus, dessen sich das Domkapitel zu Halberstadt de consensu statuum imperii begeben muste,

art. 11. §. 1.

wollen ungleich mehr, und ohne Zweifel so viel besagen, daß das domkapitlische Zwischen-Regierungsrecht ein von all-anderweitem Belassen, oder nicht Belassen unabhängiges, und vom Kaiser und Reich zu allen Zeiten anerkanntes eigenes Recht sei, — Ein Recht ohne Maaß und Stümmlung, ein eben so ausgebreitetes Recht, wie es ein jeder Fürstbischof bei dem wirklich besetzten bischöflichen Stul auszuüben befugt war.

cit. art. 5. §. 21. in fin.

und also im ganzen genommen, ein Recht, von

ad 24) Das Instrumentum pacis westphalicæ als Sanctio pragmatica totius imperii weiß kein Wort *art.* 5. §. 17. & 21. von einem domkapitlischen Erbcondominat *sede plena*, sondern belasset nur § 17. NB. pro *more* den Domkapitlen *sede vacante* die blose Administration, und das exercitium jurium episcopalium. Man sehe des

Strubens Nebenstunde 1ter Theil Seite 69.

nach, wo die Universität zu Helmstädt dem Domkapitel zu Hildesheim, welches sich ebenfalls die Erbherrschaft des Stifts Hildesheim anmaßlich beilegte, und daraus *sede plena & vacante* sich ein *condominium*, und Mitregenschaft erträumte, in einem responso vom 11. Jänner 1729. den wahren Sinn dieser Paragraphen bemerklich gemacht hat.

Die Worte: *pro more* heissen nicht, wie der domkapitlische Schriftsteller unschicklich angiebt, ohne Begrenzung, sondern der wahre und deutliche Wortverstand ist, daß der *Mos*, wie

Henniges in seinen Meditationen ad J. P. W. ejusque *art.* 5. §. 17. sagt

ex institutis, & moribus cujuscunque ecclesiæ dijudicandus sit, und dieß muß freilich de moribus licitis & rationabilibus verstanden werden.

Daß diese Administration nicht *jure proprio* besessen werden könne, sondern auf die Art desjenigen, welcher eine *mandatam jurisdictionem* habe, ist am angeführten Ort des Heniges buchstäblich zu lesen.

Wann hat aber jemals das hochwürdige Domkapitel zu Speier die Verwaltung und Ausübung der bischöflichen Gerechtsame tempore sede vacantis ohne Begrenzung gehabt? Die ver-

Domkapitlische Rekursschrift.	Hochfürstl. Speierische Anmerkungen.
von dessen unbeschränktem Gebrauch das Domkapitel eben so wenig, als ein anderer Stand des Reichs von seiner Hoheit, Würde, Macht, und Gewalt ohne Begnehmigung des Reichs capit. nov. art. I. §. 2. & 3. ausgeschlossen, oder welches gleich viel ist, in dessen Ausübung demselben kein erniedrigendes Ziel vorgeschrieben werden kann.	verschiedene Mißbräuche können doch hiezu nicht gerechnet werden.

Es fehlet also an dem Beweiß, massen die geistlich- und weltliche Reichssatzungen der Unbegrenzung entgegen stehen, und die Ausnahme durch rechtsbeständige Verträge; und zurecht bestehendes Herkommen dargethan werden muß, in welchen Fällen aber doch nicht das mindeste veranstaltet werden darf, was der kaiserl. Authorität, den kaiserl. Investituren und Regalien nur einigermassen derogiren würde, gleich von dem kaiserlichen Reichshofrath auf sein von weiland seiner kaiserlichen Majestät Karl dem VI. begnehmigtes Gutachten, dem hochwürdigen Domkapitel zu Cölln nach dem Buchstaben O. den 13. Oktober 1727. rescribirt, und dasselbe von allen dergleichen Zumuthungen, und über die Gebühr (nemlich über die *per pacem Badensem art.* 15. bestättigte *pacta*, anmassenden Einschränkung der landesfürstlichen Regierung und Regalien abgemahnet worden ist. Hieraus kann der Rekursschriftverfasser abnehmen, daß der Kaiser zu keiner Zeit, und also weder sede *repleta*, noch *vacante* den domkapitlischen Eingriffen nachsieht. O

Eben so wenig schicklich ist der Schluß, welcher aus dem *art.* 5. *P. W. ejusque* §. 21. *in fine* in Rücksicht auf das unbestimmte Stimmrecht bei allgemeinen, und besondern Reichsversammlungen und das ausgebreitete Regierungsrecht, wie es ein jeder lebender Fürstbischof habe, gezogen werden will.

Jeder, der mit einer gesunden Vernunft begabt ist, muß bei Lesung dieses Paragraphs einsehen, daß von nichtsweniger, als von den erträumten Rechten die Rede sey.

Das Wahre von dem Ganzen bestehet in folgendem: Nachdem *Paragrapho* 17. *art.* 5. *dictæ Pacis* von den katholischen geistlichen Reichsfürsten und ihren Domkapiteln, wegen der Wahl und Sedisvacanz-Administration, die Bestimmung vorangegangen, so wurde auch §. 21. den Erz-Bischöfen und Prälaten augustanæ confessionis und ihren Kapiteln ein gleiches zugesagt. Und da bekanntlich vor dem Westphälischen Frieden von den Erz- und Bischöfen A. C. keine Gesandten angenommen werden wollten; so wurde auch dieses Recht ihnen zugestanden mit dem in fine *dict.* §. 21. befindlichen Beisatz, daß die Auswahl der auf die Reichsconventen zuschickenden Gesandten den *Præsulibus cum capitulis & conventualibus* freistehe. Hier wurde also blatterdings von den Protestanten gesprochen, und der Schluß des erwähnten §. 21. aus der Ursache gefasset, weil bei den Friedenstractaten die kaiserlichen Gesandte darauf bestunden, daß cum Præsule A. C. auch einige Canonici den Comitiis beiwohnen sollten. Hingegen die Herrn Protestanten wegen *disparitæt cum catholicis Præsulibus*, welchen freistund, nach Gefallen Gesandten zu schicken, dazu nicht einwilligten, und daher den *Præsulibus A. C.* und ihren Kapiteln die Auswahl conjunctim gestattet wurde.

vid. *Henniges* in Meditat. *ad sæpedictum* §. 21. *in fin.*

Die unglückliche Anwendung dieser Stelle wird um so mehr sichtbar, als ein katholischer geistlicher Reichsstand nicht nöthig hat, sein Domkapitel bei Anstellung eines Gesandten zu Rath zu ziehen, und es scheint, daß diese lächerliche Aufstellung nur dahin den Bezug habe, weil seine kaiserliche Majestät in concluso de 28. August 1781. ad art. XIV. capitulationis dem hochwürdigen Domkapitel ernstlich verwiesen hatten, daß selbiges durch seine sogenannte rechtliche Anmerkungen ad capitulationem, die widerrechtliche Erstreckung dieses Artikels auf die von bloser Willkühr eines zeitlichen Regenten abhangende Verschickungen der Reichs- und Kreißgesandschaften und Reichsbeschickungen intentirt hatte.

Erwähnter §. 21. ertheilt auch keineswegs den Domkapiteln ein so ausgebreitetes Recht, wie es ein jeder Fürstbischof bei dem wirklich besetzten Stuhl auszuüben befugt war, maßen erstens nach Vorschrift der bekannten Rechten ein Domkapitel sede vacante nicht alles thun kann, wozu ein lebender Fürstbischof befugt ist, und zweitens

tens) die Domkapitel das Stimmrecht auf den Reichstägen, worauf jenseitiger Verfasser vergebens so groß pochet, nicht aus der Ursache, daß sie den verstorbenen Fürstbischof vorstellten, sondern ex consuetudine, wie

Pfeffinger ad *vitriarium* Lib. 4. Tit. 1. §. 56. Lit. A.

sagt, und weil sie statt des Verstorbenen die Interimsadministration haben, berufen werden.

Ferner ist das im angeführten §. *art.* 11. *J. P. O.* bemerkte *Regimen Episcopatus* keineswegs von einer unbeschränkten Regierung, sondern von der *pro more* juxta §. 17. *art.* 5. eingeführten Administration zu verstehen, welche aufhören muste, da dem Bisthum Halberstadt alle geistliche Eigenschaft benommen war.

vid. *Henniges* in cit. Medit. ad art. 11. §. 1. pag. 1603.

Die Anwendung der §. §. 2. & 3. *art.* 1. der kaiserl. Wahlkapitulation auf das Domkapitel wird niemand fassen, vielweniger begreifen können, wie man dasselbe unter die Reichsstände versetzen, und ihm die reichsständische Hoheit, Würde und Gewalt einpropfen möge, da doch beide paragraphi von den Reichsständen, und ihren landesherrlichen Gerechtsamen reden, und das hochwürdige Domkapitel den kaiserlichen Schutz allein unter den Worten: sonst auch einen jeden bei seinem Stand und Wesen erhalten, gleich ein jeder deutscher Unterthan sich versprechen kann, den es auch jederzeit nach dem Maaß seiner besitzenden Gerechtsamen erhalten wird, ohne jemals in einen Reichsstand metamorphosirt zu werden. Auf das hochwürdige Domkapitel passet vielmehr der §. 1. *art.* 14. Capitulationis cæsareæ in welcher die Zusage geschiehet, daß dessen absonderliche Privilegien, hergebrachte Statuten, und Gewohnheiten beobachtet, und dagegen durch unförmliche Gratien, Rescripte, Provisionen, Annaten, rc. nicht gehandelt werden solle. Und ob zwar in älteren kaiserl. Wahlkapitulationen die Worte: rechtmäßig hergebrachte Statuten beigesetzt waren, so wird doch Nie

25) Dies war immer die laute Sprache der Domkapitel im Angesichte des Reichs. Sie behaupteten bei jeder Gelegenheit zur Zeit der Sedisvacanz die völlige Landesregierung, ohne Vorbehalt unwiedersprochen; und Niemand zog diese Wahrheit in Zweifel.

Dies war selbst die Sprache der Kaiser in den oben angedeuteten Stellen des Osnabrücker Friedens, und bereits vorher bei der domkapitlisch-speierischen Regierungsverwaltung gegen die Reichsstadt Speier.

Man sehe darüber den merkwürdigen Innhalt des Ziffer 18 zur Restitutionsschrift.

Dies war schon die Sprache Carl des sechsten, da er gelegenheitlich des ob feloniam erledigten Bistums Camin die Administration des Landes, und der Regalien, welche er bereits einem andern übertragen hatte, dem Domkapitel in Gefolg des Herkommens überlassen muste.

Mencken in script. rer. Germ. Tom. III. diplomatario Caroli IV. pag. 2023. n. 21 & 22.

Dies war die Sprache der zur Abfassung einer

mand zweifflen, daß solche immer rechtmäßig sein müssen, und wie

vid. *Moser* in seinen Betrachtungen über die Wahlkapitulation Kaiser Joseph des IIten zu diesem Paragraphen im zweiten Theile, Seite 98.

sagt: daß dieses Wort zu Verhütung alles Mißbrauchs ausgelassen worden, indessen aber nach Beschaffenheit der Umstände dem päbstlichen Hof unverwehrt sey, die Gültigkeit eines Statuts oder Gewohnheit anzufechten, nur aber werde man ihm die Entscheidung nicht allein überlassen wollen, sondern verlangen, daß der Kaiser ebenfalls dabei etwas zu sagen habe.

Daß aber seine kaiserliche Majestät derlei nicht bestättigten Statuten keine Gültigkeit beilegen, bedarf keines Beweißes.

ad 25) Von seiner kaiserlichen Majestät sowohl, als nach den Gesetzen, und richterlichen Entscheidungen wird die vermeinte laute Sprache der domkapitlischen unbegränzten völligen Landesregierung *tempore Sedisvacantiæ* vorgezeigter maßen vollkommen verneinet. Obgleich auch kraft des im vorhergehenden Nummer 42. ligenden Beweißes der westphälische Friede davon kein Wort spricht.

Die gerühmte Sprache des Ziffers 18. zur Restitutionsschrift ist ohne wirksame Bedeutung in Absicht auf den domkapitlischen Souverainengeist, um Willen in dem kaiserl. Schreiben Ferdinand des IIIten an den Stadtmagistrat zu Speier befohlen wird, daß derselbe die capitulo sede impedita aufgetragene Administration erkennen, und gegen Ausübung der fürstlich-speierischen Rechten in der Stadt Speier nichts einwenden, fort die gegen die Stadt angestellte Prozesse nicht hindern solle.

Vergebens werden derlei Dinge angeführt, welche auf den Gegenstand keinen Bezug haben, und Niemand dem hochwürdigen Domkapitel die aufgetragene kaiserliche Administration für jetzt in Streit zieht, wohl aber dessen Begränzung behaup-

Domkapitlische Rekursschrift.	Hochfürstlich Speierische Anmerkungen.

einer perpetuirlichen Osnabrückischen Kapitulation ernannten kaiserl. Plenipotentiarien, und der ex collegio deputatorum ad punctum amnestiæ & gravaminum von beeden Religionstheilen abgeordneten Gesandten.

vid. *Meyern* Acta Execut. Pac. Tom. I. pag. 534. & 541.

eine sehr merkwürdige Sprache, weil eben dieser Wahlvertrag in die Zahl der Reichsgesetze erhoben worden ist.

„Es wäre wohl zu beklagen, daß man „abseiten ihrer kurfürstlichen Gnaden „zu Trier in statu tam rubido sacri „romani imperii dem hochwürdigen „Domkapitel zu Mainz, dem Seine kai„serliche Majestät selbst, als des Reichs „allerhöchste Oberhaupt desfalls nichts „disputirten, seine jura regalia, und „Prärogativen in Zweifel zöge, wel„che harte Begegnung allen andern „Domkapitlen künftig sehr schwer fal„len, und ein unwiederbringliches „Nachtheil gebähren würde.

Kur-Mainzisches Legations Protokoll vom 7. Oct. 1679.

Dies war nicht minder die Sprache des österreichischen Direktoriums bei eben jenem Anlaß auf dem öffentlichen Re- und Korrelationssaale

„daß es auf den Kur-Mainzischen An„sagzettel in allwege Folge leisten wür„de, indem das jus archicancellaria„tus und andere davon dependirende „Regalien, dem hochwürdigen Domka„pitel, als Administratorn und Kol„latorn der Kur-Mainz kompetire, und „kein jus personale seye.

Reichstagsdiarium vom 12. December 1678.

hauptet wird, weil der Beweiß von einer Unbegränzung mangelt.

Die Sprache Kaiser Karl des IV. und nicht des VI. thut wieder ganz, und gar nichts zur Sache, dann die ohne Beisetzung eines Tag, und Jahrs beim Mencken befindliche Urkunde spricht nur, daß dem Kaiser von dem angegebenen Besitz des *juris administrandi*, und diesfalls vorhandenen *statuto*, *privilegio*, und der Gewohnheit nichts bewust gewesen sei, und derselbe im Fall die Umstände sich also verhalten: *quatenus ita est*, dem Kapitel zu Kamin die Administration auftragen wolle.

Diese Sprache ist also nicht zweckmäßig, dann dem Kaiser war sogar der Administrationsbesitz, das diesfallsige Statut, Privilegium und Gewohnheit unbekannt, folglich muste damals die hundertjährige Administrationssprache noch nicht bestanden haben. Und

Was soll die Osnabrückische capitulatio perpetua als eine Ausnahme von der Regel beitragen? diese aus verschiedenen Rücksichten & *propter successionem alternativam* mit des Kaisers Einwilligung zu Stand gebrachte Capitulation macht eine Richtschnur für Osnabrück, nicht aber für Speier, und spricht vielweniger dem letzten die unbegränzte Administration zu.

Uebrigens läßt sich nicht denken, worinn die Merkwürdigkeit der Gesandschaftssprache wegen des Kurmainz: Interimsdirektorium auf dem Reichstage *sede vacante* bestehen, und was sie auf die anmaßliche domkapitlisch-speierische Erb- und Grundherrschaft wirken solle. Diese Gesandschaftssprache hindert nicht, daß von 1679. bis auf den heutigen Tag in casu sedisvacantiæ Moguntinæ gegen das administrirende, und das Reichsdirektorium führen wollende Domkapitel zu Mainz von Kur-Trier, Kur-Cölln und Kur-Sachsen noch immer protestirt werde, und in der Hauptsache nichts ausgemacht sei. Derlei elende Behelfe sind mehr erbarmenswürdig, als dem vorgesetzten Zwecke angemessen, sohin ganz vergeblich.

Domkapitelische Rekursschrift.	Hochfürstl. Speierische Anmerkungen.
26) Und wer mag wohl immer an der Unfehlbarkeit dieser Sprache noch zweiflen wollen, da sie durch so viele andere schon in dem Restitutionslibell bemerkte Vorgänge bis auf den höchsten Grad der Ueberzeugung aufgekläret und ausser dem Reich offenkündig ist, daß aus den nämlichen Gründen zur Zeit der Sedisvacanz das Domkapitel zu Bamberg im fränkischen Kreiße Recess. circuli francon. vom 21ten Dec: 1748 §. 48. Moser in den Sammlungen der fränkischen Kreißabschieden pag. 1554. Selecta Jur. publ. Tom. XIV. pag. 1. Tom. XV. pag. 78. Das Costanzer im Schwäbischen Mosers Anmerkungen in den kleinen Schriften Th. 6. pag. 168. Idem in der deutschen Kreißverfassung cap. 6. pag. 174 & 228. Das Salzburger in Collegio Principum Zallwein Princ. J. E. Tom. IV Q. 4. cap. 3. §. 7. Daniel Hoffmann in dissertat. de capit. Salisburg. sede vacante collegium Principum dirigente. und das Mainzer Domkapitel in dem niederrheinischen Kraise. Litt. Caroli VII. Imp. vom 11ten April 1743. Moser in der Reichsfama. part. IV. pag. 696. Zu allen Zeiten das Kreißdirektorium ungestöhrt vertretten, und alle damit verbundene landesherrliche Rechte nec Cæsare, nec imperio contradicente ruhig besorget habe. Hat ein vollgültiges Herkommen, und also auch dieses, da es durch die Länge der Zeit, durch die Einförmigkeit, und durch das ausdrücklich und stillschweigende Gutheisen des gesetzgebenden deutschen Körpers ausgezeichnet ist, mit dem geschriebenen Gesetze gleiche Wirkung, Mosers erste Grundlehren cap. 2. §2. Schmaus	ad 26) Eines gleichen nichts bedeutenden Schlages sind die zum geduldigen Papier geschriebene besondere Gerechtsame dieses oder jenes Kapitels, in deren Ausübung ein und anderes im rechtmäßigen Besitze ist, ein und anderem aber solcher Besitz bestritten wird: alle diese Dinge stehen nicht am rechten Orte, und eben so wenig ist die Anführung der geschriebenen, und ungeschriebenen Gesetzen anwendbar, weil vordersamst hergestellet werden muß, daß dem hochwürd. Domkapitel zu Speier das Herkommen der aufgestellten anmaßlichen Rechten zu statten komme. So lang dies nicht geschiehet, ist und bleibt das wortspielige Raisonnement ein bloßes Geschwäz.

Schmaus akademische Vorlesungen über das deutsche Staatsrecht. Lib. 1. Cap. 1. §. 7.
Mascov. Princ. Jur. publ. Germ. Lib. 1. cap. 7. §. 6.

so hat das Domkapitel zu Speier schon aus diesem zweifachen Rechte zwei für einmal Ursache, eine von jeder andern Willkühr abhangende, und noch über dies ad solos casus imminentis damni vel periculi angekettete Zwischenregierung sich sehr angelegentlich zu verbitten.

27). Diesen geschrieben, und ungeschriebenen Gesetzen stehet zugleich die Analogie des deutschen Staatsrechts zur Seite.

Auch die Reichsvikarien sind bloße Provisores, Verweser, und tutores viduati Imperii. Würden aber diese wohl jemals zugeben, wenn ihre Macht, die sie nun schon viele Jahrhunderte hindurch aus der guldenen Bulle, aus einem der vornehmsten Reichsgesetze, unwiederruflich erhalten, und durch ein unverrucktes Herkommen bevestiget haben, in eine willkührlich belassene Macht umgeformet, und wenn ihre Verwaltungsrechte in den schmalen Umfang jener Fälle, wo Gefahr auf dem Verzug haften sollte, eingeschlossen werden wollten?

Würden sie nicht mit guten Grunde und Anstand behaupten, daß ihre Verwesungsrechte ex legibus Imperii ihre eigne Rechte geworden seien? daß diese Verwesung mit einer andern gemeinen Uebertragung gar nichts ähnliches habe? daß ihre Handlungen quoad jura præsentandi ad Beneficia, recolligendi reditus, investiendi de feudis, recipiendi vice & nomine sacri imperii juramenta fidelitatis, und was ihnen sonst aus dem unverrückten Herkommen noch immer eigen seyn mag, von dem erwählten Tronfolger eben so wenig geändert, als ihre Gewalt in Justitzsachen begrenzet, und auf den Fall eines gefährlichen Verzugs herabgesetzt werden könne?

Ge-

ad 27. Ueber den Begriff des jenseitigen Schriftstellers ist die Analogie des deutschen Staatsrechts hinausgesetzt. Er würde nicht den Schluß von den Reichsvicarien auf ein Domkapitel gezogen haben, wenn ihm bekannt gewesen wäre, daß die in ähnlichen Fällen sonst gegründete Analogie (wenn solche bei verschiedenen Personen angewendet werden wollte) fürdersamst gleiche Rechten und Befugnissen voraussetzen müste, folglich kein Schluß von Reichsständen auf ein mittelbares corpus gültig sein könnte: und da überhaupt alle Analogie, sobald eine klare gesetzliche Verordnung vorhanden, ausgeschlossen bleibt, so ist solche auf unsern Fall um so weniger anwendbar, als ausgemachten Rechtens ist, daß

a) die geistliche Gesetze pünktlich bestimmen, wie sich ein Domkapitel in geistlichen Dingen bei einer Sedisvacanz zu betragen habe, und was dasselbe verrichten könne, oder nicht.

b) Der Satz: *ne sede vacante quid innovetur* allgemein auch in temporalibus angenommen sei, und durch die auf Reichssatzungen sich gründende kaiserliche Judicata die Administrationsausübung des Domkapitels bestimmt werde, dessen Grenzen dasselbe nicht überschreiten, und keines weitern sich unterziehen darf, als was der oberste Lehensherr ihm übertragen hat, welchem

c) der westphälische Friede nicht entgegen stehet, weil solcher allein *pro more* die Administration bestättiget.

Wie will man also sich unterfangen Seiner kaiserlichen Majestät als des allerhöchsten Reichs-

ober-

Gewiß, niemand würde solchen Behauptungen widersprechen, denn sie sind durch die deutlichen Worte der guldenen Bulle:

Quæ omnia per Regem postea electum innovari debebunt

cap. 5. §. 1.

und durch die feierlichsten Verheissungen in den kaiserlichen Wahlverträgen

gleicher gestalten wollen Wir nicht nachgeben, daß die Vikariaten und ihre Jura samt, was denselben anhängig, von jemanden disputirt, und bestritten, oder restringirt ꝛc. auch ihre Gewalt, im Reich Recht zu sprechen, nicht blos auf solche Rechtssachen, wobei die Gefahr einer Unruhe oder Thätlichkeit abzuwenden ist, eingeschränkt werde ꝛc.

cap. nov. art. 3. §. 15. 16.

viel zu weit über eine Bezweiflung hinausgehoben.

oberhaupts ihre Rechte unter einem nichtigen analogischen Vorwand zu bestreiten und dieselbe sich ohne zu hoffende kaiserliche Belehnung in der Gestalt eines Landesherrn zuzueignen, dessen Eigenschaft ein Domkapitel nicht hat, und niemals erlangen kann.

Es ist also die von den hohen Reichsverwesern auf die Domkapitel gezogene Analogie aus einem falschen Federzug geflossen, massen die Rechte der Reichsvikarien eben so gesetzlich, als jener der Domkapiteln sede vacante, bestimmt sind, und nur der grosse Unterschied dabei eintritt, daß den Domkapiteln weit weniger zugestanden worden; dann Ihnen kömmt nach dem

Cap. 2. ne sede vacante aliquid innovetur, cap. un. eod. in 6. & cap. 1. de Instit. in 6.

nicht zu, die von des Bischofs alleiniger Collation abhängige Beneficien, wo dieselbe sede vacante erlediget werden sollten, zu vergeben.

Gleichermassen muß das Domkapitel sede vacante die ad dignitatem episcopalem gehörige fructus für den künftigen Nachfolger getreu aufbewahren, und darf sich solche nicht zueignen

cap. 4. de off. jud. ordin. & cap. 40. de Elect. in 6.

Concil. Trident. Sess. 24. C. 16.

Eben so gewiß ist es auch, daß sede vacante capitulum keine Lehen vergeben, noch einen Vasallen infeudiren könne, wodurch der Trugschluß des jenseitigen Schriftstellers von selbst zerfällt, besonders da keine andere seinen anmaßlichen Aufstellungen entsprechende Gesetze sich aufsuchen lassen.

28) Sind gleich die domkapitlische Verwaltungsrechte weniger bedeutend, als jene der Reichsvikarien, so sind doch erstere von letzteren in Ansehung der Aehnlichkeit der Gründe gar nicht unterschieden.

Der westphälische Friede bestättiget die hergebrachte domkapitlische Verwesung der erledigten Erz- und Domstiftern pro more ohne Beschränkung und Ausnahme.

Un-

ad 28) Mehrmal hat man schon erwähnt, daß durch den westphälischen Frieden, und durch die beigesetzte Worte *pro more* eine unbeschränkte domkapitlische Verwesung des erledigten fürstbischöflichen Stuls nicht bestättiget worden sei.

Durch das in die Quere fortgesetzte Geschwätz wird dem Domkapitel nichts gewonnen, und um dasselbe hievon zu überzeugen bemerkt, daß

a) kein Domkapitel durante vita communi jemals die Interimsverwaltung ausgeübet habe,

ja

Unwidersprechlich wiegt diese bestättigte Gewohnheit — dieses ex mutua pace & amicitiæ lege den Domkapiteln eigen gewordene Recht, eben so schwer, als eine jede andere domkapitlische Begünstigung, welche bisher alle Kaiser am Reich festiglich handhaben zu wollen eidlich versicherten.

Capit. Josephi I. art. 18. Josephi II. art. 14. §. 1. 3.

Um wie vielmehr sollten also nicht die Domkapitel sich die nachdrückliche Handhabung ihrer unbegrenzten Verwaltungsrechte versprechen können, da diese nicht sowohl aus der Quelle der kaiserlichen Machtvollkommenheit, als vielmehr aus einer gemein verbindlichen Uebereinkunft erwachsen sind, woran kundbarer Dingen ohnehin mit Vorbeigehung gesammter Stände Rath und Vergleichung auf Reichstagen von den Reichsgerichten nichts einseitig verdollmetschet, weniger abgeändert werden soll

Cap. nov. art. 2. §. 4 & 5.

Noch mehr analogische Beweisse liefern die vormundschaftlichen Regierungen in den Tagen minderjähriger weltlicher Fürsten.

Nie hat es einen Anstand gehabt, sagt Moser in der deutschen Kreisverfassung cap. 6. p. 230.

daß ein Vormund denen kreißausschreibamtlichen Verrichtungen sich unterziehen möge, und eben so wenig (sagt derselbe ferner)

im deutschen Staatsrecht part. 6. §. 45.

kann dem Vormund eines minderjährigen Kurfürsten, gleichwie sonst allenthalben, also auch die Vertrettung der erzamtlichen Obliegenheit erschwehret werden.

Alt- und jüngere Beispiele verbürgen auch wirklich das Richtige dieser Wahrheiten, denn so hat Pfalzgraf Johann zu Zweibrücken im Jahr 1612. ohne den geringsten Widerspruch das Kurpfälzische Erzamt versehen, und der Vormund seiner jeztregierenden kurfürstlichen Durchleucht in Sachsen nicht nur cir-

ja sogar von den Kaisern die Verwaltung eines bischöflichen Stuls den Missis regiis, comitibus, oder andern kaiserlichen delegatis aufgetragen worden; cessante vita communi aber

b) diese administratio cæsarea tutelaris ad capitula gediehen sei, um nur allein das Amt eines Vormünders zum Besten des verwaißten Bisthums zu verwalten, daher

c) diese administratio von jeher sub auspiciis cæsareis tanquam domini directi bestanden ist, und noch bestehet, auch weder zum Schaden der Regalien, und Temporalien gereichen, noch im geistlichen sowohl als im weltlichen eine Innovation vorgehen darf. Aus welchen Ursachen

d) capitulum administrans dem fürstlichen Aerario keinen Nachtheil zufügen kann, wohl aber alles, was einen Schein von Neuerung hat, unterlassen, und sämtliche einen Verschub leidende Geschäften dem Nachfolger anheim stellen muß.

Die zum Besten des verwaißten Hochstifts zielende Verwaltung wird capitulo in dem Reichshofrathsconcluso gestattet, davon nur die angeregte Mißbräuche die Ausnahme machen, welche ein für allemal unterbleiben sollen, und müssen. Die mit so unnöthigen Wiederholungen aufgestellte unbedingte Verwaltung kann also keine andere, als die schon bemerkte widerrechtlichen Absichte zum Ziel haben, welche aber doch niemals zu rechtfertigen sind.

Der Unterschied zwischen weltlichen fürstlichen Vormundschaften und einer domkapitlischen Administration ist daraus ersichtlich, daß erstere länger und mehrere Jahren dauern, folglich den fürstlichen Vormündern eine grössere Gewalt ertheilet wird; dahingegen eine domkapitlische Sedisvacanz in einem kurzen Zeitraum von etlichen Monaten bestehet, mithin gar wohl alle Verzug leidende Geschäfte, und wo kein Schaden zu befürchten ist, dem Nachfolger im Fürstenthum überlassen werden müssen.

 ad

circa res politicas durantibus comitiis adornandas, sondern auch in conventibus corporis sic dicti Evangelicorum das Directorium ausgeübet.

Moser cit. loc.

Erstreckt sich die Gewalt dieser Vormünder nebst den aus der Landeshoheit fliesenden Regalien sogar auf Rechte, welche in gewisser Art betrachtet, weit eher zur Klasse der persönlichen Rechten, (wie solches Neureuter, Prätorius und Ickstadt doch ohne Beifall behaupten wollten) gezählet werden könnten, was soll wohl die Domkapitel hindern, die unbedingte Verwaltung der Landesherrlichkeit mit dem ganzen complexu Regalium, von welchen ihr offenkündiger Beneider

in disquisit. de origine & progr. cap. §. 50.

und mit solchen

Paul Joseph Riegger in Instit. Jurisprud. Eccles. Part. III. §. 230.

so viel nachgeben;

aliud dicendum est de juribus, territoriis adnexis, quæ realium jure habentur, & a capitulis sede vacante tutorio nomine administrari & exerceri in comperto est, & quotidianus usus testatur

standhaft zu fordern?

29) Da unter solchen die meisten, vorzüglich aber das Domkapitel zu Speier, nicht nur aus unzählichen Urschriften alter Schenkungsdiplomaten, sondern sogar aus den Lehensbriefen selbst unverneinlich zu erweisen vermag, daß die hochstiftischen Rechte zu keiner Zeit persönliche Rechte seiner Bischöfe, sondern neben diesem Rechte des Stifts, und der Kirche gewesen seien.

ad 29) Das Domkapitel kann so wenig aus Urschriften alter Schankungsbriefen, als Lehnsbriefen beweisen, daß die hochstiftische Rechte, Rechte des Domkapitels sind. Die Schankungen hat der jeweilige Bischof und seine Kirche, wie auch seine Nachfolger erhalten, und unter dem Wort: Kirche, (welches zwar viele Bedeutung hat, hauptsächlich aber, nach Aussage des heiligen Cyprianus und andern heiligen Vätern von dem Bischof zu verstehen ist, und unten das weitere vorkömmt) wird keineswegs das Domkapitel, sondern der Fürstbischof und das Hochstift Speier verstanden. In den kaiserlichen Lehnbriefen wird der Fürstbischof zu Speier mit

des

30) Gründe von solchem Gewichte bei welchen Analogie, Reichsherkommen, und Gesetze vollkommen harmonisch zusammenstimmen, werden doch so leicht nicht trügen können.

Mag indessen das Ansehen der Staatsgelehrten zu ihrer nähern Ankflärung noch etwas beitragen, so hat es auch hieran keinen Mangel.

Ganz energisch, und passend drückt sich seiner Gewohnheit nach hierüber

Pfeffinger ad vitriar. Lib. IV. tit. 1. §. 31. nota 2. |

folgendermassen aus:

Juxta consuetudinem Imperii capitula defuncto Episcopo Jurisdictionem, Regalia & superioritatis territorialis jura omnia exercent, iis duntaxat exceptis, quae specialiter personae Episcopi inhaerent.

Selbst dem, den Domkapiteln so gehässigen v. Ickstatt jagte die Ueberzeugung in verschiedenen Stellen das nämliche Zeugniß ab, da er schon in Proemio seiner Disquisition überlaut erklärte:

Cum sede Archi- vel Episcopali vacante, aut impedita *ex antiquissima observantia*, *Legibus*, & *sanctionibus Imperii publicis roborata*, suffragante etiam canonum jure, capitulis jurium territorialium & Regalium administratio competat, non minus secularia Territorii, quam Ecclesiastica dioeceseos jura & jurisdictionem ad sedem usque repletam exercent.

und an einem andern Orte (§. 50.) nochmal wiederholte.

Si jura illa, seu praerogativae ipsi Episcopatui magis, quam personae Episcopi concessa fuerint, hoc casu, quo minus

des Hochstifts Landen und der Landeshoheit in seinem eigenen Namen belehnt, und geschiehet in solchen vom Domkapitel keine Erwähnung.

ad 30) Die vermeintlichen Gründe sind insgesamt unerheblich, wie bereits oftmal gezeiget worden ist.

Die Meinungen der angeführten Rechtsgelehrten seynd auf die domkapitlische unlauteren und unbeschränkten Absichte nicht passend, da es unhintertreiblich hergestellet ist, daß die domkapitlische Interimsverwaltung blos Namens des Kaisers und Reichs ausgeübt werde.

Und wozu sollen die beim Pfeffinger angeführten Stelle dienen, welcher eigentlich gesagt hat, daß den Domkapiteln die Sedisvacanzverwaltung im weltlichen nicht ex *Jure Canonico*, sondern ex *consuetudine* herzuleiten sei: demselben war aber niemals beigefallen, solche tutorische Administration auf die jenseitige unerlaubte Fälle auszudehnen.

Wer würde auch sich haben einbilden können, daß der jenseitige Federfechter den von Ickstadt zum Fürsprecher und Beistand aufruffen werde, der doch wahrhaft aus guten Gründen der domkapitlische Schutzpatron nicht ist, sondern die gewöhnliche Mißbräuche anführt, und derenselben strafwürdige Eigenschaften vor Augen legt.

Hätte jenseitiger Verfasser in dem allegirten Proemio der Ickstadtischen Disquisition, nach den ausgezogenen Worten, weiter fortgelesen, und mit dem citirten §. 50. den §. 47. combinirt, so würde er vom Gegentheil seiner aufgestellten Sätze überführt worden seyn.

Eben so hat der verlebte wirzburgische geheime Rath und des deutschen Staatsrechtslehrer Sündermahler nicht gedacht, in der angeführten Stelle die sede vacante sich ereignenden Mißbräuche zu vertheidigen, wohl aber dem hochwürdigen Domkapitel zu Osnabrück seine, wegen Minderjährigkeit des damaligen Fürstbischoffs, ihm zustehende Verwaltung, gegen des Bischoffs königl.

minus capitula eadem cum reliquis juribus exerceant, nil obstat.

Eben so sehr eiffert für die freie domkapitlische Regierungsverwaltung der gelehrte Sündermahler in differt. de tutela Episcopi impub. §. 16. dum ait:

Sicut aurea Bulla vicariis Imperii sede imperiali vacante Provisionem & administrationem Reipublicæ addicit, ita & capitulis Pacis westphalicæ Instrumentum sede Episcopali vacante liberam Episcopatus administrationem Jure canonico & antiqua Germaniæ observantia stabilitam disertis verbis confirmat.

Noch bestimmter spricht hievon Moser in der Reichsfama

Part. IV. Pag 695.

Es kommt darauf an, ob und wie fern ein kurfürstliches Domkapitel sede vacante nach dem Reichsherkommen in andern Fällen einen Kurfürsten repräsentire? Da ist nun in alle Wege gewiß von keinem geringen Gewicht vor das Domkapitel, daß es doch sede vacante befugt ist, nicht nur die Landesregierung zu übernehmen, sondern daß es auch undisputirlich auf Reichs-Kreiß- und Kollegialtägen in dem Kurfürstenrath ad votum & sessionem zugelassen wird, welches sich daraus klar zu Tage legt, weil der Gesandte, der das votum fortführen will, dazu vorher von dem Domkapitel legitimirt, und bevollmächtiget sein muß.

Ludewig über die guldene Bulle, und Spener in jure publico germanico sprechen hievon noch deutlicher, da ersterer

Tom. II. pag. 589.

Fonte archicancellariatus Moguntini explicato, beisetzt,

daß solches Erzamt dem Stift Mainz an sich

nigl. Herrn Vater aus der Osnabrücker Wahlkapitulation zu behaupten. Dies Recht war ohnehin in gemeldter Wahlkapitulation gegründet, und der Rekursschriftsteller wird keine kaiserl. Bestättigung der speierischen Wahlkapitulation beibringen können, darinnen dem hochwürdigen Domkapitel zu Speier eine unbegränzte Verwaltung aufgetragen sey, der sich auch das beim Sundermahler *loc. cit.* gemeldte hochwürd. Domkapitel zu Lybek in seiner Wahlkapitulation nicht wird rühmen können, sonst solche vom kaiserl. Reichshofrath im Jahre 1765. nicht bestättiget worden wäre.

Die aus des von Mosers Reichsfama gezogene Stelle, (wo nicht der von Moser, sondern der domkapitlisch-mainzische Schriftsteller spricht) beweißt ganz und gar nicht die unbedingte Verwaltung und ist an diesem Orte überhaupt nur die Rede von dem Directorio, welches das hochwürdige Domkapitel zu Mainz sede vacante auf dem Reichstag prätendirt.

Ludewig und Spener haben recht, daß dem zeitlichen Kurfürsten und dem Stift zu Mainz das Erzamt zustehe, sie wollen aber nicht sagen, daß solches dem dortigen Domkapitel auch zukomme, und wenn sie auch dies gesagt hätten, so müste doch jeder unbefangen-denkende Kopf den elenden Schluß: also hat das hochwürdige Domkapitel zu Speier eine unbegränzte Sedisvacanzverwaltung, gleich einsehen.

Die aus Rieggers Instit. jurisp. Eccles. angezogene Stelle ist in dem §. 231. und nicht 230. enthalten. Der jenseitige Federführer hat solche auch entweder nicht ächt begriffen, oder aber seine angenommene Rolle eines Vertheidigers sehr schlecht gespielet.

Zum überzeugenden Beweiß führt man diese Stelle wörtlich an:

Quod Capitulis *non qua statibus Imperii*, sed *qua tutoribus* administratio sede vacante & jurium Episcopalium exercitium. NB. tantum

sich, und nicht kaiserlicher Gnade halber zukomme rc.

Lib. IV. Cap. II. pag. 437.

behauptet:

Mainz hätte nunmehro ein hohes Reichsamt bei und von dem Reich, doch zugleich

jure proprio

diese Würde ist mit der Kur-Mainz zum ewigen und eigenen Recht verbunden.

So und nicht anderst lauten die Meinungen der Lehrer über das deutsche geistliche Recht. Man sehe diesfalls (um nicht zu weitlaufig zu werden) nur einen Paul Riegger in Instit. Jurisp. Eccles. Part. III. §. 230. ubi ait.

Capitulum itaque ex canonicis & Imperii legibus principatus & territorii immediati tutor & administrator constituitur &c.

sodann Anton Schmidt in Instit. Jur. Eccles Germ. Part. II. cap. I. Sect. VII. §. 178. wo er meldet:

Nisi hanc rem multum ad litem de nomine detorqere velit, sufficit splendori capitulorum, jura statuum illis exercenda legibus ipsis Imperii stabilita neque pro libitu ab Imperatore hac in re quidquam derogari posse.

tantum vigore art. V. §. 17. P. O. tribuatur.

Und verweiset den gegnerischen Schriftsteller zu seiner künftigen Belehrung auf den vorhergegangenen §. 230. wo mit dürren Worten gesagt wird:

Ex administrativi tamen & tutelaris regiminis NB. temporalis natura & indole intelligimus, iisdem illud limitibus circumscribendum esse, ut ad majoris momenti negotia moram ferentia eaque, quæ in successoris, Imperii, ac Territorii detrimentum vergere quacunque ratione possunt, haud protendantur.

Hier liegen also die Grundgesetze, welche der verlebte von Riegger schon im Jahre 1774 öffentlich gelehret hat, im Zusammenhange so deutlich und so bestimmt vor, daß er allerdings die nachfolgende Bestättigung des kaiserlichen Reichshofraths vom 28ten Aug. 1781 im Geiste vorsehen, hingegen jene gefährdevolle Wend- und Verdrehungen des domkapitlischen Sprechers nicht einmal vermuthen konnte.

Eben so ungeschickt ist die verstümmelte Stelle aus des geheimen Rath Schmidts seinen Instit. jur. Eccles. cit. loco angebracht worden, derselbe spricht im §. 178. von dem Stimmrechte der Domkapiteln sede vacante bei Reichs- und Kreißkonventen, und in der Note, woraus vorbenannte Stelle gewaltsam ist abgerissen worden, wird die vom Ickstadt aufgeworfene und schlechthin verneinte Frage: Ob die Domkapitel wegen diesem Stimmrechte als Reichsstände zu betrachten wären, aus Bescheidenheit umgangen, und gesagt, daß es den Domkapiteln genug seie, weil ihnen diese Rechten (nemlich das Stimmrecht bei Reichs- und Kreißkonventen) durch die Reichsgesetze gesichert wären.

Von anmaßlichen Gerechtsamen deren Domkapiteln war hier keine Frage, noch weniger von jenen domkapitlischen Misbräuchen, die Se. kaiserl. Majestät auf ewig kaßiret, und unter den

 schärf-

31) Doch was bedarf es viel solcher einzelnen Meinungen, da selbst der ganze kaiserliche Reichshofrath noch in den jüngern Jahren der nemlichen Meinung gewesen sein muß.

Auch der unmittelbare Regierungsvorfahrer im Hochstift Speier des in Gott ruhenden Herrn Kardinals von Hutten hochfürstl. Eminenz beschuldigten in einer bei gedachter höchsten Gerichtsstelle unterm 8ten Jenner 1759. eingereichten Anzeige just eben so, wie es seiner jetzt regierenden hochfürstl. Gnaden gefällig war, das Domkapitel, daß es bei der vorigen Sedisvakanz in dem Kabinet, und den Kanzleien die Briefschaften, und Protokolle aus ungleichen Absichten durchzuwühlen, die Räthe zu mißhandeln, neue Diener auf- und anzunehmen, auch die allgemeine Landesverordnungen eigenen Gefallens aufzuheben, und dagegen neuere zu befassen, unternommen habe rc. Und baten so fort, von allerhöchsten Amtswegen in casum sedis-vacantiæ solche Verfügungen zu treffen, wodurch das Hochstift von Schaden, und die Minister, Räthe, und Bedienten gegen alle Mishandlungen sicher gestellt werden mögten.

P Aber auch noch im nämlichen Jahr entwickelte das Domkapitel in einer gründlichen Gegenanzeige den ganzen Inbegriff jener Beschuldigungen.

Es widersprach, was entweder gar nicht, oder nicht angebrachter massen geschehen ist, und behauptete sonderheitlich in dem 12ten Absatz mit einer ganz offenen Freiheit:

„Daß, gleichwie ein zeitlicher Fürstbischof „sich

schärfften Drohungen auf die Zukunft verbotten haben.

Durch diese kleine Entwicklung wird es augenfällig, daß der geheime Rath Schmidt durch eine wahre Unbild sehr feie verketzeret worden, und solches wegen seinen Orthodoxen Grundsätzen von den Wahlkapitulationen deren Bischöffen §. 181. keineswegs verdienet habe.

ad 31) Weil des hochwürdigen Domkapitels Schriftsteller sich nicht gescheuet hat, eines Vorgangs, dessen Entscheidung durch den zwischen des damaligen Hochstiftsregenten, und dem hochwürdigen Domkapitel getroffenen Vergleich hintertrieben wurde, zu erwähnen, und dabei wahrheitswidrig anzugeben, daß weiland Se. kais. Maj. Franz der erste glorwürdigsten Andenkens der nämlichen Meinung des Domkapitels in Betreff der unbedingten Interimsverwaltung gewesen seien, so sehen sich seine hochfürstliche Gnaden gemüßiget, den ganzen Hergang hiermit vorzulegen, um dadurch kennbar zu machen, daß das laute Zetergeschrei über den Verlust der nicht statt findenden unbedingten Sedisvacanzverwaltung nichts anderst, als eine künftige Untersuchung gegen seinen abgelebten Fürstbischoff, und Landesregenten anzustellen, auch seine treue Diener zu quälen oder gar abzuschaffen zum Vorwurf habe.

Seiner Hochfürstl. Gnaden unmittelbaren Herrn Vorfahrers Cardinals von Hutten Eminenz, fanden sich in Rücksicht auf die gegen seine kaiserliche Majestät, das Reich, und ihr Hochstift tragenden Pflichte, und um ihr Gewissen dereinst vor allem Vorwurf frei zu machen, veranlasset sub *præs.* 8. *Jan.* 1759. Seiner kaiserlichen Majestät, die unterm Buchstaben P. ersichtliche Anzeige zu machen, des hauptsächlichen Innhalts:

1) Würden sede vacante alle Briefschaften in dem Cabinet, und den Kanzleien von einer domkapitularischen Deputation alleinig untersuchet, dadurch geheime Correspondenzen offenbar gemacht, auch öfters Briefschaften zum Nachtheil des Hochstifts auf die Seite gebracht.

2) Protocolla durchsuchet, um den Referenten

Domkapitlische Rekursschrift.

„sich weder von seinem Vorfahrer, „noch von seinem Domkapitel zur künf„tigen Regierung die Hände binden las„se; also auch von ihm dem Domkapitel „die Art der Zwischenregierung zum „voraus nicht vorgeschrieben, weniger be„schränkt werden könne.

Daß sowohl nach den canonischen „Satzungen, als auch der, auf den aus„drücklichen deutschen Fundamentalge„setzen ruhende Universalgewohnheit „des heiligen römischen Reichs jedes „Kathedralkapitel berechtiget seye, eben „so, wie ein zeitlicher Bischof sede re„plera, also auch nach seinem Tode sede „vacante die Reichs- und Kreißangele„genheiten zu besorgen, die Gerechtigkeit „zu verwalten, unnötige oder untaugliche „Räthe, Beamte, und Diener befinden„den wichtigen Dingen nach abzuschaffen, „andere taugliche, und getreue hinge„gen, in so weit es nötig, anzuneh„men, nach eingeholten Gutachten der „betreffenden Stellen, in das Land Ver„ordnungen zu erlassen, und überhaupt „allen Gewalt, wie der Regent selbst, „ohne Begränzung auszuüben.

Welch allem endlich dasselbe die ganz angemessene Bitte beigefügt:

„auf dergleichen weder erwiesene, noch zur „gerichtlichen Diskussion gehörige, oder „admissible Insinuationen allergerech„test nicht zu reflektiren, sondern das „Domkapitel bei seinen wohlhergebrach„ten Gewohnheiten, Gerechtsamen, und „Freiheiten, auch deren possessione vel „quasi kräftigst zu schützen.

Ziffer 7.

War die Gewalt der Domkapitel von jeher nur das, was sie nach den Eingangs gedachten jüngern reichshofräthlichen Straf, befehlen für die Zukunft seyn soll: so muß die ganze Welt nicht mißkennen, daß es da-mals

Hochfürstl. Speierische Anmerkungen.

ten zu erfahren, und wer etwa in der domkapitlischen Sache contrarii voti gewesen, wornach

3) die Räthe und Bediente mißhandelt, auf das äusserste prostituirt, auch öfters aus der Ursache, weil sie bei Lebzeiten des Regenten nach des Domkapitels Intention gegen ihre Pflichten nicht hätten handlen wollen, mit schimpflichem Arrest belegt wurden.

4) Würden die hochstiftische Räthe und Bedienten bei Lebzeiten der Landesregenten mit Cassationen bedrohet, dergestalt, daß Sie mit ihren Kindern auf mehrere Generationen von allen Bedienungen, und Gnaden ausgeschlossen sein sollten.

5) würden tempore sedis vacantis vom Domkapitel verschiedene neue Räthe und Bedienten nicht ohne Beschwerung der Cameralcasse mit Bestallungen angenommen, dadurch die Dikasterien übersetzt, und zwar öfters mit solchen, welche ganz unfähig, und nicht zu gebrauchen wären.

6) Würden gegen die abgelebte Bischöfe und Regenten Untersuchungen angestellet, und öfters die so sauer gewordene Verlassenschaft mit Arrest bestrickt, nicht anderst, als wann das Domkapitel judex competens über einen Bischof und Landesherrn sein könnte.

7) Thäte sich das Domkapitel nebst den gewöhnlichen Trauergeldern a mensa Episcopali gewisse Geldsummen ganz eigenmächtig zueignen, daß öfters einem jeden Kapitularen, drei- auch vier tausend Gulden von der hochstiftischen Kammer ausbezahlt werden müsten.

8) Würde durchgehends eine verschwenderische Haushaltung geführt, daß öfters die kurze Zeit der Sedisvacanz hindurch mehr durchgebracht werde, als das Hochstift in einem, auch mehreren Jahren ertragen könnte, mithin unangesehen der vom verstorbenen Bischof geführten besten Haushaltung das Kameral-ärarium erschöpfet werden müste, wodurch erfolgte, daß bei sich ereignenden Nothfällen die Kammer und Landschaftskassen eben so, als das Land selbst erarmten und ein zeitlicher Hochstiftsregent nicht im Stand wäre,

M seiner

mals, wo die Uebergriffe noch neu, und die Uebergreifende noch bei Leben waren, ungleich schicklicher, als dermalen, wo von dem nemlichen Interregnum das nemliche gesagt, das nemliche allerhöchste Amt mit dem nemlichen Nachdruck eintretten zu lassen.

Es hat aber noch damals der Reichshofrath, obgleich durch die fürstbischöfliche Anzeige sein Amt aufgefodert war, an sothanen domkapitlischen Behauptungen weder etwas anstössiges noch verwerfliches gefnnden, vielmehr gab er ihnen, da er gebetener massen auf jene Beschuldigungen keine Rücksicht genommen hat, stillen Beifall.

seiner kaiserlichen Majestät and dem Reich den societätsmäßigen Beitrag zu leisten.

9) Würde die Wildfuhr anf viele Jahre zu Grund gerichtet.

10) Würden die zum Nutzen des Landes und der Kammer errichtete Fabriken aufgehoben, und die Entrepreneurs schicanirt.

11) Würden die bei Lebzeiten des Landesregenten ergangene heilsame allgemeine Verordnungen eigenmächtig aufgehoben, und dargegen allerlei Neuerungen eingeführt. Seine kaiserliche Majestät würden hieraus allergnädigst erkennen, wie nötig es sei, die allerhöchste kaiserliche und oberstrichterliche Authorität ohne weitere Rücksicht zu interponiren und das Domkapitel zu Speier nach Anleitung des bekanntesten principii juris canonici: *quod nempe sede vacante nihil innovandum sit*, in die bisherige Schranken zu weisen, damit ihr Hochstift von dem dereinstigen ganz sicher erfolgen müssenden totalen Untergang bei Zeiten sicher gestellt, so fort Er Herr Cardinal in dem Stande erhalten werden möge, seiner kaiserlichen Majestät und dem Reiche fernerhin die schuldige Dienste leisten zu können.

Diese Anzeigen wurden erst den 8ten Jänner 1759. kaiserlicher Majestät überreichet, weil durch die den 13ten August 1758. angeordnete kaiserliche Hofkommission eine gütliche Uebereinkunft nicht bezielet werden konnte. Da aber dennoch im Jahre 1760. die Vergleichstraktaten nicht vor der kaiserlichen Kommißion, sondern zu Bruchsal, und Speier fortgesetzet wurden; so kam endlich der Vergleich im Monat November 1760. zu Stand, welchen das hochwürdige Domkapitel in beglaubter Form seiner kaiserlischen Majestät zu Folge des Conclusi vom 7. April 1780. allerunterthänigst vorgelegt hat.

Eine unverschämte wahrheitswidrige Angabe des jenseitigen Federführers ist es also, daß der kaiserliche Reichshofrath mit der domkapitlischen Meinung einverstanden gewesen, da doch über die Anzeigen vom 8ten Jänner 1759. keine Entscheidung

dung erfolgen konnte, indem die sonstige Irrungen zwischen dem Hochstift, und dem hochwürdigen Domkapitel mittels des 1760er Vertrags beigelegt waren, und fürstlich speierischer Seits in Rücksicht auf diesen Vertrag, auf eine kaiserliche Resolution (welche post transactionem nicht statt fand) nicht mehr angetragen, vielmehr beiderseits die kaiserliche Bestättigung des Vergleichs verlangt wurde, die auch erfolgte.

Indessen finden seine hochfürstliche Gnaden zur Belehrung des Publikums nötig, weiland des Herrn Cardinals von Hutten Eminenz Wiederlegung der unterm Ziffer 7. jenseitiger Rekursschrift verstümmelter beigelegten domkapitlischen Gegenanzeigen, mit dem Buchstaben Q. anzufügen, woraus die angerühmte, domkapitlische Entwicklung nicht nur in ihrer Blöse dargestellet, sondern auch die widerrechtliche, unbegränzte Interimsverwaltung in allen Stücken dergestalt augenfällig wird, daß man sich führohin bei den aufgewärmten Sätzen der Senats-Erb-und Grundherrschaft ꝛc. nicht weiter aufzuhalten, sondern sich nur darauf zu beziehen hat. Q

32) Immer unbegreiflich muß es bleiben, wie man aus einem vierzigjährigen Vorgang, welcher schon so lange zur reichshofräthlichen Wissenschaft gerichtlich gekommen ist, nun erst den Anlaß entlehnen mögen, die domkapitlische Zwischenregierungsrechte für die Zukunft so weit herabzuwürdigen? aber noch unbegreiflicher bleibt die Abwürdigung dieser Rechte selbst, die in einem unfürdenklichen Reichsherkommen gegründet, durch die vorzüglichste Reichsfundamentalgesetze gutgeheisen, mit der Analogie des deutschen Staatsrechts vollkommen übereinstimmend, und durch unzählige Begnehmigungen der gesetzgebenden Macht von allen Seiten her gedeckt sind.

Noch erinnert sich das Domkapitel zu Speier mit dem wärmsten Dank jener reichsväter-

ad 32) Gar wohl begreiflich wird die auf eingetrettenen Vergleich, unterlassene Betreibung des richterlichen Ausspruchs vom Jahre 1759. bis 1778. in einem Zeitraum von 19 und nicht 40 Jahren einem jeden Kinde fallen, und noch begreiflicher wird die kaiserliche Entscheidung de anno 1781. & seq. werden, wann man betrachtet, daß seine jeztregierende hochfürstliche Gnaden durch die von höchst Ihnen angezeigten, und vom hochwürdigen Domkapitel eingestandenen Mißbräuche (die aber eine rechtliche Folge der unbedingten Sedisvacanzverwaltung leider! sein sollen) den oberstrichterlichen Spruch betrieben, und dabei die gegründete Anzeige ihres Herrn Vorfahrers mit in Anregung gebracht haben.

Der jenseits angezogene Ziffer 8. enthält ein an weiland Hrn. Cardinal von Schönborn ergangenes kaiserliche Rescript, wodurch verordnet wurde,

väterlichen Ermahnung Kaisers Karl des VI. an den verlebten Hrn. Fürstbischof Damian Hugo von Schönborn.

Ziffer 8.

Dort waren seine wohlhergebrachte Gewohnheiten, Gerechtsame, und Freiheiten, des in den kaiserlichen Wahlverträgen eidlich zugesicherten Schutzes annoch würdig. Dort hielt man noch die einzelne Beeinträchtigung solcher Gerechtsame wegen der Nachfolge und der daraus erwachsenden allgemeinen Beschwerde für bedenklich; und dort glaubte man noch nicht, gedulten zu dörfen, was die allgemeine Gewohnheit des deutschen Vaterlandes durchlöchern, und die darauf beruhende domkapitlische Verfassung stöhren konnte.

Hier soll aber das Domkapitel zu Speier ohne das geringste Verschulden, und mit ihm alle übrige Domkapitel im Reich, nun über einmal das Mißvergnügen empfinden, den edelsten Theil ihrer, selbst unter dem Siegel der feierlichsten Verträge und Gesätze, sorgfältigst verwahrten Gerechtsamen eingestürzt zu sehen; hier ist für seine Vorzüge kein Schutz mehr, hier heissen die Behauptungen, deren sich erwähntes Domkapitel ohne Widerspruch, und Ahndung in den vordern Zeiten öffentlich bediente, reichsgesetzwidrige verwerfliche Grundsätze ꝛc. die aus der Wurzel des domkapitlischen Sistems hergeleitete Folgerungen: vermessene Ausleg und Beschränkungen der kaiserl. oberstrichterlichen Befehlen, und die darnach abgemessene Erklärungen, geflissentliche Widersezlichkeit, sträfliche Impatizion, und Verwegenheit, welche nebst der kaiserlichen Ungnade, noch endlich gar die Sperre sämtlicher Temporalien, und sonstige derbe Bestrafungen zu erwarten haben soll.

33). So sehr veränderlich sollte man sich fürwahr den Lauf der Zeiten, und in so kurzen Zeiten die Zerschiedenheit der Sprache nicht vorstellen.

In

wurde, daß dem hochwürdigen Domkapitel die auf sein einseitiges Angeben zustehen sollende prima instantia über seine Mitkapitularen und Chorpersonen zu belassen wäre. Man ist weit entfernt, dem Rekursschriftsteller nachzuahmen, und zu sagen, daß dieses Rescript durch Schleichwege & non audito principe ausgeflossen sei, indem man wohl weiß, daß dargegen triftige Exceptionen statt finden, welche zwar nicht bis hierhin überreichet worden sind, auf deren Uebergabe aber ganz gewiß die Aufhebung erwähnten Rescripts erfolgen müste. Dies Rescript kann also eine richterliche Entscheidung nicht unterstellen, und eine ganz andere Bewandniß hat es mit gegenwärtiger Sache, welche wahrhaft nach Verwerfung der domkapitlischen Einreden contra Rescriptum de 28. Aug. 1781. durch das kaiserliche Erkanntniß vom 30. April 1784. vollkommen rechtlich entschieden ist, wodurch auch die hier angebrachte recocta ihre Erledigung erhalten.

ad 33) Aus dem so eben gemelten wird die frevelhafte, zur Verkleinerung seiner kaiserlichen Majestät oberstrichterlichen Amts gereichende

Sprache

Indessen bestehet zu gutem Glücke noch in der deutschen Welt eine weitere Gewalt, welche mit der nämlichen Genauigkeit, womit sie die Gesetze vorschreibt, auch über dieselbe zu wachen gewohnt ist. Und von dieser Gewalt hoft somit das Domkapitel, daß sie nie den Versuch: Reichsgesetz mäßig garantirte Vorrechte mitten in ihrer unverrükten Ausübung über den Haufen zu werfen, gleichgültig zugeben könne.

Gilt der trokene Buchstaben des westphälischen Friedens nicht mehr, was er in Hinsicht auf die deutsche Domkapitel gelten soll, und was er nach einem ununterbrochenen Reichsherkommen in Gefolg der geheiligten Wahlkapitulationsmäßigen Verheissungen immer gegolten hat; so mag eben wohl eine ganz gleiche Besorgniß die Gerechtsame der höchst- und hohen Stände heut oder morgen treffen.

Aber auch diese allgemeine Besorgniß ist nicht die einzige, welche des allgemeinen Nachdenkens werth sein dörfte.

Der Fall ist möglich, daß eine domkapitlische Stimme zur Zeit des erledigten bischöflichen Stuhls in wichtigern Reichsangelegenheiten, ja sogar solchen, wobei das kaiserl. Interesse mittel- oder unmittelbar verflochten ist, bei getreñten Meinungen den Ausschlag geben könne.

Hängt aber das Domkapitlische zwischen-Regierungsrecht, und folglich auch das daraus resultirende Stimmrecht von dem oberherrlichen belassen, oder nicht belassen ab: so denke man sich nur auf einen Augenblick all das mißliche, was eine ruhende, oder, welches in gewißem Betracht noch etwas mehr sagen will, eine so sehr abhängige Reichstagsstimme gebähren könnte, und es muß augenfällig werden, daß es hier nicht blos um die Erniedrigung eines Domkapitels, dem das eigene Ansehen ohnehin nicht so sehr, als das Recht der Kirche an das Herz gewachsen ist, sondern vorzüglich um die Aufrechthaltung deutscher Grundgesetze, und eines höhern Verbandes zu thun sei.

Ein-

Sprache sichtbar, welch- strafwürdiges Benehmen man der allerhöchsten Ahndung lediglich überläßt.

Lächerlich, und über die maßen lächerlich ist der angebliche mißliche Fall der domkapitlischen Stimme in wichtigen Reichsangelegenheiten.

Wer hat dann dem hochwürdigen Domkapitel die Ausstellung der Vollmacht für den fürstlichen Reichstagsgesandten zur Sedisvakanzzeit untersagt? Weiß dann der Rekursnehmer nicht, daß zu dieser Zeit das administrirende hochwürdige Domkapitel den aufgestellten fürstlichen Gesandten zur Fortführung des fürstlichen voti ad interim zu legitimiren pflegt, und derselbe gleich nach der Wahl von dem neuerwählten Fürstbischoffe eine neue Legitimation erhält?

Sollte sich auch der Fall zutragen, daß unmittelbar vor der Sedisvakanz, oder während solcher der fürstliche Gesandte mit Tod abgieng; so kann doch der vom administrirenden Domkapitel ad interim bevollmächtigte nur so lang bestehen, als die Sedisvakanz dauert, nach derselben Endigung der neuerwählte Fürstbischoff willkührlich einen andern legitimiren kann.

Ueberhaupt aber würde es beinahe um das deutsche Reich geschehen sein, wenn dessen Wohlfahrt durch das angerühmte Stimmrecht der Sedisvakanzien gesichert oder gar befestiget werden müßte!!!

Die Anspielung auf Beförderung des kaiserl. allerhöchsten Interesse verräth ohnehin eine lächerliche Arroganz, die der kaiserliche Hof vielleicht durch Gleichgültigkeit demüthigen würde.

Einmal, und allezeit glaubt das Domkapitel zu Speier sich in diesem Belang durch seine vorige Paritionsanzeige schon zu allem möglichen verstanden zu haben, und daß eine jede weitere Zumuthung offenbarer Tort für seine zwischen Regierungsrechte sein würde.

34). Erbote sich ja dasselbe sogar schon zum voraus die allerhöchste kaiserliche Willensmeinung, kraft welcher es (ausser den kaum nennenswerthen Trauergeldern) durchaus nichts zur Belohnung für die vervielfältigte Interregnumsbelästigungen zu beziehen haben soll, so sehr auch die natürliche Billigkeit dagegen spricht, für die Zukunft als ein unverbrüchliches Gesetz verehren zu wollen, in der zuversichtlichen Erwartung, daß von einer Rückgabe des bezogenen ferner keine Frage mehr sein werde.

Weniger konnte doch gewiß das Domkapitel nicht erwarten, bevorab, da es sich schmeichlen durfte, sein Benehmen durch den nachgefolgten Restitutionslibell bis auf den höchsten Grad des guten Glaubens erhoben zu haben.

Allein so sehr auch immer demselben eine uralte Gewohnheit hierunter zur Seite stund; so deutlich die conradinische Succeßionsordnung vom Jahr 1140.

Ziffer 19. zur Restitutionsschrift.

für dasselbe das Wort sprach, und so sicher das Domkapitel darauf zählen mochte, daß an ihm nie mißbilliget werden könne, was Kaiser und Reich in jener perpetuirlichen, der Zahl der Reichsgesetze einverleibten Wahlkapitulation, an dem Domkapitel zu Osnabrück in einem weit höheren Maaße gebilliget haben: so drang doch der erborgte Spolienname über alle diese Vorstellungen hinaus.

Die theilhabenden Kapitularen blieben nach, wie vor zum Ersatz der erhobenen Interregnumsgelder verurtheilt, so wenig auch solche mit jenen alten Plünderungen der bischöflichen Privatverlassenschaft zum Nachtheil ihrer

ad 34). Nach, und nach entdeckt sich ein Hauptpunkt, welcher den beteiligten Kapitularen nahe am Herze liegt; jedoch weil es nicht anderst sein kann, so will solcher von den mehrsten vielleicht in zehen Jahren stückweiß, und falls es möglich wäre, gar nicht richtig gestellet werden.

Der Bezug der Spoliengelder, die man zu Interregnumsgelder umtaufet, will noch gerechtfertiget werden, ob man schon die Zahlung nicht mehr hintertreiben kann, auch darüber fernere Beschwerde zu machen es nicht wagen will. Das Unrechtmäßige dieses Bezugs ist weltkündig, und ebenmäßig in dem Buchstaben Q. ausgeführet worden: man sucht einen elenden Behelf in den Zeiten des gemeinschaftlichen Lebens des Bischoffs mit seinen Kapitularen, wo die Rede von persönlichen Erbschaften in casu succeſſionis ab inteſtato war, und will damit die Spoliirung des fürstlichen Hochstifts mit 50 tausend baaren Gulden rechtfertigen, weil diese Summe aus dem beträchtlichen Vorrathe der Hochstifts Feudaleinkünfte, welche die Natur des Eigenthums angenommen hätten, und nicht mehr unter das Lehen gerechnet werden könnten, erhoben und zur Vergeltung der lästigen Zwischenverwaltung sei ausgetheilet worden. Der Allmächtige wolle das Hochstift Speier vor der vorhabenden künftigen unbedingten Verwaltung bewahren, sonst würde die Summe der Interregnumsgelder aus den fructibus feudalibus um ein merkliches steigen, unerachtet diese fructus nicht ein Eigenthum des Domkapitels sondern des Hochstifts sind und bleiben. Wie würde bei diesem unleidentlichen Vorhaben der Nachfolger am Hochstifte zurechtkommen, da seine jetzt regierende hochfürstliche Gnaden beim Antritt ihrer Regierung die Kameral-

ihrer Intestat Erben, in ein richtiges Parallell gesetzet werden mögen.

Weit entfernt, auch hieraus einen Gegenstand des Rekurses zu machen, der für die Aufmerksamkeit des deutschen Staatskörpers viel zu unbedeutend sein würde, näherten sie sich wirklich dieser Auflage, die (weil doch immer ihre Unterstellungen unrichtig bleiben werden) das reine Bewustsein edler Seelen nie wird kränken können.

Immittelst wird es gleichwohl dem Domkapitel, dieser Fügung ohngeachtet noch erlaubt sein, da nun doch schon gegenwärtiger Schritt den Mißbrauch der Gerichtbarkeit zum Vorwurf hat, auch über diesen sonderbaren Austheiler des Rechts, noch einige nicht ganz kernlose Beobachtungen anzustellen.

Wenn die Kirchengeschichten von verdammlichen Spolien sprechen (wovon hier die Frage sein soll) so verstehen sie darunter eigentlich nur jenen Raub, welcher an dem Privat- und Patrimonialvermögen der Bischöffe mit Hindansetzung ihrer Intestaterben begangen wird.

So waren hievon die Begriffe der Väter bei den Kirchenversammlungen zu Antiochia, Chalcedo, und Toledo beschaffen, und dieses Vermögen war es, welches sie gegen einen jeden unregelmäßigen Einfall gesichert wissen wollten.

Auch nur dahin zielt die bekannte Satzung Otto des vierten, wodurch das, aus dem entlehnten Grunde eines juris supremi in Ecclesias eingeschlichene jus Regaliæ (oder wenn man sich des eigentlichen Ausdrucks bedienen darf) die indebita vexatio hæredum & successorum episcopalium wieder aufgehoben, und das Mobilarvermögen der Bischöffen ihren Nachfolgern überlassen worden ist.

Hat nun das Domkapitel zu Speier die Privatverlassenschaft seines verlebten Fürstbischoffes ganz unbetastet belassen, und hat es

ralkasse durch das Spolium und durch sonstige grosse Ausgaben, die insgesammt 150 tausend Gulden betrugen, ziemlich leer fanden, und zur Bestreitung der Salarien, auch sonstigen nothdürftigen Ausgaben, ein Kapital von mehr, dann hundert tausend Gulden, theils beim hochwürdigen Domkapitel selbst und theils anderswo verzinnßlich aufnehmen musten.

Der *bona fides* (geduldiges Papier) wird erhoben, und die Domkapitularen, welche eine unbedingte Interimsverwaltung führen wollen, wissen nicht, daß von jeher durch die Concilien, päbstliche Verordnungen, Kirchengesetze und kaiserliche Urkunden befohlen sei, nicht das mindeste aus den Kirchen- und anderen Landesgefällen sich zueignen. Wie wird aber der angerühmte *bona fides* nach Einsicht des Buchstaben R. bei der R Welt bestehen, da in instanti des Spolien-Empfangs, auch dessen Unrechtmäßigkeit vom damaligen Herrn Domsänger vor Augen gelegt, und dadurch die Beladung der *scientiæ qualificatæ super possessione injusta* hergestellet worden ist. Entschuldigend war nicht, daß des verlebten Fürstbischoffes Privatverlassenschaft unangetastet geblieben, maßen das hochwürdige Domkapitel dieszu eben so wenig, als zu der übermäßigen Zueignung des Spoliums aus den fürstlichen Kammergefällen das Recht hatte.

Würde man sich mit einer mäßigen Austheilung, wie zu Mainz, und bei andern Kapiteln geschiehet, begnüget haben, so hätte Niemand etwas dargegen einzuwenden gehabt; gegen das enorme Unternehmen aber hatten sich seine hochfürstliche Gnaden, als damaliger Domdechant zwar gesetzet, konnten jedoch den per majora gefaßten Kapitularschluß nicht hintertreiben, obwohl sie dies per indirectum so gar veranlassen wollten. Zu dessen Beweis höchst sie wegen des Rekursschriftstellers bösartiger Erinnerung, als wann seine hochfürstliche Gnaden, qua Decanus anno 1770. den diesfalsigen Kapitularschluß gutgeheißen hätten, die erhaltene Auszüge aus dem Sedisvakanzprotokoll quoad passus concernentes

Domkapitlische Rekursschrift.

nur aus dem beträchtlichen Vorrathe der Hochstiftseinkünfte zur Vergeltung der lästigen Zwischenregierungsverwaltung jenen Theil sich beigelegt, wozu schon Conrad der zweite die bischöfliche Brüder ermächtigte: so fällt
S alles hinweg, was nach dem Sinn der angedeuteten Kirchenversammlungen den gehässigen Spoliennamen verdienen könnte, denn ausser den fürstlichen Spielgeldern bleibt eine jede Kassenersparniß ein Eigenthum des Stifts

Quæcunque enim facta sit (sagt van Espen jur. Eccles. univ. Part. II. Tit. 32. cap. 6. §. 21) Bonorum Ecclesiasticorum per partitionem inter Episcopum & Capitulum divisio, hoc
T unum contigit, ut dispensatio tandem ad ipsos particulares transiret manente ipsa bonorum Ecclesiasticorum natura, & conditione invariata.

Und von dieser Ersparniß sind die Domkapitel selbst nach der ottonischen Begebungs-Urkunde in der Eigenschaft interimistischer Regierungsnachfolger, wofür sie von ihrem sonst abgeneigten

v. Ickstadt §. 41. pag. 18.

U erkannt werden, vorzüglich alsdann, wenn eine Vergeltungsursache mit eintritt, nicht ausgeschlossen.

Wenigstens muß hieraus immer so viel wahr bleiben, daß eine Beschuldigung von Spolien auf den untergebenen Fall gar nicht passe, und daß es mithin ein aufgelegter
X Ueberdrang sey, die Spolien = Karaktere plus ultra, quam ubi lex pedem fixit, willkührlich auszudehnen.

Nicht minder sonderbar ist es ferner, daß der kaiserliche Reichshofrath sich entschlie-
Y sen mögen, die Rückerstattung der bezogenen Interegnumsgelder ungebeten zu verordnen.

Handelt je ein Domkapitel zur Zeit des erledigten Stuls, mithin zur Zeit, ubi non est, qui jus Ecclesiæ tueatur

cap. 1. ne sede vacante.

wider

Hochfürstlich Speierische Anmerkungen.

dem gelehrten Leser vorlegen, und dessen Beurtheilung ohne weitere Absichten überlassen wollen, was von jenseitigem Federführer zu halten sei.

a). Anfangs der Sedisvakanz 1770. wurden vermög des Buchstaben S. den 20ten April die Herren Statthalter ersuchet, nachsehen zu lassen, was bei letzterer Sedisvakanz den Herren Kapitularen zugekommen, woher solches genommen worden, und woher solches dermalen bestritten werden könnte. An der Billigkeit eines gemäßigten utilis war nicht zu zweiflen, doch war zu selbiger Zeit unbekannt, daß eine Judenschatzung nicht existirte, massen die Abgaben der Juden zur fürstlichen Hofkammer gehören.

b) Nach dem Buchstaben T. wurde den 25. ejusd. *per majora* (denn Kraft des nachfolgenden Concluſi waren seine hochfürstliche Gnaden qua Decanus damals der einzige Contradictor) beschlossen: $\frac{50}{m}$ fl. inter Capitulares zu gleichen Theilen auszutheilen, doch aber auf Decani Veranlassung beigesezt: daß hierüber erst der Statthaltern Meinung einzuholen, und vorläufig abzuwarten seie.

c) Ausweiß des Buchstaben U. veranlaßten seine hochfürstliche Gnaden als damaliger Domdechant den 27. April 1770. daß dem bisher abwesenden, und erst angekommenen Herrn Domkapitularen Grafe von Stadion die vom 20ten April geführte Sedisvacanzprotokollen zur Einsicht vorgelegt wurden, als aber

d) derselbe nach dem Buchstaben X. am 30. April zum Protokoll erklärte, daß Er in Betreff der auszutheilenden 50000 fl. dem voto des Herrn Domdechants sich conformirt haben wollte, auch

e) Innhalts des Buchstaben Y. die Herren Statthalter ad protocollum vom 3. Mai 1770. sich schriftlich erklärten, daß sie wegen den zur Vertheilung bestimmten 50000 fl. genöthiget wären, ihre *vota* zu suspendiren; so fiel endlich das Conclusum dahin aus: werde es, um willen *Rimus*

D.

Domkapitlische Rekursschrift.	Hochfürstl. Speierische Anmerkungen.

wider Gebühr und Ordnung; so ist die Abstellung dessen lediglich die Sache des neuerwählten Bischofs:

In Judicio Episcopi erit constitutum.
caus. 12. quæst. 2. cap. 42.

Seine hochfürstliche Gnaden zu Speier machten jedoch in einem eilfjährigen Zeitraum ihrer Regierung zur Rückerstattung der Interregnumsgelder, die sie als vormaliger Domdechant (aller, nach dem Ausdruck zweier Urteln — aktenwidriger Vorstellungen ohngeachtet) gutgeheissen, und als Fürstbischof benutzet haben, nicht die geringste Mahnung: und noch weniger dachten Sie je daran, zu deren Ersatz den starken Richterarm auffordern zu wollen.

Dennoch wurden sie mit denen übrigen theilhabenden, und noch im Leben befindlichen Domkapitularen gegen die ganz gemeine Regel:

Quod ultra id, quod in judicium deductum est, judicis potestas excedere non possit,

blos von amtswegen, obgleich der Richter sein Amt ausser sehr wenigen hieher nicht anschlagenden Fällen unaufgerufen nicht zu verwalten hat,

L. 4. §. 8. ff. de damn. infect.

und zwar aus dem irrigen Grund des geschwächten fundi feudalis, da das radicale feudi dabei durchaus nichts gelitten, und die Interregnumsgelder, ceu fructus feudales, schon längst die Natur des Eigenthums angenommen, mithin unter das Lehen nicht mehr gerechnet werden können,

Landfriede vom Jahr 1522. art. 28.
2 Feudo. 45. cap. 1.
Mynsing. Cent. 6. obs. ult. n. 3. seq.
Mevius part. 6. decis. 353. n. 8.

zur Restitution verurtheilet, dermalen jedoch, ohne sich um den geschwächten fundum feudalem zu bekümmern, dem Herrn Fürstbischofen die willkührliche Verwendung jener

Gelder

D. Decanus & D. comes de Stadion ihren vorigen *votis*, die übrige hochwürdige Herren aber dem vorigen Concluso inhärirt, lediglich bei dem Resoluto vom 25. vorigen Monats belassen.

Nun urtheile man, ob seine hochfürstliche Gnaden zur Ausspendung des übermäßigen Spoliumsquanti mitgewirket haben? Und da der Rekursschriftverfasser von actenwidrigen Vorstellungen spricht, so will man nur denselben des gegenteils, durch einen Auszug des Hrn. Hofraths Reuß deutsche Staatskanzlei, 13ten Theil Seite 130. unterm Buchstaben Z. überführen, und Z zugleich versichern, daß diese Bemerkung den Acten ganz getreu seie, sohin der Einsender solche eingesehen haben müsse.

Daß aber seine hochfürstliche Gnaden den betreffenden Antheil gleich nach ihrer den 29. Mai 1770. angetrettenen Regierung, vermöge der unterm Buchstaben Aa. beigehenden Auszüge der Aa fürstlichen Kammerprotokollen vom 2. Aug. und 5. Sept. 1770 per indirectum in Uebermaße, (da Sie derselben 12000 fl. schenckten) ersetzet haben, ist um so mehr handgreiflich, als sonst Höchst Sie nichts anders bewegen konnte, ihrer Hofkammer ein solches Geschenk zu machen, besonders da dieselbe zu dieser Zeit noch keine Hofnung hatte, zum Ersatz des ganzen Quanti gelangen zu können. Gewiß ist es auch, daß seine hochfürstl. Gnaden zum Teil wirklich, und nach ihrem Ableben gänzlich eine weit über 200,000 fl. sich belaufende Summe aus ihrem Privato dem Hochstift, und dessen milden Stiftungen bereits zugewandt haben, und noch zuweisen werden. *Sequere posteritas*, und man wird den Ersatz der 3333 fl. 20 kr. nicht bezweiflen. Ob aber der vom Hrn. Domkapitular Grafen von Stadion ausser den fürstlich speierischen Landen gemachte Gebrauch der Spoliums ratæ als ein der fürstlichen Hofkammer beschehener Ersatz anzusehen sei, läst man dahin um so eher gestellet sein, als das von seiner hochfürstlichen Gnaden in dem ersten Jahre ihrer Regierung dem Waisenhaus zu Bruchsal ex privato geschenkte Kapital ad 4000 fl. dafür nicht hat erkannt werden wollen.

D Uebri-

Domkapitlische Rekursschrift.	Hochfürstl. Speierische Anmerkungen.
Gelder überlassen, die Erben der verstorbenen übrigen Kapitularen hingegen, als wenn die actio in factum contra hæredes, in quantum ad eos pervenit L. 1. §. fin. ff. de rei vind. ganz ausgemustert wäre, von allem Ersatz stillschweigend losgezählet. Nothwendiger Dingen muste bei dieser Loszählung der Verstorbenen allerwenigstens bona fides, den sie auch ohne die geringste Wiedererstattung durch den Tod besiegelt haben, unterstellt werden. Was konnte demnach wohl hindern, auch bei den Lebenden, die sich von aller widrigen Ueberzeugung mittelst Eides zu reinigen erbotten, — die das Herkommen: ein durch Urkunden, und Gesetze an sich gebilligtes Herkommen, vor sich haben — und die mithin nicht einmal mit einer scientia simplici, zu geschweigen mit einer scientia qualificata cum scientia possessionis injustæ beladen seyn konnten, woraus allein mala fides kennbar wird, eben so viel Treu und Glauben zu unterstellen? Beede waren in dem nämlichen Falle. Und haben gleich die lebende Kapitularen über das mildere Schicksal der Verstorbenen keine Rechenschaft zu fodern: so muß ihnen doch wenigstens erlaubt seyn, zu sagen, daß das Recht der Natur im menschlichen Leben Gleichheit verlange, L. ult. C. commun. utriusque und daß folglich gleiche Brüder ad imparia nicht hätten verurteilt werden sollen. Inzwischen ist dies nun eine geschehene, und verschmerzte Sache. Kann übrigens das Domkapitel nur in den Augen Euer Hochwürden, Exzellenzien, Hoch- und Wohlgebohren auch Hochedelgebohren das stille Zeugniß erblicken, daß ihm hierinnfalls zu viel geschehen sey, so ist es schon dadurch für das erlittene Unrecht reichlich genug schadlos gehalten. 35)	Uebrigens haben seine hochfürstliche Gnaden nach dem Beispiel ihres Vorfahrers Hrn. Cardinal von Hutten vid. der Buchstaben Q. pro præterito keine Anregung machen, sondern nur für die Zukunft sorgen wollen, damit das durch ihre unermüdete Verwendung wieder in einen guten Stand gestellte Camerale keiner fernern Plünderung Preiß gegeben würde. Daß aber seine kaiserliche Majestät den Ersatz der sogenannten Interregnumsgelder ungebeten verordnet haben, und seiner hochfürstlichen Gnaden, als des Hochstifts Regenten die Verwendung dieser Gelder nicht beschränkt werden konnte, ist den Rechten und der Billigkeit ganz gemäß, weil 1) das Spolium restituirt werden muß, und 2) der Landesherr bei Lebzeiten über seine fructus feudales, nicht aber das Domkapitel *sede vacante* darüber disponiren kann. Ganz vorsichtig wurden auch die betheiligte Kapitularen zum Ersatz bei ihren Lebzeiten angehalten, damit die fürstliche Hofkammer nicht in den Fall gesetzt werde, nach Ableben ein oder des anderen Betheiligten nichts mehr zum Ersatz zu finden, und also leer auszugehen. Hiebei will man in Anregung bringen, daß der Herr Domkustos Graf von Oettingen, und Herr Bischof Marquis von Hoensbroeck und Herr Domsänger Freiherr von Hacke ihre ratas vollkommen, der Herr Domscholaster Freiherr von Mirbach die seinige bis auf 134. fl. und der Herr Domkapitular Graf von Wallerdorf von seiner rata nur allein 400 fl. partialiter abgetragen, alle übrige aber die sowohl zu Speier, als bei andern Domstiftern ansehlichen Einkünfte ziehende Kapitularen namentlich Hr. Domprobst Freiherr von Wessenberg, Freiherr von Greifenclau, der jüngere Freiherr von Mirbach, Freiherr von Beroldingen und Freiherr von Hohenfeld bis auf diese Stunde noch nichts abgeführet haben, unangesehen in der Rekursschrift die Zahluug für eine verschmerzte Sache angegeben wird. ad 35)

35) Ungleich mehr, als hieran, ist demselben an dem Recht des fürstbischöflichen Senats in Vorfallenheiten von einem wichtigern Belang gelegen, welches nun zum drittenmal in einer ganz unbestimmten Allgemeinheit als ungegründet verworfen worden ist.

Adverrit enthält der Restitutionslibell auch in diesem Betreff schon so viel Aufklärung, als für eine ohnehin schon vollkommen aufgeklärte Stelle nöthig gewesen seyn mag.

Unläugbare Wahrheiten werden es nämlich immer bleiben, daß in den ältesten Zeiten die Bischöfe mit dem Presbyterio eine wahre Rathsversammlung ausmachten, daß in den Platz dieses alten Presbyterii seu senatus Ecclesiastici mit der Zeitfolge die Kapitel der Metropolitan- und Kathedralkirchen eingetretten seyen; daß sie sich incontradicte bis auf die neueste Zeiten bei diesem Prädikat, und dessen thätiger Ausübung in geist- und weltlichen Angelegenheiten majoris momenti erhalten haben; und daß sie dafür von aller Welt unbedenklich erkannt worden seien.

Für das ein- und andere leisten noch mehrere Zeugnisse vom ersten Gehalt die volle Gewährschaft.

Hic consessus ordinis, (sagt Bœhmer in Jur. Eccles. Protest. Tom. III. Lit. III. Tit. 9. §. 2. in fine) una cum Episcopo concilium quoddam, seu peculiare collegium constituebat, quod instar senatus Ecclesiastici erat.

Diesen cœtum Presbyterorum nennt Hieronymus apud Gratianum cap. 7. caus. 16. quæst. 1. senatum,

und Basilius Epistola 319. synedrium Presbyterii civitatis.

Wovon ein gelehrter van Espen P. 1. Tit. 8. C. 1. §. 1. folgendes anführt:

Primis nascentibus Ecclesiæ sæculis Presbyteri, & diaconi in civitate Episcopali curam gerentes unum cum Episcopo corpus quasi constituebant, & senatum

ad 35) Abermal erscheint der gebohrne Senat, dessen hinfällige Anwendung schon vorhin genugsam ausgeführet worden ist, worauf man sich Kürze halber bezogen haben will.

Gesagter massen bestimmen die Rechte alle Fälle in welchen des Domcapitels Einwilligung oder Beirath erfodert wird; über diese Gränzen kann es nicht schreiten, auch werden ihm die rechtlichen Befugnisse nicht bestritten, und bleibt demselben freigestellet, bei einer Entgegenhandlung sich beim behörigen Richter zu beschweren. Daß man aber aus den Concilien heiligen Vätern und verschiedenen Rechtlehrern einen gebohrnen Senat gewaltsam erzwingen, und denselben auf Landeshoheitsgegenstände ausdehnen wolle, ist beregter massen unschicklich. punctum.

senatum formabant, quos idcirco B. Ignatius Martyr in Epistola ad Trallianos, Consistorium Sacrum, Consiliarios & Assessores Episcopi vocat &c.

eben so deutlich drückt sich derselbe für die Domkapitel an dem angedeuteten Orte aus, wenn er §. 2. & 3. fortfährt:

Subsequentibus enim sæculis paulatim Presbyterorum numero crescente cœperunt Episcopi a Clero quosdam eligere, sibique propius assignare, quorum consiliis, & opera diœcesin regerent, quos posterior ætas canonicos cathedrales, tanquam capitulum cathedrale, vocavit. Porro, quemadmodum antiquitus Presbyteri, & diaconi civitatis Episcopalis Senatum Episcopi, atque unum cum Episcopo corpus formabant: sic capitulum cathedrale, quod huic Presbyterorum cœtui successit, senatum Ecclesiæ, & unum cum Episcopo corpus constituere dicitur.

Welches dann auch Thomasinus in vetere & nova Ecclesiæ disciplina P. I. L. 3. cap. 9. & 10. §. 6. unter dem namentlichen Ausdrucke:

Senatus natus

ex multis conciliorum decretis bestättiget.

Dabei blieb es auch wirklich bis jezt, wo man hie und da die Domkapitel mit einer ungünstigeren Miene zu betrachten anfängt.

Unter tausend Fällen wird man nicht einen aufzuweisen haben, wo es den Bischöfen erlaubt war, die Einwilligung oder pro re nata die Rathserholung ihrer Domkapitel in Negotiis arduis zu umgehen.

Und diese Fälle haben schon vorlängst unter der ausdrücklichen und stillschweigenden Begnehmigung der Kaiser, und des gesamten Reichs ein allgemeines Herkommen gebildet: — Ein Herkommen, welches sich durchgehends auch in jenen Zeiten, wo die Bi-

schofe

schöffe schon mit besondern Rathsdikasterien versehen waren, fortgepflanzet hat.

Selbst ein feindseliger von Ickstatt erfordert §. 14. in Negotiis gravioribus das domkapitlische Mitbelieben, und noch mehr erfordert er solches alsdann, ubi capitulis amplior in regimine territorii potestas adscribenda est, ex observantiis dimetienda.

Allerdings lächerlich, und wie es ihm mehrmalen ergangen, widersprechend ist es demnach, wenn er kurz zuvor behauptet:

> Quæ olim enim & eo usque, dum primum canonicorum institutum floruit, optime dicta fuere, illa nunc forte nonnisi innane nomen resonant &c.

Wer nach dem Herkommen das Recht hat, zu den Handlungen seines Fürstbischofen Ja oder Nein zu sprechen, der gehört doch ohne Zweifel in den grössern Rath;

> Strubens Nebenstunden 1. Theil, Abhandlung 1. pag. 102.

Und ergiebt sich gleich hiezu nicht Tag für Tag der Anlaß, weil eben nicht alles äusserst wichtig seyn kann, so ist dies kein Grund, die domkapitlische Senatsrechte bis auf einen leeren Namen herabzustimmen.

36) Die Kurfürsten des Reichs wurden eben so in der güldenen Bulle geheime kaiserliche Räthe genannt, weil sie von den Kaisern in den ältern Zeiten mehr als dermalen zu Rathe gezogen zu werden pflegten. Hören sie aber, da es nun weniger geschieht, darum auf Räthe des Kaisers zu seyn? und wer wird es behaupten, daß heut zu Tag dieser Name, den sie gewiß als die innersten Glieder und Hauptsäulen des heiligen Reichs, selbst nach den allerhöchsten kaiserlichen Aeusserungen verdienen

> Capit. noviss. art. III. §. 1. & 3.

nichts mehr bedeute?

Nie hat das Domkapitel zu Speier Anstand genommen, sich in Gefolg dieser unverwerflichen Gründe als den bischöflichen Rath

ad 36) Das elende Senats-Geschrey will kein Ende nehmen, da doch unter solchem nichts anderst, als der projektirte Despotismus verborgen liegt.

Der gebohrne Senat in Absicht auf die Landeshoheitsrechte ist ein Unding, und kaiserliche Majestät können es nimmer geschehen lassen, daß capitulum sich *in consortium regiminis* eindringe, gleichwie am 11. März 1762. nach dem Buchstaben Bb. dem hochwürdigen Domkapitel zu Freysingen eine solche Anmassung untersagt wurde. Bb Rabulistisch wendet der Rekursschriftsteller das in Fabers alten Staatskanzlei 11ten Theile, Seite 616. befindliche und absichtlich nicht allegirte Patent Kaiser Joseph des I. die Reichsachtserklärung des Kurfürsts Joseph Clemens zu Cölln betreffend, auf die Senatsrechte an, massen er den

vor

Rath öffentlich hinzustellen, gleich es dann noch in den jüngern Zeiten, und namentlich in der schon oben erwähnten Gegenanzeige vom Jahr 1759. (Ziffer 7.) frei, ohne was widriges zu besorgen, erkläret hat:

„Daß es sede non vacante in allen wich„tigern das Hochstift betreffenden Din„gen und Angelegenheiten, nach deut„licher Vorschrift der canonischen Satz„und Ordnungen um Rath gefraget „werden müsse, und daß ohne dessen „ausdrücklichen Consens, und Einwil„ligung ab Episcopo in gravioribus „nichts verbindliches geschlossen werden „könne.

Unerinnert, und ungeahndet ließ der kaiserliche Reichshofrath diese Behauptung auf ihrem vollen Wert beruhen, und dieses Stillschweigen ist Beifall, wann man nicht widerspricht, was zu widersprechen sein dörfte.

Mit welchem Bestand hätte aber wohl daran etwas widersprochen werden können, da eben das besagte höchste Reichsgericht sogar noch währendem Lauf dieses Rechtstreites (wie die Anlage unter dem Ziffer 9. und das mem. VI. n. 4. Conclusi vom 30ten April 1784. bewährt) nicht nur blos in kanonischen Veräußerungesfällen, sondern, wo es um Regalien, und andere Gegenstände von höherem Belang zu thun wäre, das domkapitlische Mitbelieben, als eine wesentliche Bedingniß, erfodert, und dessen Verabsäumung gegen den Herrn Fürstbischoffen geahndet, ein gleiches auch schon Joseph der erste an dem Kurfürsten Joseph Clemens zu Cölln wegen dem ohne domkapitlisches Vorwissen, und gegen dessen treuherzige Warnungen unternommenen Werbungen in der bekannten Achtserklärung vom 19. April 1706 öffentlich mißbilliget hat.

Durchaus unvereinbarlich ist es also, daß auf einer Seite der domkapitlische Konsens unumgänglich nötig, auf der andern aber das aufgestellte Principium senatus ganz ungegrün-

vor den Worten: ohne domkapitlisches Vorwissen xc. unternommene Werbungen, stehenden Ausdruck: von Ihm nicht minder, als seinen Vorfahrern mit theurem Eid bekräftigte Erblandsvereinigung xc. arglistigerweise ausgelassen hat, um nicht verrathen zu wollen, daß ein zeitlicher Kurfürst zu Cölln lediglich, wegen dieser Erblandsvereinigung keine Werbungen ohne Vorwissen und Einwilligung des hochwürdigen Domkapitels zu Cölln vornehmen könne.

Hiedurch wird aber nicht gesagt, daß andere geistliche Reichsfürsten ein gleiches thun müssen, sondern es kömmt auf rechtliche Verträge an, bei welchen doch der Kaiser nach dem Buchstaben O. nicht gestattet, daß diese pacta der kaiserl. Authorität, oder den kaiserlichen Investituren und Regalien derogiren, oder der Landesherr an seiner Landesfürstlichen Hoheit und Regalien durch eine allzuweite Extension xc. gekränket werde.

Der zur Rekursschrift gelegte Ziffer 9. redet nur von einem vorgängigen vertraulichen Beirathe des Domkapitels, nicht aber von dessen Einwilligung, daher auch dasselbe angewiesen wurde, dem befragten Tractat prævia renuntiatione litis beizutretten.

Mit Stillschweigen kann man nicht bergen, daß wegen diesem Gegenstand zwei Kapitularen zu dem Geschäft gleich anfangs zugezogen worden, mit deren Gutachten der Vertrag nach der Hand zu Stand kam. Man hielte aber zur erforderlichen Geheimhaltung für nöthig, dem corpori nichts vor der Hand davon zu eröffnen, und der Kaiser hat auch nicht verordnet, daß der kapitlische Beirath noch eingeholt werden sollte. Unangenehm wäre es doch, wann unverhoften Falls dem hochwürdigen Domkapitel etwas zu Last kommen, und das Hochstift sich gemüßiget sehen sollte, wegen diesem Vorgang gegen dasselbe seinen Regreß zu suchen. Intelligenti satis.

Zu was sollen nun alle diese leere Vorspieglungen dienen? mit einem Worte: es bleibt ein für allemal

gründet sein soll: oder man muß zu geben, daß ein geheimer logomagischer Streit darunter verborgen sei, dessen Auflösung jedoch abermal Pflicht des Richters ist:

Si enim ex sententia possunt produci diversi effectus, tum judex causam exprimere debet, ne sententia indefinite lata noceat.

Brunnemann ad L. 9. ff. de Except. rei judicatæ. n. 2.

Dahin sind ebenwohl die höchste Gerichtsstellen vorlängst durch den Visitationsrezeß von 1562. und den nachgefolgten Reichsabschied vom Jahr 1570. §. 80. nachdrücklich angewießen:

daß sie ihre decreta dermaßen begreifen, damit der Supplikant, woran der Mangel seie, abnehmen möge rc.

Ruhet etwa das ungegründete des aufgestellten Principii nur darinn, weil das Domkapitel sich den gebohrnen Senat des Hochstifts nannte; so ist doch das Principium Senatus an- und für sich selbst noch nicht gänzlich, wie sich das Reichshofräthliche Rescript vom 28ten August 1781. ausdrückt, ungegründet; denn bleibt es in rebus arduis der gesetzmäßige höhere Rath seines Herrn Fürstbischoffen; so kann es endlich noch wohl auf die Geburt verzeihen.

Dieses gesetzmäßige Recht eines höheren bischöflichen Raths (man heiße ihn nun gebohren, oder ungebohren) dieses Kleinod wesentlicher Vorzüge, dieses in geistlichen Staaten äußerst nothwendige Zusammenhaltungsmittel ist es, was die Domkapitel im Reiche sich von der Willkür nicht abdringen lassen können.

37). Einmal sind ihre Staatsrechte schon durch eine Reihe von Jahrhunderten zu einem Reichsherkommen erwachsen. Kaiser, Kurfürsten, Fürsten und Stände des Reichs haben bei all- und jeden Handlungen mit den Erz- und Hochstiftsvorstehern vest darauf

jemal bei der erörterten Regel, wenn nicht das hochwürdige Domkapitel eine rechtmäßige Ausnahme vorzulegen im Stande ist.

Auch hat man schon vorhin Nummer 31. die unwahre Angabe wegen Begnehmigung der domkapitlischen irrigen Anzeige *de anno* 1759. dargethan.

Daß aber aus der guldenen Bulle die Kurfürsten mit dem Domkapitel in eine Gleichheit gesetzet werden wollen, ist mehr als lächerlich.

Uebrigens ist aus den kaiserlichen Conclusis deutlich genug zu ersehen, was das hochwürdige Domkapitel sede vacante vornehmen könne, und was dasselbe als rechtswidrig unterlassen müsse, und ein jeder Leidenschafts- freier Leser wird unschwer aus dem Innhalt der Reichshofrathsconclusorum entnehmen, daß gegen den §. 80. des Reichsabschieds vom Jahre 1570. nicht angestossen, sondern ganz begreiflich gesprochen worden sei, welche Sprache aber man jenseits nicht verstehen will, weil die auf unrechtmäßige Handlungen zielende Absicht so tiefe Wurzeln gefaßt hatte, die mit Gewalt ausgerottet werden musten.

ad 37). Kein Mensch in der Welt wird jemal etwas von domkapitlischen Staatsrechten gehört haben.

Die Gesetze bestimmen ganz deutlich die dem hochwürdigen Domkapitel zustehenden Rechte, an deren Ausübung es weder verhindert, noch vom

kaiser-

Domkapitlische Rekursschrift.

darauf gehalten, den Reichsgerichten stehet es mithin nicht zu, gegen die gemessene Vorschrift ihres Verhaltens

Recess. Imp. nov. §. 105.

eigenen Gefallens hierunter Aenderungen zu treffen.

Cc

38) Wäre das Domkapitel zu Speier versichert, daß ausser jenem, was schon öffentliche Schriften verkündeten, und worüber bereits mehrere hochstiftische Unterthanen bei den höchsten Reichsgerichten mit gerungenen Händen schreien, ein näheres Detail von der wirklichen Lage des Hochstifts Speier, von dem Mißbrauch der obrigkeitlichen Gewalt in geist- und weltlichen Dingen, von der schimpflichen Behandlung der Justitz- und Regierungsdikasterien, wenn sie ein unanwendbares System nicht auf der Stelle mit tiefer Verbeugung annehmen, von dem unnatürlichen Drücken der lehnbaren Unterthanen ꝛc. nicht etwa hie und da als ein Trieb der Schmähsucht angesehen würde; augenfällig sollte es werden, daß die Aufrechthaltung der domkapitlisch-speierischen Senatsrechte ganz besonders nötig sey.

Allein, da neben dieser Besorgniß auch zugleich seine hochfürstliche Gnaden zu Speier nichts so sehr, als den ewiglebenden Griffel hassen,

Hochfürstlich Speierische Anmerkungen.

kaiserlichen Reichshofrathe eingeschränkt worden ist. Anmassungen aber und die unter den vorgeblichen hohen Rechten versteckte bösen Absichte und Misbräuche wurden nur vereitelt.

Dem hochwürdigen Domkapitel stehet frei und ist ihm niemals verboten gewesen, seine zum wahren Besten des Hochstifts abzweckende Anträge seinem Herrn Fürstbischof entweder mündlich per deputatos zu eröfnen, oder solche durch geziemende Vorstellungen, worinn die schuldigste mit den Pflichten der Unterwürfigkeit genau verbundene Ehrerbietung nicht ausser Augen gesetzet wird, anzuzeigen, wie dieses seine kaiserliche Majestät dem hochwürdigen Domkapitel zu Freisingen nach dem Buchstaben C c. den 24ten December 1776. sehr bindig eingeschärfet haben. Seine hochfürstliche Gnaden werden hierauf immerhin thunlicher maßen die rechtliche Reflexion nehmen, niemals aber eben so, wie ihre Nachfolger gestatten, daß man sich domkapitlischer Seits ein Consortium Regiminis anmaße.

ad 38) Seine Hochfürstl. Gnaden glauben wohl mit jedem andern Regenten gleiches Schicksal gehabt, und sich oft in dem Falle befunden zu haben, daß sie es nicht allen recht machen konnten. Wo wird ein Regent zu finden sein, der sich nicht unartigen — ungegründeten Klagen und Beschwerden zu verschiedenen Zeiten ausgesetzt sah, und wie kann sich ein hochwürdiges Domkapitel selbst davon frei sprechen? Wenige Beispiele wird es aber geben, wo Domkapitel sich erkühnten, gegen ihren Landesherrn vermeintlichen Beschwerde aufzusuchen, um nach ihrem Vorsatz Untersuchungen anstellen zu können. Das hochwürdige Domkapitel zu Speier jedoch, legt davon in seiner sogenannten Paritionsanzeige sowohl als in gegenwärtiger Rekursschrift einen zu verabscheuenden Beweiß dar, und es wird durch die glaubhafte Anmerkung weiland Hrn. Cardinals von Hutten Eminenz *sub Lit. Q.* bestättiget, daß ein solch schändlicher Entschluß schon gegen weiland den Hrn. Cardinal von Schönborn gefasset worden sei. Diese beeden seel. Regenten beklagten sich

Domkapitlische Rekursschrift.	Hochfürstl. Speierische Anmerkungen.
hassen, und da die heftige Bewegungen nicht unbekannt sind, womit höchstdieselben gegen die Schlözerische Staatsanzeigen aller Orten aufzutretten, für gut befunden haben; so verspatet das Domkapitel, noch auf einige Zeit, solche Auftritte hiernächst dem allerhöchsten Reichs-Oberhaupt in geziemenden Offizialanzeigen alleruntertthänigst vorzulegen. Hoffentlich wird doch dieser geringe Rest eines domkapitlischen Einflusses nicht ebenfalls mißbilliget seyn, sonst erbarme sich der gütige Himmel über einzelne hochstiftische Unterthanen, die entweder nicht Kräfte, und Vermögen genug, oder wenn sie auch dieses besitzen, wegen der besorglichen Folter nicht Herz genug haben, das Unrecht vor den Thron der Gerechtigkeit zu tragen.	sich nicht minder bei ihren Lebzeiten, daß sich das hochwürdige Domkapitel respectsvergessen betragen, Verunglimpfungen und Schmähungen ausgesprenget, mit anmaßlichen falschen Beschwerden kaiserliche Majestät behelliget, ihre Handlungen critisiret, und beim Publikum verschwärzet habe. Dies sind die eigenen Worte, in welchen sich belobte beeden Regenten bei seiner kaiserlichen Majestät beschweret haben, und man kann solche in den öffentlichen, im domkapitlischen Archiv vorhandenen Druckschriften lesen, sie sind aber auch auf mehrere betheiligte Domkapitularen und ihre Schriftsteller sehr treflich anpassend, weil diese den einzigen Karakter haben, seine jezt regierende hochfürstliche Gnaden durch erdichtete Beschwerden, falsche Aufbürdungen, und sträfliche Schmähungen bei dem ehrliebenden Publikum zu verunglimpfen, und gehässig zu machen. Zu vernehmen war es freilich, und das eigene Gewissen wird ein- und andern Domkapitularn überführen, daß man sichs zum Geschäfte gemacht hatte, Auswicklungen aus dem verworfenen Grunde der Senatsrechte zu stiften. Des Hrn. Cardinals von Schönborn Eminenz musten ebenfalls bei ihrem Leben erfahren, daß Capitulum unter diesem Vorwande ein Colmperium verlangte, wo zu befahren, daß des Bißthums, und Kirche, auch des Hochstifts Authorität und Ansehen bei den Untertanen geschmälert, oder denenselben in anderen Wegen ein præjudiz, Schaden und Kosten zugezogen werden könnte: über welchen Vorwurf Höchstdieselbe den Beweiß a capitulo zwar gewärtiget, inzwischen aber diese abermalige Calumniam (wie ihre Worte lauten) gleich anderen mehr angesehen, und dem göttlichen Urtel überlassen haben, mit dem Beisatz, ihre ärgsten Feinde könnten ihnen das Zeugniß nicht versagen, daß sie ein wahrer Restaurator des Hochstifts wären, mithin *Ecclesiæ*, *Cæsari*, *Imperio & publico* wieder einen tüchtigen Reichsstand zum Dienst gebracht hätten. Das *calumniare audacter* ist von jeher (worüber sich vorbenannte zwei Fürsten oft und viel-

mal beschwert hatten) der domkapitlischen Schriftstellern Gewohnheit gewesen, und wann ihnen auch die Gegenstände der unrichtigen Klagen im wahren Gesichtspunkte nicht bekannt waren, so konnte doch bei Einsicht des Ungrunds, die Schmähsucht nicht unterbleiben.

Was hat sich aber ein hochwürdiges Domkapitel in die Klagen der Unterthanen zu mischen, deren Entscheidung nicht ihm, sondern dem Richter zukommt! Fälle liegen vor Augen, wo dasselbe (Kürze halber wird der Name Domkapitel nach der Rekursschrift zwar gebraucht, man verstehet aber hierunter nicht alle, sondern nur die betreffende Kapitularen, weil zuverläßig ist, daß die Vernünftigeren keinen Theil an allen domkapitlischen Ungereimtheiten haben) klagenden Unterthanen mit Vorschriften an Handen gegangen ist, dessen aber unerachtet die Kläger mit ihrem ungegründeten Anbringen von dem obersten Richter abgewiesen worden sind. Wann aber dasselbe ein näheres Detail von der wirklichen Lage des Hochstifts Speier, und dem Druck der Unterthanen geben will; so wird es versichert, daß man dagegen nichts einzuwenden habe. Es würde alsdann offenkündig werden, welch' ausserordentliche Gnaden sich die Unterthanen unter der jezigen Regierung zu erfreuen gehabt haben, und sie würden unter anderen geradeaus gestehen, daß seine hochfürstl. Gnaden ihnen beim Regierungsantritt das vorher gewöhnlich gewesene, und über 10000 fl. betragene Präsent nicht abgenommen, statt der doppelten Schatzung die einfache nur entrichten lassen, auch die Monopolien abgestellt, und in vielfachen anderen nicht benannt werden wollenden Punkten um ein merkliches erleichtert hätten. Sie würden bekennen, daß der Schatzungsfuß der leidentlichste sei, massen jeder Unterthan von dem Drittel seines Vermögens allein 80 kr. per hundert jährlich entrichtet, da doch in andern Landen 12. bis 20 fl. vom hundert bezahlt werden müssen.

Von weiteren Gnadenbezeugungen will man nichts anführen, damit es kein Ansehen einer Selbstbelobung habe, dennoch aber behält man

sich

sich das fernere vor. Inzwischen kann man dem hochwürdigen Domkapitel die Versicherung geben, daß seine hochfürstliche Gnaden eben so, wie ihre beede Herren Vorfahrer bei ihren Lebzeiten (denen unter gleichmäßig entlehntem domkapitlischen Name, calumnirenden und ihrem Fürstbischofe übel nachredenden Kapitularen erklärt haben, das wahre Detail von dem wirklichen Zustande ihres Hochstifts jederzeit auf anständiges Begehren vorzulegen, um dadurch alle und jede von dem grossen Unterschied zwischen der Lage des Hochstifts, und jener des hochwürdigen Domkapitels zu überzeugen, und durch die merkwürdigste Beweise zu belehren, daß mit den Einkünften der domkapitlischen Officien hin und wieder auf eine unzurechtfertigende Art sei gehauset worden.

Seine Hochfürstliche Gnaden sind von dem höchst Ihnen in allen Gattungen zufallenden besten Loose zum voraus versichert, und können mit heiterer Stirne auch ihr Haushaltungssistem vorlegen; wie es aber mit dem domkapitlischen von letzter Gattung beschaffen sei, und ob dasselbe die Probe aushalte, wird sich durch jenen Weg zeigen, der den Rechten gemäß ist. So viel ist vorläufig richtig, daß mit den domkapitlischen stummen Offizien (zu welchen die officia Confraternitatis, fabricæ & præsentiarum gehören, deren Einkünfte nicht getheilt werden dörffen) nicht zum Besten gewirthschaftet werde; und ob es erlaubt sei, denenselben unnötige, ja sogar unerlaubte Ausgaben zuzuwälzen, wird die Zeit lehren

Seine hochfürstliche Gnaden wissen allzuviel, daß Ueberläufer, oder solche Leute, denen Höchstdieselbe in ihrem Begehren aus triftigsten Beweggründen nicht haben willfahren können, ein und anderem Kapitularn willkommen sind, und dieselbe in der Meinung stehen, ihrem Fürstbischofe einen herben Verdruß zu verursachen, wann sie diese Gattung in ihren Schutz nehmen, und zu einer Zeit, wo ein und anderer zum Besten der Domkirche und ihrer stummen Offizien gut gesinnter Stimmführer abwesend ist, schleichend veranlassen, daß auch extra capitulum generale Gnaden ausgespendet, und einem dieser Offizien solche Auslagen aufgedrungen werden, die durch nichts gesichert sind, und deren Verlust also zuverläßig vorausgesehen werden kann. Weit darf man nicht zurückgehen, um davon ein schädliches und ärgerliches Beispiel zu finden. *Qui potest capere, capiat*, und merke sich einsweilen, daß der Veranlasser für allen Schaden haften müsse, indem die Einkünfte der domkapitlischen stummen Officien keine fructus feudales sind, die man spoliiren zu dörfen glaubet, *sed male, inquit glossa.*

Verwegen ist der Vorwurf eines Mißbrauchs der obrigkeitlichen Gewalt in geistund weltlichen Dingen, ohne dem vorlegen zu können. Der strafbare Bösewicht, der die schimpfliche Behandlung der Dikasterien, wann sie ein unanwendbares Sistem auf der Stelle mit tiefer Verbeugung nicht annehmen wollten, nicht darthun kann, wird hierdurch aufgefodert. Sollte aber das unanwendbare Sistem in jenem bestehen, wann der Regent jene Diener, die unrücksichtlich auf ihre verbesserte Besoldung faul und träg sind, alle Aufträge liegen lassen, zur Arbeit aufruft, wann der Regent willkührliche Grundsätze, die nach den heutigen Illuminaten Principien schmecken, wo Herr und Diener in einer Gleichheit ohne Ausnahme stehen sollen, nicht duldet, wann der Regent das zur Vermehrung der Laster abzweckende Sistem des gewöhnlichen Deckmantels einer schädlichst übertriebenen, nur sogenannten, nicht aber reinen Menschenliebe, (welches beinahe alle Strafen aufhebt, und alle ältere landesherrliche Verordnungen zernichtet) verdammt, wann der Regent seine angefochtene landesherrliche Gerechtsame selbst vertheidiget; so wird die ganze vernünftige Welt über diesen Vorwurf lachen.

Will aber der jenseitige Schriftsteller das erdichtete unanwendbare Sistem nach dem Wortlaut nehmen, so trette der Verläumder bei der behörigen Stelle in der Ordnung auf, und man

wird

wird denselben unter Vorbehalt des Schaden- und Ehrersatzes seiner Schandthaten durch redende Gegenbeispiele überführen. Wie man aber daran komme, in der Restitutionsschrift einen unberufenen Vertheidiger der fürstlich-speierischen Dikasterien zu machen, da man doch vor kurzem gegen eines derenselben auffahrend geeifert, und solches unzurechtfertigender Handlungen beschuldiget, auch über Justizverzögerung geschrien hat, ist bis jezt noch ein Räthsel. Vielleicht läßt es sich auflösen. Inzwischen ist die Ursache, aus welcher dieser oder jener aus der Dienerschaft sich einen Verweiß zugezogen haben, aus den Protokollen herzustellen.

Seine kaiserliche Majestät haben zwar dem hochwürdigen Domkapitel allschon den 30. März 1784. ihr allergerechtestes Mißfallen wegen der gegen seine hochfürstliche Gnaden geäusserten — respects- und subordinationswidrigen — schmähsüchtigen Schreibart zuerkennen gegeben, doch aber ist dessen unverschämter Schriftsteller auch tollkühn genug, nicht nur die nämliche, sondern die nebenbemerkte ehrenrührige Sprache ferner zu führen, ja derselbe, (falls es der Verfasser der Rekursschrift ist) hat noch in gegenwärtigem Jahre in einer bei dem kaiserlichen Reichshofrath zwischen dem hochwürdigen Domkapitel und der Reichsstadt Speier, anhängigen Sache, den arrestirten Domschreiner betreffend, wo seine hochfürstliche Gnaden und ihr Hochstift, so viel man weiß, gar nicht in lite befangen sind, dergestalt respectsvergessen sich betragen, und gegen die höchste Person nach dem Buchstaben Dd. solche boshafte Einstreuungen gemacht, die lediglich auf den zwischen den Stiftern zu Speier und der fürstlichen Hofkammer in puncto Detractus bei vorbelobtem K. Reichshofrath anhängigen Rechtsstreit, keineswegs aber auf bemeldte Domschreiner Sache Bezug haben. Dd

Aber auch diese Kalumnien sind seiner hochfürstlichen Gnaden um so empfindlicher, und höchstSie werden sich zur Aufrechthaltung ihres fürstlichen Ansehens eine um so stärkere Genugthuung zu verschaffen wissen, als die Urthel in erster Instanz pro Camera Spirensi ausgefallen ist, und kürzlich, bei Gelegenheit der neuen Einrichtung des fürstlichen Archivs, welches durch die vorigen verderbliche Kriegszeiten von hundert Jahren her nicht in Ordnung hat gebracht werden können, solche Original-Urkunden sind vorgefunden worden, welche das landesherrliche Abzugsrecht auch in Absicht auf die Geistlichkeit zu Speier aus den vorigen Jahrhunderten vollkommen bestättigen.

Jeder unpartheiischer Leser wird sich daher bei aufmerksamer Einsicht des Buchstaben Dd. über des domkapitlischen Verfassers zügellose Schmähsucht allerdings erstaunen müssen, wenn er findet, daß seine hochfürstliche Gnaden mit den abscheulichsten Vorwürfen sind beleget worden, weil Höchstdieselbe ihr landesherrliches Abzugsrecht gegen die gemeinsame Klage der vier Stifter zu Speier, auch der Angelo- und Veninoischen Wittwen, Kraft ihrer theuersten Regenten Pflichten vertheidiget haben. Seiner hochfürstlichen Gnaden muste es zur Beruhigung gereichen, daß die unpartheiische königl. preusische Juristen-Fakultät zu Halle (welche, und nicht das fürstlich speierische Hofgericht, die Urthel gefället hat) im Jahr 1780. von Rechtswegen erkannte, daß die Klage, wie auch die geschehene Intervention nicht statt hätte; wodurch zugleich des Schriftstellers grundfalsche Angabe: daß das fürstliche Hofgericht, wie *Cicerones pro domo* hätte sprechen müssen, bis zu seiner äussersten Beschämung, so fern er nur noch einiger Schamhaftigkeit fähig ist, ganz anschaulich widerlegt wird. Dessen Vermessenheit verdienet um so mehr gezüchtiget zu werden, als der in anno 1786. gemachte Vorwurf: die speierische Kirche sei *pro Ecclesia quasi viduata* zu achten, schlechthin nicht verantwortet werden kann, weil schon vorher im Jahre 1780. der rechtliche Universitätsspruch die fürstliche landesherrliche Gerechtsame vollkommen gerechtfertiget hat. Noch zur Zeit behält man sich die Ahndung vor, indessen

will

will man dem hohen und niedern benachbarten Publiko zur Beurtheilung anheim geben, ob der jeztregierende Fürstbischof zu Speier ein unthätiger Regent sei, der seine Gerechesame verschlafen lasse, und wie der jenseitige kalumniantische Schriftsteller wegen solchen öffentlichen Schmäh- und Ehrabschneidungen, die derselbe bei dem obersten Richter in Schriften, und bei dem Publikum im Drucke gewaget hat, zu seiner selbst eigenen Besserung, und zum schreckenden Beispiel anderer zu bestrafen seie.

Es wird auch im höchsten Grade auffallend, daß der schon vor einigen Jahren beim kaiserlichen Reichshofrathe unter der Larve des gebohrnen Senats hervorgekrochene, glücklicher Weise entlarvte und auf ewig verbannte Inquisitionsgeist gegen den Landesherren hier abermal ganz unverschämt auftretten will.

Die in Gott ruhende beede Fürsten, die Cardinäle von Schönborn und Hutten haben hierüber ihren Domkapitel schon gerechte Vorwürfe gemacht, ihm das so unschicklich als unrechtmäßige Benehmen jedoch ohne geringste Wirkung vor Augen gestellet, und in gleicher Sprache haben es seine jezt regierende hochfürstliche Gnaden ihrem Domkapitel begreiflich gemacht, daß ihm nicht zustehe, sich in die Klagen der Unterthanen einzumischen, oder solche gar noch zu Prozessen aufzuwicklen, jene seien dem behörigen Richter zur Entscheidung, hingegen dieses unruhigen, übelgesinnten, und aufrührischen Köpfen also der niedersten Klasse der Menschen lediglich zu überlassen.

Das leidige Schicksal, welches seine hochfürstliche Gnaden durch die eingerissenen Mißbräuche bisher empfunden haben, dürfte ganz gewis auch das unglückliche Loos höchstIhres Hrn. Nachfolgers werden, wenn dieselbe nicht gegen ihre Reichslehnpflichten die landesherrlichen Gerechtsame vernachläßigen, und unvermerkt in einen niederträchtigen Sclavenstand ihres Domkapitels und ihrer Unterthanen tretten wollen.

Doch der jetzige Herr Fürstbischof zu Speier vermuthen solches nicht, und glauben vielmehr sich mit der Hofnung des Herrn Cardinals von Schönborn seel.: daß ihr Nachfolger die bischöflich- und landesfürstliche *Jura* und Einkünfte so gut, als seine hochfürstliche Eminenz aufrechterhalten und manuteniren werde, beruhigen zu können.

Officialanzeigen aber, und zwar domkapitlische Officialanzeigen, was sollen diese bedeuten? Vermuthlich ein wiederholtes Schuldbekenntniß, ein Schmerz über die bekannt gewordene Mängel und Gebrechen, und vielleicht, was sehr zu wünschen wäre, ein ernstlich gefaster Vorsatz, bei künftigen Sedisvakanzen alle mögliche Mißbräuche sorgfältig zu vermeiden.

Will man diese Begriffe nicht darunter verstehen, so passet der entlehnte Name von den Officialanzeigen seiner hochfürstl. Gnaden auf eine seinem Fürstbischofe subordinirtes Domkapitel durchaus nicht. Zur Belehrung des Verfassers, und damit er nicht weitere Ungeschicklichkeiten begehen möge, wie es ihm mit dem unverdauten Rekursprojekt gegangen ist, dienet: daß es dem hochwürdigen Domkapitel äusserst unanständig seie, sich in ein- oder andere dasselbe nicht betreffende Privatsachen einzumengen. Ueber die etwaige Klagen der Unterthanen muß der oberste Richter, wann solche dahin geeignet sind, den rechtlichen Ausspruch ertheilen, und vor demselben werden die Kläger Rede und Antwort erhalten, folglich ist eine sogenannte diesfallsige Officialanzeige äusserst unschicklich, wo nicht gar eine abscheuliche Folge von Aufruhr, und muß zur schleunigen Dämpfung der angezettelten Empörung entweder verworfen, und zerrissener zurückgegeben, oder im gelindesten Falle durch ein unbedeutendes Dekret: ad acta anteriora in eine ewige Vergessenheit eingehüllet werden.

Hat jedoch das hochwürdige Domkapitel einen Antrag zu machen, und ist dieser nach der kaiserlichen unter dem Buchstaben Cc. angezogenen Weißung an das hochwürdige Domkapitel zu Freisingen, den Pflichten der Unterwürfigkeit, und der seinem Fürstbischofe schuldigen Ehrfurcht entsprechend;

chend; so werden seine hochfürstliche Gnaden eine den Umständen gemäße Rückantwort erlassen, und im Falle sich dasselbe mit dieser nicht begnügen zu können vermeinet, stehet ihm der Weg zum obersten Richter offen, folglich ist eine erborgte Officialanzeige abermals unschicklich, weil über jeden Gegenstand Beweiß geführt werden muß, ehe der Richter entscheidet.

In Betref der in die schlözerische Staatsanzeigen eingerückten Verläumdungen, wird das hochwürdige Domkapitel ersucht, den Einsender, wenn es ihn weiß, seiner hochfürstlichen Gnaden anzuzeigen, alsdann solle mit demselben nach Recht und Ordnung verfahren werden: ist er aber nicht bekannt, so haftet doch immer die Schande auf dem sich verbergenden Verläumder, und der Griffel wird ihn in dieser oder jener Zeit zu seiner ewigen Schande mit den schwärzesten Farben bezeichnen.

39) Nicht weniger beschwehrend, und äusserst nachtheilig ist es für das Domkapitel ferner, daß ihm der Ausdruck der Erb- und Grundherrschaft in kaiserlichen Ungnaden verwiesen, und dessen künftiger Nichtgebrauch ernstgemessen eingebotten werden will.

Nie hat dasselbe neben seinem Herrn Fürstbischofen ein Koimperium, oder eine sonstige Gattung des Kondominats verlangt, sondern behauptet, daß die hochstiftische Güter und Gerechtsamen ein ursprüngliches Eigenthum der speierer Kirche seyen; daß die nachgefolgte Sönderung der bischöflichen Tafel an dieser Eigenschaft nichts geändert habe; daß neben dem Bischof auch das Domkapitel die Kirche mitrepräsentire; daß jener, ohne dessen Vorwissen und Mitbelieben von dem kirchlichen Eigenthume nichts veräussern könne, und daß in diesem Verstande eine domkapitlische Miterb- und Grundherrschaft nicht wohl bestritten werden möge.

In diesem Verstande haben die Domkapitel zu allen Zeiten vor aller Welt, ja sogar bei denen zu Münster und Osnabrück gepflo-

ad 39) Nach der, über die eingestürzte Senatsrechte geendigten langen und vielfachen Wehklage, davon der Schluß schändliche Ausdrücke enthält, läßt der jenseitige Verfasser die verstimmte Leier der Erb- und Grundherrschaft wieder hören.

Das hochwürdige Domkapitel, oder eigentlich dessen Schriftsteller, welcher seine Weisheit aus der domkapitlischen Paritionsanzeige entlehnt hat, will keinen Condominat, glaubt aber dem Verfasser der Paritionsanzeige nachsagen zu können, daß die hochstiftischen Güter und NB. Gerechtsame ein ursprüngliches Eigenthum der speierer Kirche seien, und daß die nachgefolgte Sönderung der bischöflichen Tafel an dieser Eigenschaft nichts geändert habe: daß neben dem Bischof das Domkapitel die Kirche mitrepräsentire, daß NB. die Bischöfe ohne dessen Vorwissen und Mitbelieben von dem kirchlichen Eigenthum nichts veräussern können, und daß in diesem Verstande eine domkapitlische Miterb- und Grundherrschaft nicht wohl bestritten werden könne.

Weit andere und weniger seichte Gründe hätte

Domkapitelische Rekursschrift.	Hochfürstlich Speierische Anmerkungen.
pflogenen Friedensunterhandlungen, wo des allgemeinen Mißtrauens halber jedes Wort die strengste Kritick auszuhalten hatte, sich als die Erb- und Grundherren der Erz- und Hochstifter offentlich hingestellt; und in diesem Verstande haben weder Kaiser und Reich, noch die mittransigirende Kronen je daran etwas Anstössiges gefunden.	hätte der Verfasser (doch es war ihm eine Ohnmöglichkeit) zur Vertheidigung seiner Erb- und Grundherrschaft beibringen sollen. Wahr ist es, daß die hochstiftische Güter nicht nur ein ursprüngliches, sondern bis auf diese Stunde ein wahres Eigenthum der speierischen Kirche seien. Falsch ist es aber, daß ein hochwürdiges Domkapitel die speierische Kirche sei. Der jenseitige Schriftsteller hätte wissen sollen, daß das Wort: Kirche eine mehrfaltige Bedeutung habe, oder doch in jenen Zeiten, wo die Begriffe ohnedem nicht so bestimmt waren, im mehrfachen Sinne genommen worden sei. Zuweilen schließt es a) die Laien selbst mit ein, und wann daßselbe b) den Bischof mit seinem Presbyterium bedeuten solle, welches jezt die Domkapitel vorstellen wollen; so müssen die Urkunden, die zu Zeiten des gemeinschaftlichen Lebens das Licht erblickt haben, eben so gut von dem ganzen clero civitatensi, als den Domkapitlen insgemein verstanden werden. c) in verschiedenen deutschen Stiftern, wo die Ministerialien auch bei den wichtigen Geschäften und bei der Wahl selbst Einfluß hatten, wurden dieselbe auch darunter begriffen: doch wird d) das Wort: Kirche, nach der vordern Ausführung und nach dem Ausspruch des heiligen Cyprianus: *Episcopus est in Ecclesia, & Ecclesia in Episcopo*, eigentlich von dem Bischofe allein verstanden und namentlich e) kann man dieses von der speierischen Kirche, und zwar zu den Zeiten des gemeinschaftlichen Lebens selbst erweisen. Man sehe das bei dem v. Senkenberg im 6ten Tom seiner Select. Juris & Historiarum, befindliche Chronicon des Johann von Mutterstatt Seite 162 nach, wo es heißt: „Item anno Domini MLVI. præfatus *Henricus tertius Brussel cum foresto Lusbart nominato* & omnibus eorum appendiciis & utilitatibus *Ec-*

clesiæ

clesiæ Spirensi in proprium tradidit, *ut Episcopus pro tempore liberam habeat potestatem inde faciendi quidquid placuerit, ad usum tamen & utilitatem Ecclesiæ suæ Spirensis.*

Noch klärer erläutert dies

f) Kaiser Henrich der 4te, in dem unterm Buchstaben Ee. beigelegtem diplomate de anno 1063. wo es heißt: Er erweitere auf Verlangen des *Einhardi Sanctæ Spirensis Ecclesiæ Episcopi* die von seinem Vater Kaiser Henrich gegebene Schankung des *Lusbart ad Monasterium S. Marie in spira cum banno regio, ut NB. Præfatus Episcopus, suique successores tali deinceps lege ac proprietate his additamentis nostris utantur, quali idem Episcopus illo antiquo foresto Lusbart hactenus est usus*: Woraus erhellet, daß unerachtet der vorstehenden Ausdrücke von dem *Monasterio S: Mariæ in spira*, das Eigenthum (*proprietas*) dem Bischof zugeschrieben worden. Noch weniger ist es Ee

g) einem Zweifel unterworfen, daß nach der Trennung des gemeinschaftlichen Lebens, wo dem Bischof seine besondere Güter und dem Domkapitel die seinige besonders zugetheilt worden, der Bischof diese und jene als sein Hochstifts Eigenthum für sich und seine Nachfolger besessen, die Regalien und Landeshoheit allein, und mit Ausschliessung des Domkapitels ausgeübet, und also das Eigenthum der Hochstiftsgüter mit der Landeshoheit durch ein unauflösliches Band verknüpfet habe. Will man jedoch

h) dies im engsten Verstande nehmen, so ist die Kirche immer eine persona ficta oder moralis, und kömmt es nur darauf an, wer dieselbe repräsentire, und ihre Rechte auszuüben habe? daß aber der Bischof allein seine Kirche repräsentire, der Regel nach ihre Rechte allein ausübe, und nur per modum exceptionis in einigen Fällen nach der Vorschrift des geistlichen Rechts an den Beirath, oder Einwilligung des Domkapitels gebunden sei, ist ganz zuverläßig. Hingegen in Ansehung der Landeshoheitsrechte, worüber das geistliche Recht nichts entscheiden kann, hat der Bischof in so lange freie Hände, bis die Reichsgesetze, die besondere Landesverfassung, Verträge, oder rechtliches Herkommen eine Ausnahme machen; das hochwürdige Domkapitel hat wenigstens bis hieher noch keine dieser Einschränkungen beweisen können.

Durch eine oder andere dieser kanonischen Ausnahmen eine Erb- und Grundherrschaft aufrichten zu wollen, ist eben so abentheuerlich, als wenn sich Landstände in Rücksicht auf ihre in verschiedenen Fällen erforderliche Einwilligung eine Mitherrschaft beizulegen gedächten. Es bleibt daher ewig wahr, daß der zeitliche Fürstbischof zu Speier allein, und nicht sein Domkapitel, vor und nach der Sönderung der bischöflichen Tafel in Bezug auf das Eigenthum und auf die Verwaltung der kirchlichen Gerechtsamen die speierische Kirche gewesen, und noch seie, und ewig verbleibe. Es ist sohin lediglich aus den geistlichen Rechten, und nicht aus der ertreumten Erb- und Grundherrschaft herzuleiten, daß zu Veräusserungen des wahren Eigenthums die domkapitlische Einwilligung erfordert werde; der Grund ist dieser, damit nicht ein zeitlicher Bischof zum Nachtheil seines Hochstifts, ohne erhebliche Ursache, die Grundstücke veräussere. Doch ist es auch richtig, daß im Falle einer unerheblichen Erschwer- oder Versagung des domkapitlischen Konsenses der Fürstbischof andere Maasreglen zu ergreifen wissen werde.

Wo haben aber jemals seine hochfürstl. Gnaden oder der höchstpreißliche Reichshofrath behauptet, daß die domkapitlische Einwilligung bei Alienationsfällen nicht vorhergehen müsse? Nirgends! und so bald der Leser auf die der Rekursschrift beigefügte domkapitlische Paritionsanzeige, nur ein flüchtigen Blick hinwirft, so wird er finden, daß sich das ganze domkapitlische Luftgebäude auf ein wahres Condominium gestützet habe.

Vergeblich werden übrigens die Münster- und Osnabrückische Friedenshandlungen angezogen; denn man hat sich nicht darum zu bekümmeren, was dieser oder jener, der seine Rechte auf alle nur mögliche Art geltend machen wollte, aus

unäch-

unächten Begriffen vorgebracht, oder was die auf Mißbräuche sich steifende Domkapitel durch ihre Deputirte vorgestellet haben, sondern die Hauptfrage ist immer diese, was wirklich durch den westphälischen Frieden zu Gunsten der Domkapiteln seie entschieden worden? An eine Erb- und Grundherrschaft ist nie gedacht worden.

40) Kürze halber bewirft sich das Domkapitel zu Speier auch hierinnfalls auf den Entwurf seines Restitutionsgesuchs, und die darinn angezeigte offenkündige Thatsachen.

Dort hat es schon aus der Geschichte der meisten Stifter erwiesen, daß sie sich immer ohne Scheu für die Erbherren des Landes ausgegeben haben. Aehnliche Beispiele liefern

Lunig im Reichsarchiv. Spicil. Eccles. part. II. pag. 1005. von Wirzburg, und Struben in der Abhandlung von der deutschen Domkapitel Erb- und Grundherrschaft pag. 96. & seq. von Hildesheim Bremen, und Verden in der Menge.

Dort hat es ferner aus der Geschichte des westphälischen Friedens erwiesen, daß Kaiser und Reich von der Eigenschaft dieser domkapitlischen Erb- und Grundherrschaft vollkommen überzeugt gewesen seyn müssen, da die Behauptung derselben in ihrem Angesichte den Domkapitlen von Mainz, Magdeburg und Halberstadt nicht nur ganz unwidersprochen dahin gegangen, sondern sogar durch die, über die Kapitulation Erzherzogs Leopold Wilhelm von Ferdinand dem zweiten und dritten ausgestellte Assecurationsakte, wo nicht ausdrücklich, doch gewiß implicite genehmiget worden ist.

Die Ausdrücke dieser Assecuration sind viel zu bedeutend, als daß sie nicht hier eine besondere Stelle verdienen sollten. Darinn heißt es nämlich, da vorhergedachter Erzherzog verbindlich zugesichert hat:

„Daß alle Offizianten auch dem Domkapitel, als Erbherren, in Loco capitulari

ad 40) Dem Urtheile eines jeden unbefangenen Lesers, welcher sich die Mühe geben will, die dahier sowohl als in dem Restitutionslibell angeführten Stelle einzusehen, wird zur Entscheidung überlassen, ob des jenseitigen Verfassers Ungeschicklichkeit, oder aber dessen rabulistisches Benehmen den Vorzug verdiene?

Um einige wenige Proben (über alle durch aus unanwendbare Stellen sich weitwendig aufzuhalten wäre verlohrne Zeit und unnütze Mühe) von dieser oder jener Gattung vorzulegen; so will

Erstens durch die aus Lünigs Reichsarchiv Spicileg. Eccles. *part.* 2. *pag.* 1005. angeführte Wahlcapitulation des Würzburgischen Fürstbischofs Gottfried des 4ten de anno 1444. die Erb- und Grundherrschaft befestiget werden, weil sich das damalige Domkapitel zu Würzburg als Capitulationsverfasser einen Erbherrn genannt, und

zweitens die Domkapitel zu Hildesheim, Bremen und Verden sich gleichen Titel angemasset hätten.

Allein! sobald man sich aus dem Vorhergegangenen erinnert, daß von den Päbsten Nicolaus III. Pius V. Gregorius XIII. und hauptsächlich Innocentius XII. durch besondere Konstitutionen, und sogar vom Kaiser Leopold durch eine besondere Verordnung alle derlei Wahlcapitulationen für null und nichtig erklärt, auch von der Juristen Facultät zu Helmstädt die von den Domkapiteln zu Hildesheim, Bremen und Verden beim Struben in seinen Nebenstunden, erster Abhandlung, Seite 69. & seq. als Zweifelsgründe aufgestellte anmaßliche Benennungen Seite 79. & seq. im Jahre 1729. standhaft widerlegt

Domkapitlische Rekursschrift.

„tulari mit Eid und Pflichten sich ver-
„obligiren sollten ꝛc.

ganz allgemein, und nichts ausgenommen:

„leztlich und vors 8te solle die hier-
„über gefertigte Kapitulation von Uns
„und unsers Sohns Liebden, wie von
„Alters Herkommen, unterschrieben,
„versiegelt, und vollzogen, auch in al-
„len Puncten und Articklen von Uns
„allergnädigst und gütigst observirt, ge-
„halten, und anderst nicht, als was
„unsere kaiserlich- und königliche Worte
„mit sich führen, und bringen, in
„hohe Obacht genommen werden, alles
„bei Verlust ihrer Liebden im Stifte
„erlangten Titels und Rechte ꝛc.
„welches alles stet und vest zu halten,
„Wir bei Unsern Kaiserlich- und König-
„lichen Würden und Worten versprochen
„und zugesagt, auch Uns in dem al-
„lem nicht schützen noch aufhalten wol-
„len, ganz getreulich, sonder einig Ge-
„fährde.

v. Meyern Act. Pac. Tom. IV. pag. 261.

Dort hat dasselbe nicht minder aus den Reichstagsverhandlungen erwiesen, daß sämtlicher Kurfürsten und Ständten Gesandte, denen man doch ohne allen Zweifel die genaueste Kenntniß der Staatsverfassung zutrauen muß, das Domkapitel von Trier für die ungezweifelte Erbherren des Erzstifts erkläret haben. Dort hat es endlich aus der eigenen Geschichte des Hochstifts Speier bewiesen, daß weder Ferdinand der dritte noch andere Kurfürsten und Stände demselben den erbherrlichen Karakter bezweifelt; daß sogar Kaiser und Reich auf dem münsterischen Kongreß die domkapitlischen mitgrundherrschaftlichen Rechte gegen die Ansprüche des königl. französischen Hofes auf die Festung Philippsburg, standhaft verfochten; daß noch in diesem Jahrhundert Carl der VI. davon eben diese und keine andere Begriffe gehabt; mit

einem

Hochfürstlich Speierische Anmerkungen.

worden sind; so wird man des jenseitigen Federführers Dreustigkeit nicht begreifen können, daß derselbe Scheingründe von dieser Art, die das Zeichen der Vernichtung mit sich führen, zur Rechtfertigung seines Satzes habe aufstellen mögen.

Nie hätte also die Wahlkapitulation des Fürstbischofs Gottfried zu Würzburg de anno 1444. in die Gedächtniß zurückgerufen werden sollen, weil nach Zeugniß des Würzburger Geschichtschreibers Friesen beim *Ludewig* collect. script. *capit.* 6. *pag.* 696., sein Vorfahrer Bischof Johann II. von dem Pabste Johann XXII. zweimalige Absolution von seiner beschwornen Wahlcapitulation erhalhalten hatte.

Nie hätte in dem gegnerischen Restituzionsgesuche die Wahlkapitulazion, welche das Domkapitel zu Halberstadt dem Erzherzog Leopold Wilhelm zu Oesterreich anno 1638. vorgelegt, und dieser beschworen hat, aus des Lunigs Reichsarchiv sollen angezogen werden; die vom Domkapitel angemaßte Benennung eines Erbherrns bleibt ewig lächerlich, die Verpflichtung der Offizianten, welche sich durch ein Eid auch dem Domkapitel verobligiren sollen, hat auf die Sedisvacanz Bezug, und wird unter dieser Begränzung selbst vom kaiserlichen Reichshofrathe in dem höchstverehrlichen Concluso de 1781. gutgeheissen.

Die aus des Meyern actis P. W. Tom. IV. pag. 261. angeführte Assekurazionsakte von Ferdinand dem zweiten und dritten enthält nur ein Auszug kurzbemerkter Wahlkapitulazion, nicht aber die Worte eines Erbherrn, und hieraus sollte man beinahe vermuthen, daß der Bischof und das Domkapitel Bedenken getragen hätten, solche in extenso vorzulegen; sollte es aber von diesen Kaisern auch übersehen worden seyn, so thut dies nichts zur Sache, da die nachherige kaiserliche und päbstliche Kassazionsdekreten und Bullen diese monströße Arroganzen gänzlich kassiret, und auf ewig verboten haben.

9)

Domkapitlische Rekursschrift. | Hochfürstl. Speierische Anmerkungen.

einem Worte, daß bisher niemand die domkapitlische Miterb = und Grundherrschaft verkannt habe.

Von gleichen Korn und Schrot sind die aus Lünigs Reichsarchiv in der Restitutionsschrift unrichtig angezogene hier aber ächt allegirte Stellen, und zwar,

a) Tom. 17. pag. 1100. & 1115.
b) Ibidem pag. 479.
c) Tom. 16. pag. 46. & 58.
d) Ibidem pag. 969. & 1005.
e) Tom. 19. pag. 873. und
f) Ibidem pag. 818.

zu halten.

An all diesen Orten kann man nichts anderst als bischöfliche Wahlcapitulationen, und einige von nen erwählten Bischöfen ausgestellte Reversen finden, in welchen ausserordentliche Mißbräuche und widerrechtliche den Domkapiteln verwilligte Begünstigungen vorkommen, wodurch den bischöflich = und fürstlichen Gerechtsamen sowohl, als der kaiserlichen Authorität, den kaiserlichen Investituren und Regalien Abbruch geschiehet, und das schwache Gebäude der Senatsrechte *contra constitutiones pontificias, caesareas & judicata supremiorum Imperii tribunalium* noch in den 1786er Jahren befestiget werden will.

Drittens von nämlicher Hinfälligkeit sind die weitere Allegazionen aus besagtem Lünig, massen

1) *Tom.* 19. *pag.* 211. Erzbischof Henrich der 3te zu Mainz in dem Bündnisse mit dem Grafen zu Schwarzenburg, Hohenstein, und Orlamünde de 1345. bekennet, daß solches mit Rathe, mit Wissen und guten Willen der Erbarn Leute Johannes Dechants Thumschulmeisters und des gemeinen Kapitels eingegangen worden.

2) *Ibidem pag.* 228. bekennet das Domkapitel zu Mainz, daß es den zwischen seinem Kurfürsten Wolfgang, und Landgraf Ludwig von Hessen wegen verschiedenen Irrungen anno 1599 getroffenen Vergleich, mit seinem guten Gewissen und Willen angenommen habe und solchen fest halten wolle.

 3)

Domkapitelische Rekursschrift.	Hochfürstlich Speierische Anmerkungen.

3) *Tom.* 17. *pag.* 263. bestättigt das Domkapitel zu Hildesheim den angeführten Vertrag *de anno* 1481.

4) *ibidem p.* 163. & 64. sind abermal zwei Kapitularbestättigungen der angezogenen Verträgen de annis 1374. und 1408.

ibid. pag. 170. geschiehet in diesem Bündnisse *de anno* 1494. vom Domkapitel nicht die mindeste Meldung, vielweniger hat dasselbe dieses Bündniß besiegelt.

5) *Ibidem pag.* 125. durch den Receß de 1674. wurden Gerechtsame vergeben, und solcher durch allerseitigt Bevollmächtigte geschlossen.

ibidem pag. 1085 wurde der Vertrag den 6. Mai 1700. getroffen, und das Domkapitel hat erst den 19. Julii 1700. auf ausdrückliches Verlangen der Ritterschaft solchen confirmirt.

6) *ibidem pag.* 550. & 51. der Bischof zu Cölln hat mit seinem Domkapitel gegen den 28. Artikel des Ryswickischen Friedens aus benanter Ursache sich verwahrt

7) *ibidem pag.* 329. hatte das Domkapitel zu Lübeck der Stadt Lübeck auch von seinen eigenen reditibus etwas abgetretten, mithin war es transigirender Theil.

8) *Tom.* 19. *pag.* 492. wurde dieses Bündniß mit des Domkapitels Rathe, guten Willen und Wissen eingegangen.

9) *ibidem pag* 588. nicht nur das Domkapitel zu Münster, sondern auch dasiger Stadtmagistrat haben diesen Grenzvergleich de 1445. unterzeichnet; und sollte wohl der Stadtmagistrat hiedurch Senatsrechte erhalten haben?

ibidem pag. 783. war die Kapitelsratification bei diesem Bündniß vorbehalten.

10) *Tom.* 17. *pag.* wurde dieser Verglich *de anno* 1662 mit Einwilligung des Domkapitels und NB. der Ministerialium, welche der Verfasser nicht genannt hat, geschlossen.

11) Die *Tom.* 17. *pag.* 792. 793. & 809.
Tom. 19. *pag.* 310.
Tom. 17. *pag.* 957. 967. & 1009 *nec non* 746. & 751.

ange-

angeführte Bündnisse und Vergleiche enthalten ebenfalls die kapitlische Einwilligungen.

12) Der *Tom.* 16. im ersten Theile der Fortsetzung im Anhang unter Hochstifter *pag.* 41. befindliche Graf. Mannsfeldische Recognitionsschein betraf die Vergebung eines neuen Lehns und bei dessen Rückfall eine von dem Erzstifte Magdenburg an die weibliche Descendenz zu entrichtende jährliche Geldabgabe.

Und was soll man nun aus allen diesen ausgeschriebenen Stellen lernen, worauf sich der Rekursschriftverfasser mit dort und dort und wieder dort mit heiserer Stimme beruft? Nicht viel, und nichts anderst, als daß theils uralte domkapitlische Mißbräuche, die in alle Ewigkeit keinen Rechtsbestand liefern, erneuert, zum Schauspiel vorgelegt, und theils Verträge und Bündnisse in Anregung gebracht werden, bei denen die Domkapitel mit ihrem Beirath oder Einwilligung mitgewirket haben. Derselbe hätte doch auch den zwischen Kurpfalz und dem Hochstift Speier *in anno* 1709. errichteten Vertrag und die dazu gekommene Einwilligung des hochwürdigen Domkapitels anführen sollen, wodurch zwar die Zahl vermehrt, in sich aber nichts weiters bewiesen worden wäre, als was ohnehin die geistlichen Rechte in derlei Fällen verordnen, und niemand in Abrede stellet, daß nemlich in gewissen Umständen, entweder der domkapitlische Beirath, oder die Einwilligung erfordert werden, ohne daraus nie gehabten Senatsrechte erzwingen zu können.

Viertens will man noch mit wenigem das lächerliche vorlegen, welches aus einigen anderen Stellen ausser des Lünigs Staatsarchiv in Rücksicht auf die nahe am Herze liegende domkapitlische Senatsrechte hat gehoben werden wollen.

Der Unbestand des anmaßlichen domkapitlischen caracteris repræsentatitii und der ex jure canonico hergeleiteten Mitverwaltung der Regalien ist eben so anschaulich, als gewiß es ist, daß unter dem Wort: Kirche, der Bischof allein müsse verstanden werden, wie dieses bereits in

U dem

dem vorhergegangenen Nummer 39. ganz deutlich ist bewiesen worden, mithin sind die ex jure canonico zitirte capitula auf die Landesherrlichkeitsrechte ganz unanwendbar. Daß aber nach des jenseitigen Schriftstellers Angeben die oratores der Domkapiteln zu Magdenburg, Trier, Cölln und Bremen anno 1457. bei Abfassung des frankfurter Recesses in der Eigenschaft eines gebohrnen Senats zugegen gewesen, ist eine leere Erdichtung; indem

1) An diese Eigenschaft nicht gedacht wurde, und wenn es auch geschehen wäre, so hätte doch

2) der Rekursschriftsteller bei Anführung des *Senckenbergs Select. &c. Tom. VI.* die Seite 321. stehende Worte: *Capitulorum & cleri civitatum Magdeburgensis, Trevirensis, Coloniensis & Bremensis* nicht auslassen sollen, denn hiedurch hat er sich einen gegründeten Verdacht zugezogen, daß er die vom Jahre 1457. angewiesene Senatsrechte den gemeldten Domkapiteln allein zueignen, und den *clerum civitatensem* ungehört davon ausschliessen wolle, welches doch nicht redlich gehandelt ist. Sed transeat diese Feegeschichte nebst den übrigen aus des *v. Meyern Actis P. W.* angeführten Consensertheilungen, die von den dort benannten Domkapiteln zum Theil als Landständen (in welcher Eigenschaft das Domkapitel zu Magdeburg und die Landschaft dem Herkommen gemäß *juxta art.* 19. des Prager Friedens *de anno* 1535 beim Senkenberg 3ten Theil der Reichsabschiede, Seite 538. die Anlage zu machen hatte) erfolget sind.

Unwahr wird aus des Londorp actis publ. *Tom. IV. pag.* 464. angeführt, daß der Kaiser anno 1649. durch einen accredirten Gesandten das Domkapitel zu Salzburg ersucht habe, seinen Hrn. Erzbischof, wegen Unterhaltung der Kurbaierischen Armada zu vermögen, wo doch das Domkapitel selbst in seiner allerunterthänigsten Remonstration bekennet, von kaiserlicher Majestät ersucht worden zu sein, seinen Hrn. Erzbischof hiezu zu disponiren. Unter diesen Ausdrücken ist ein grosser Unterschied, und der Kaiser

wuste

wuste wohl, daß das Domkapitel seinen Herrn Erzbischof vielleicht gewislich disponiren, aber nicht vermögen konnte.

Ferner liegt ein rabulistischer Trugschluß bei Allegirung des v. Senkenbergs Reichsabschieden *Tom.* 3. Seite 537 verborgen, weil nur allein von der Einwilligung des magdeburger Domkapitels, nicht aber von der Senatseigenschaft Meldung geschah. Liest man nur den art. 18. des Prager Friedens de 1635. welcher hätte benennt werden sollen, flüchtig hinweg; so fällt es gleich in die Augen, daß der Kurfürst zu Sachsen die Herrschaft und Aemter Querfurt rc. wegen des lieben Friedens zu Lehn recognosciren, auch so lang behalten und geniesen möchte, bis dieselbe mit höchst ihrer Einwilligung *per æquipollens* wieder ausgewechselt würden. Es wurde also eine *res non infeudari solita* zu Lehen gegeben, und eben daher nicht allein das Domkapitel zu Magdenburg, sondern auch NB. die Landschaft zur schriftlichen Einwilligung per art. 18. dictæ pacis angewiesen.

Noch eine verdrehte Angabe aus des *von Meyern act. execut. Pac. Tom.* 2. Seite 487. und 503. kann man nicht verschweigen: aus der Geschichte ist es bekannt und zum Theil aus der angeführten Stelle zu ersehen, welche Irrungen damals in dem Hochstifte Trier vorgewaltet haben; der Kurfürst Philipp Christoph hat hauptsächlich darauf gedrungen, daß die kaiserlichen Truppen die Vestung Ehrenbreitstein evacuiren sollten. Die angezogene Eidesformel legt davon mehrere Umstände vor Augen, und ist Seite 501. und 502. die Ursache ersichtlich, aus welcher solche gefasset worden, worgegen der Kurfürst heftig protestirt hatte. Ob aber hiernach die Verpflichtung vor sich gegangen, ist nicht hergestellet, und wenn es auch wäre, so liesse sich dennoch von diesen kriegerisch- und turbulenten Zeiten kein Senatsrecht herleiten, besonders da die Deputati es ohnehin bei des Kurfürsten näherer Erklärung vom 1. Aug. 1650. wegen Annahme des westphälischen Friedens dabei belassen haben, und mehrbenannter Kurfürst erwähnte Vestung seinem Kommandanten nach der Gewohnheit eingeräumt hatte. Heut zu Tage lautet es anderst.

Seine hochfürstliche Gnaden sind fest versichert, daß das hochwürdige Domkapitel dem Schriftsteller schlechten Dank wissen werde, wann dasselbe alle angeführte unerheblich- und zur Sache nichts beitragende Stellen einsehen wolle.

Der Ausdruck von Senatsrechten- Erb- und Grundherrschaft hätte aus dem vorigen Jahrhundert, wo das hochwürdige Domkapitel *sede impedita* die Interimsverwaltung geführet, nicht hergeholt werden sollen; denn es ist ganz zuverlässig, daß dasselbe zur Zeit der Interimsverwaltung, wo der Kurfürst zu Trier und Bischof zu Speier Philipp Christoph von Sötern in kaiserlicher Gefangenschaft war, in einer Vorstellung ad Cæsarem den Ausdruck: Grundherrschaft gebraucht hatte, und daß eben deswegen sein wiener Agent solche nicht übergeben, sondern in seiner Rückantwort bemerkt hatte, daß er diese Vorstellung wegen erwähntem Ausdrucke nicht überreichen dörfte, weil bekanntlich dem Domkapitel keine Grundherrschaft zustehe. Man durchsuche die dahin einschlagende Akten, und man wird dieses Schreiben finden.

Zu läugnen ist es nicht, daß verschiedene Domkapitel de facto sich mehr angemasset haben, als ihnen von Rechtswegen zustund; daß aber in jedem zur Wissenschaft gekommenen Falle oberstrichterliche Ahndungen eingetretten sind, bestättigen die vorliegende kaiserliche Judicata einhellig. Allzuverwegen ist es endlich, weiland seiner kaiserlichen Majestät Carl des VI. glorreichsten Andenkens aufzubürden: Allerhöchstdieselbe hätten von der domkapitlischen Erb- und Grundherrschaft eben diese Begriffe gehabt.

Den Anlaß zu diesem erdichteten Vorwand hat der Ziffer 19. der domkapitlischen sogenannten Paritionsanzeige de anno 1782. gegeben, welcher in einem Auszuge des kaiserlichen Schreibens an den Hrn. Herzog zu Würtenberg dd. Wien den 21ten Julii 1736. bestehet. Nicht

ohne

ohne Argliste wurde nur ein Auszug beigelegt, damit etwa nicht auf den wahren Grund gesehen werden möchte; Nachdem aber seine hochfürstliche Gnaden einen Abdruck von benannter Partitionsanzeige erhalten hatten; so war nichts leichter, als die eigentliche Beschaffenheit dieses Rescripts aufzuklären, davon dem Publikum das Wesentliche mitgetheilet wird:

Im Jahre 1698. hatte der kaiserliche und Reichsgouverneur zu Philippsburg, Freiherr von Thüngen nebst der Garnison, nach der unterm Buchstaben Ff. befindlichen Formel, den Eid dem Ff damaligen Fürstbischofe zu Speier als Eigenthums- und Landsherrn daselbst, und NB. dero würdigem Domkapitel abgelegt.

In dieser Formel war enthalten, daß 1) der Hr. von Thüngen ein mit Vorwissen und Willen des Fürstbischofs zu Speier verordneter Gubernator der Stadt und Veste zu Philippsburg, sodann 2) der Eid mit den Worten: treu und hold zu seyn, abzulegen sei.

Das Schicksal wollte nun, daß anno 1734. die Veste Philippsburg von Frankreich eingenommen wurde, und erst vermöge der zu Wien den 3ten October 1735. erfolgten Friedenspräliminarien wieder geraumet werden sollte. Es entstund also abermal der Fall einer neuen Verpflichtung des philippsburger Gouverneurs und der Garnison, daher weiland der Hr. Cardinal von Schönborn als Fürstbischof zu Speier beim kaiserlichen Hof darauf antrug, daß die Verpflichtung nach jener de anno 1698. und nicht nach dem, kaiserlicher Seits, neu entworfenen Formular vorgenommen werden möchte, sohin 1) der Gouverneur mit Wissen und Willen des Fürstbischofs zu Speier anzuordnen und 2) in der Eidesformel die Worte: treu und hold beizubehalten wären. Der Buchstaben Gg. giebt zu erkennen, Gg daß der fürstliche Gesandte dieses nicht habe durchsetzen können, weil nach dem wiener Conferentialschluß die Expeditiones NB. aus der Hofkriegskanzlei an den Herrn Herzog zu Wirtemberg sowohl als an die Kommandanten bereits abgegangen wären, davon er aber die Abschriften noch nicht erhalten hätte.

Jedermann wird ermessen, daß dieser von der Hofkriegskanzlei in der Ausfertigung begangene Fehler, wo der Bischof von Speier und das Domkapitel *conjunctim* Grund- und Eigenthumsherren genannt wurden, dem hochwürdigen Domkapitel keinen Vorschub leisten konnte, noch gegenwärtig leisten kann, weil dieser Ausdruck nach dem Buchstaben Ff. der Eidesformel de anno 1698 nicht allein ganz entgegen war, sondern auch das hochwürdige Domkapitel nach dem Buchstaben Hh. zu jener Zeit

Hh

sich nicht einmal beigehen ließ, in der, seinem Deputato zugestellten Vollmacht sich einen Grundherren zu nennen, wohl aber selbst zu bekennen, daß a) diese Festung dem Fürstbischof zu Speier und dero Hochstifte wieder einzuraumen, auch b) nach der von kaiserlichen Majestät erfolgten Verordnung, wie es hergebracht und üblich, die Verpflichtung dem Fürstbischof und dem Domkapitel abzulegen sei, wornach dann auch den 12ten Febr. 1737. Ausweiß des Buchstaben Ii. der

Ii

Verpflichtungsactus und zwar dem Hrn. Damian Hugo Cardinal und Bischofe zu Speier, als des Orts Landesfürste und Eigenthumsherrn und dessen hochwürdigen Domkapitel vorgegangen ist.

Hieraus wird jedermann die grosse Ungeschicklichkeit des jenseitigen Schriftstellers mit Händen greifen können, weil aus den Verpflichtungen der Garnisonen zu Ehrenbreitstein und Philippsburg, welche nur auf die Sedisvacanzien der Domkapitlen zu Trier und Speier Bezug hatten, und nur haben konnten, ein Senatsrecht gemodelt werden will.

41) So war dies Recht in den vorderen Zeiten beschaffen. So unbestritten war es immer, daß die den Erz- und Hochstiftern Deutschlands beigelegte Güter, Herrschaften, Gerechtsame und Regalien nicht an die Bischöfe, sondern an die Kirchen übertragen, und durch diese Uebertragung, da die Domkapitel

ad 41) Aus dem Vorhergehenden erhellet, daß dem hochwürdigen Domkapitel niemals die vorgeblichen Rechte eigen gewesen sind, oder es müßte ganz andere Urkunden vorlegen, deren aber keine existirt. Aus dem Nummer 39. erhält auch das anmaßliche gemeinschaftliche Eigenthum seine Abfertigung.

Was

Domkapitlische Rekursschrift.

kapitel nebst dem Bischofe die Kirche vorstellen, ein gemeinschaftliches Eigenthum beeder Theile geworden seien, doch so, daß jene sich darüber sede repleta kein Koimperium herauszunehmen haben.

Aus diesem Grunde stellte Karl der vierte im Jahr 1366. das Domkapitel zu Speier in einer Erneuerungsurkunde dem Bischof an die Seite Ziffer 10.

Aus diesem Grunde werden die Stifter mit dem Bischofe über die Weltlichkeiten belehnt, und aus dem nämlichen Grunde nahm sogar Kurfürst Friederich der erste von der Pfalz im Jahr 1412. den Anlaß, dem Domkapitel zu Speier einen Fehdebrief zuzusenden.

Kremers Geschichte dieses Kurfürsten in den Urkunden n. 86. pag. 276.

Hat die allgemeine Meinung, quam quotidie (wie sich Ulpianus ad Sabinum ausdrückt) increscere & invalescere videmus, schon so viel zum voraus, daß sie schlechterdingen nicht umgangen werden mag: um wie viel mehr muß selbe nicht in Hinsicht auf die domkapitlische Erb- und Grundherrschaft forthin bestehen, da bei so manchen öffentlichen Vorgängen die Begnehmigung der deutschen Gesetzgeber annoch hinzugekommen ist? Man müßte dann nur erst jezt behaupten wollen, daß ein allgemeiner Irrthum vorhin alle Welt benebelt habe.

Dazu gehört jedoch noch etwas mehr, bis es sich wagen läßt, Kaiser und Reich eines solchen Versehens beschuldigen zu können.

Die domkapitlische Erb- und Grundherrschaft (in dem obigen Verstande betrachtet) ruhet also in der ältesten kirchlichen Verfassung, die, der aufgehobenen Gemeinschaft zwischen dem Bischof und seinen Brüdern ohngeachtet, dennoch im Wesentlichen niemalen aufgehoben worden ist. Sie ruhet zugleich auf einer mehrfach verjährten deutschen

Hochfürstlich Speierische Anmerkungen.

Was soll aber der elende Einfall wieder, daß Kaiser Karl der IV. in einer Urkunde vom Jahre 1366. das Domkapitel dem Bischofe an die Seite gesetzet habe? der angeführte Ziffer 10. macht jedem, der nur lesen kann, bemerklich, daß Kaiser Karl der IV. auf Ansuchen des Bischofs und des Domkapitels zu Speier *conjunctim* eine vom römischen König Rudolph als Scheidmann zwischen den Prälaten und der Pfafheit zu Speier an einem Theil, sodann den Bürgermeistern, Rath und Burgern gemeiniglich zu Speier am andern Theil gesprochene und versiegelte Süne (der Rekursschriftsteller kann beim Halthaus in seinem glossario finden, daß eine Süne zu latein: *compositio* geheisen hat) bestättigen möge. Was würde wohl Kaiser Karl der IV. sagen, wann er wieder aufleben und hören sollte, daß ein domkapitlischer Schriftsteller im 18ten Jahrhundert, die kaiserliche Süne-Bestättigung vom 14ten Jahrhundert für eine domkapitlische Grund- und Erbherrschafts-Urkunde auslegen wollte, weil in solcher der Bischof und das Domkapitel auf ihre gemeinsame Bitte neben einander genannt werden? Lachen würde er wenigstens, wenn er sich nicht erzörnte.

Allein der jenseitige Federführer will nebst der kaiserlichen Süne-Urkunde noch mit einem Fehdebriefe vom Jahre 1412. seine Erb- und Grundherrschaft decken. Ein aus den Zeiten des Faustrechts genommener Beweiß muß doch ernsthaft sein, dann scherzweiße hatte man mit dem Todtschlagen kein Gewerb getrieben. So böse meint es zwar der jenseitige Schriftsteller nicht, aber wahrhaft in vollem Ernste will derselbe hauptsächlich aus dem beim Kremer in seinen Urkunden zur Geschichte des Kurfürst Friederichs des ersten von der Pfalz Seite 276. stehenden und unterm Buchstaben Kk. anliegenden Fehdebriefe erzwingen, daß Kk die Stifter mit dem Bischofe über die Weltlichkeiten seien belehnet worden, weil dieser Kurfürst gesagt hätte; daß das Domkapitel zu Speier der Stift und das Haupt sey, und ohne dessen Zuthun, Gunst und Verhängniß nicht geschehen

Domkapitlische Rekursschrift.	Hochfürstlich Speierische Anmerkungen.
Gewohnheit, die sich schon vorlängst ohne Widerspruch an den Platz eines vollgültigen Gesetzes hingeschwungen hat, und noch mehr dörfte sie durch ein nicht eben ganz verwerfliches analogisches Verhältniß wider die Anfälle neuerer Zeiten gedeckt seyn.	seyn möchte, daß Bischof Johann zu Speier ein offen Feinde Kurfürsts Friederich worden, und der Kurfürst aus der Ursache dem Domkapitel die Feindschaft auch angekündet habe, weil dasselbe auf Ersuchen dem Bischof Johann nicht abgerathen, von der Feindschaft gegen Kurpfalz abzustehen.

Kein Domkapitular wird glauben, daß ein hochwürdiges Domkapitel das Haupt des Hochstifts Speier sei, noch daß der Kurfürst Friederich von der Pfalz dasselbe zu solchem Haupt im Ernste habe umschaffen wollen, und daß endlich ein ganzes Dutzend derlei Fehdebriefen solche erb- und grundherrschaftlichen Rechte zur Welt bringen könne?

Mit den Regalien und Landeshoheitsgerechtsamen wird der zeitliche Fürstbischof zu Speier und sein Hochstift, nicht aber das hochwürdige Domkapitel belehnt, und wer kann mit gesundem Menschenverstande behaupten, daß unter dem Wort: Stifter die Domkapitel verstanden werden? massen der Unterschied zwischen Hochstift und Domstift allzusichtbar ist.

An solchen lächerlichen Einfall hat der Kurfürst Friederich in seinem Leben nicht gedacht, und können ohnehin die Aeusserungen jener Zeiten vorzüglich in Fehdebriefen, wo auch eine Ursache vom Zaun abgebrochen wurde keine Erb- und Grundherrschaft erwirken, und zu dieser Absicht die domkapitlische Mitbelehnung erzielen.

Doch der Rekursschriftsteller hat seltsame Begriffe, und vielleicht bringt er noch eine Staatsrechtsanalogie auf jenen Koch zu Stand, der seinen Herrn, den Graf von Solms, wegen einer Suppe befehdete. Nur will man sich ausbitten, daß dieß nicht auch aus der Erb- und Grundherrschaft hergeleitet werde, ob sich gleich dieser Koch, nach der gegnerischen Schlußfolge, wenn er eine kaiserliche Urkunde über seinen Fehdebrief in Handen hätte, wie jene Süne-Urkunde war, seinem Herrn Grafe ebenwohl an die Seite stellen könnte.

Daß

Daß man aber sagen möge, daß die gegenseits erzählte Unordnungen, angemaßte Mißbräuche und dergleichen die Begnehmigung der deutschen Gesetzgeber erhalten, und dadurch die domkapitlische Erb- und Grundherrschaft befestiget worden sei, ist um so weniger zu begreifen, als am offenen Tage liegt, daß jederzeit die zu Ohren des geist- und weltlichen Richters gekommene anmaßliche und widerrechtliche domkapitlische Eingriffe in bischöflich- und landesherrlichen Gerechtsame geahndet und vernichtet worden. Länger ist sich hiebei nicht aufzuhalten, sondern mit einem Worte nur noch zu sagen, daß all jenes, so der Rekursschriftsteller, in Betreff der Senats-Erb- und Grundherrschaftsrechte bereits in die Länge und in die Quere vorgebracht hat, leeres Stroh gedroschen sei.

42) Auch das Eigenthum an der Majestät und den davon abhangenden Rechten in einem Reiche, welches kein Patrimonialreich ist, gehöret nicht sowohl dem Regenten und seiner Familie, als vielmehr dem gesammten Reich und dem Könige.

Zum wenigsten, wenn nicht die so gewöhnliche Formeln: Kaiser und Reich ganz ohne Bedeutung seyn sollen, so muß von dem deutschen Reiche selbst wahr seyn, daß von dem Eigenthume der Reichsregalien das eigentliche Subjekt Kaiser und Reich seien.

Imperatori & Regno schrieb Pabst Pascalis in jenem merkwürdigen Dekrete bei Goldast in Constit. Imp. Tom. I. pag. 257.

„Regalia illa dimittenda præcepimus,
„quæ ad Regnum pertinebant tem-
„pore Caroli &c.

Le omnia, sprach eben damals Heinrich der Fünfte von dem Vorhaben des Pabsts an die Reichsstände,

„hæc cum Justitia & authoritate Ec-
„clesiis auferre, nobisque & Regno
„cum justitiis & authoritate redde-
„re &c.

und

ad 42) Vergebliches Bestreben ist es, aus den zwischen Pabst Pascal und Kaiser Heinrich dem V. wegen den Investituren fortgedauerten Streitigkeiten die Erb- und Grundherrschaft bestärken zu wollen, weil der Pabst gesagt hatte: die Bischöfe sollten die Regalien dem Reiche wiedergeben, und also von dem Eigenthum der Reichsregalien der Kaiser und das Reich das eigentliche Subject seie. Nach diesem Satz beruhe also das erwähnte Eigenthum weder bei dem Bischofe, noch der Kirche, und am wenigsten bei dem Domkapitel, welches sich doch mit dem deutschen Reiche zu vergleichen scheint und ganz irrig meint, daß bei der Kirche, statt des Kaisers und bei ihm Domkapitel, statt des Reichs das befragte Eigenthum deponirt sei.

Wann aber der vom Pabste Pascal dem Kaiser Henrich dem V. angetragene Vergleich zu Stande gekommen wäre; so würden die deutsche Bischöfe wieder zu Pfarrer umgeschaft worden sein, massen dieselbe alle vom Kaiser erhaltene Hoheitsrechte wieder herausgeben, und sich mit den Opfern, Zehenden und Gütern, so sie von Privatpersonen geschenkt erhalten, begnügen müßten, und wo hätte denn der jenseitige Schriftsteller seine Erb- und Grundherrschaft

gesun-

Domkapitlische Rekursschrift.	Hochfürstl. Speierische Anmerkungen.
und daß der Pabst befehlen würde, ut dimittant Regalia Regno, quæ ad Regnum pertinebant, wie dann der gelehrte Pütter in Instit. Jur. publ. §. 129. hierüber anmerket: „Pro indole Monarchiæ electitiæ Proprietas jurium, quæ vel a solo Cæsare exercetur, proprie penes Imperium est; unde & passim Imperii potius, quam Cæsaris adhibetur nomen, velut in feudis & Judiciis Imperii &c. Gelten die Schlüsse noch heut zu Tage vom Grossen ins Kleine, so muß ein gleiches von der domkapitlischen Erb- und Grundherrschaft gesagt werden können. Ueberaus seltsam muß es demnach immer bleiben, wie der kaiserliche Reichshofrath nun auch erst jezt hierinnfals die Hände von Amtswegen einschlagen mögen, die es bei dem Bewustseyn des vorliegenden Herkommens, und noch in den jüngsten Jahren, da das Domkapitel zu Speier vermög der schon angedeuteten Gegenanzeige vom Jahr 1759. sich in dessen Angesicht, als den Grundherrn des Hochstifts ohnbedenklich hinstellte, ganz ruhig in den Schoos gelegt hat. Jener bekannte Denkspruch: Distinque tempora & concordabis scripturas. ist bei dem Verlust des erb- und grundherrlichen Karakters nichts weniger als ein hinlänglicher Trost das Dompitel zu beruhigen: denn ob es sich zwar ex concilio generali romano zu bescheiden weiß: „quod reprehensibile judicari non „debeat, si secundum varietatem „temporum statuta quoque varientur humana &c. oder wie sich Justinianus in l. 21. de furt. & serv. corr. ausdrückt: „quod	gefunden, wann der Kaiser für diesen Preiß dem Rechte der Investituren entsagt haben würde? Weiß dann derselbe nicht, daß der Pabst sein Versprechen widerrufen habe, und daß es ohnehin ausser seiner Sphäre gewesen seie, über die Regalien der Bischöfe zu disponiren. Es bedarf nicht viel Nachdenkens, die hierunter vorblickende Verstandsschwäche zu bemerken; und das wiederholte Angeben, daß der Reichshofrath anno 1759. wo das Domkapitel in seiner Gegenanzeige sich als den Grundherrn des Hochstifts unbedenklich darstellte, die Hände ganz ruhig in den Schooß gelegt hätte, ist eine grosse Unwahrheit. Man darf nur Nummer 31. einsehen. Jedermann wird es für eine Unverschämtheit erkennen, daß die langjährige domkapitlische Mißbräuche aber- und abermal für deutsche Gewohnheiten ausgelegt werden wollen. Weit vernünftiger hätte der Rekursschriftsteller sagen können, daß nach dem von ihm angeführten Saz des Pabst Innocentius des IIIten Si urgens Necessitas & evidens utilitas id exposcat, die domkapitlische Interimsverwaltung jederzeit einzurichten sei, womit das kaiserliche Reichshofrathsconclusum vom 28. Aug. 1781. übereinstimmt, und ganz weißlich verordnet, daß diese Verwaltung nicht über die Schranken ausgedehnt werden, sohin alle Absicht unterbleiben solle, welche nach den jenseitigen Aeusserungen die neue Einführung alter Mißbräuche zum Zweck hatte.

Domkapitlische Rekursschrift.

„quod foedere nostro ex tempore
„conquiescere possint, quae prisca
„Jura introducebant &c.

so glaubt es doch immer, daß nach dem vernünftigen Beisatz Innocentii des IIIten dazu erfordert werde:

„Si urgens necessitas & evidens utilitas id exposcat.

und es glaubt ferner, daß deutsche Gewohnheiten, welche durch die Länge der Zeit, und durch den Beifall des vereinigten Staatskörpers schon einmal die Natur der Gesätze angenommen haben, auch alsdann, wann dringende Noth und augenscheinlicher Nutzen eine Abänderung erheischen, doch nicht anderst, als mit eben jener allgemeinen Beistimmung aufgehoben werden können.

Scheint gleich der Gebrauch oder Nichtgebrauch weniger Worte eben wenig auf sich zu haben, so dörfte doch die Folge davon äusserst bedenklich werden.

Liegt der Name einer domkapitlischen Erb- und Grundherrschaft einmal zu Boden: so stehet das deutsche Lehnrecht auf dem Punkt, einen unheilbaren Riß zu bekommen. Die geringste Felonie würde den Heimfall öfnen, der sich nie ergeben konnte, so lang die Domkapitel auf die Miterb- und Grundherrschaft einen Anspruch zu machen hatten. Und dagegen sollten doch fürwahr selbst alle Vorsteher, die für das Wohl ihrer Kirche einiges Gefühl haben, mit vereinigten Vorstellungen sich setzen, obgleich von ihnen kein solcher Fall denkbar seyn mag.

43) Aber auch an allem dem wollte der kaiserliche Reichshofrath seine Gewalt noch nicht begränzen.

Der in Restitutorio beigebrachten Gründe und Urkunden ohngeachtet, wodurch die von seiner hochfürstlichen Gnaden zu Speier selbst eingesehene Billigkeit, und Höchstdero ganz ungezwungene Bewilligung, mithin zuerst alles das, was von der landesherrlichen

Willkühr

Hochfürlichst Speierische Anmerkungen.

ad 43) Der Restitutionslibell enthält ausser den verlegenen Waaren, weder wichtige Gründe, noch zum Vorhaben passende Urkunde, wie ex antedeductis sowohl als bei Durchlesung des Libells selbst sichtbar wird. Ueberdieß ist auch in Betreff der bischöflichen Wahlcapitulationen, durch päbstlich- und kaiserliche Constitutionen ein unabänderliches Gesetz vorhanden, daß alle jene Capitulationspunkte, welche den Fürstbischof in

seinen

Domkapitlische Rekursschrift.	Hochfürstl. Speierische Anmerkungen.
Willkühr abhangen soll, hell ausgezeichnet wurde, blieben dennoch der schon durch das Konklusum vom 28ten August 1781. verworfene XIX. und XX. Artikel des jüngsten fürstbischöflichen Wahlvertrags nach, wie vor, schlechterdings zernichtet: von Amtswegen, ohne Kläger, und wider den eigenen Willen des hohen Gegentheils zernichtet. Das nähere davon hat bereits die Restitutionsschrift entwickelt. Man hat also dermalen weiter nichts mehr nöthig, als den höchsten Richter fest beim Wort zu halten, daß die befragten Gegenstände platterdings von der landes- und lehenherrlichen Willkühr abhängen. Wie aber alsdann die kaiserliche wahlkapitulationsmäßige Zusage: „Wir wollen weder den Reichsgerichten, „noch sonst jemand, wer da auch seye, „gestatten, daß denen Ständen in ihren „territoriis in Religion, politischen, „Justiz- Kameral- und Kriminalsachen „sub quocunque prætextu, wider die „Reichsgesetze, oder aufgerichtete recht„mäßige und verbindliche Pacta vor- oder „eingegriffen werde. Capit. nov. art. I. §. 8. und die grad dagegen laufende reichshofräthliche Bemengung ausser Kontrast zu setzen sey -- zu dieser Auflösung dörfte sich wohl kein Schlüssel finden lassen.	seinen bischöflich- und landesherrliche Gerechtsamen einschränken, null und nichtig und ohne mindeste Verbindung seien, folglich der Fürstbischof an solche sich nicht zu kehren habe. Mit vollem Recht hat der kaiserliche Reichshofrath den auf die vorgebliche Erb- und Grundherrschaft sich fusenden *Art. XIX.* der Wahlcapitulation kassirt und aufgehoben, weil durch solchen die domkapitlischen Beamte von allen *personal-præstationen* befreiet werden wollten, und seine hochfürstliche Gnaden ohnehin auf diesen zum herrschaftlichen Nachtheil gereichenden Artikel niemals eine Rücksicht genommen hatten. Der XX. Capitulationsartikel untersagte dem Landesregenten alle Vergebung der dem Hochstifte heimfallenden Lehen, welches in Absicht auf die *feuda infeudari solita* den Rechten zuwider war, und gleichermassen seine hochfürstliche Gnaden nicht verbinden konnte, mithin war es ebenfalls recht und billig, quoad hunc passum besagten Artikel aufzuheben. Hiedurch hat der jenseitige Verfasser den Schlüssel zur Erklärung des §. 8. *art.* 1. der kaiserl. Wahlcapitulation in Handen, in welcher der Kaiser verspricht, nicht zu gestatten, daß den Reichsständen wider die Reichsgesetze oder aufgerichtete NB. rechtmäßige und verbindliche Pacta vor- und eingegriffen werde. Nun enthielten die articuli XIX. und XX. der fürstlichen Wahlcapitulation reichsgesetzwidrige, ganz unrechtmäßige, mithin unverbindliche Pacta, wodurch seiner hochfürstlichen Gnaden in die landesherrlichen Rechte domkapitlischer Seits eingegriffen werden wollte, welche Eingriffe aber der kaiserliche Reichshofrath nicht gestatten konnte, und also die landesherrliche Gerechtsame in Gemäsheit der kaiserlichen Wahlcapitulation von oberstrichterlichen Amtswegen neuerdings sicher stellen muste, wodurch der vermeintliche Contrast verschwindet vid. *Wedekind* de jurisdictione territoriali non restringenda. §. 5. Der von jenseitigem Schriftsteller dem kaiserlichen Reichshofrathe gemachte wahrheitswidrige Vor-

Vorwurf wird noch sträflicher, wenn man sich zurückerinnert, daß des Hrn. Cardinals von Schönborn Eminenz in ihren zum Druck erlassenen bischöflich und hochfürstlich speierischen *Fundamentis* und *rationibus*, gegen die bei kaiserlicher Majestät von dem hochwürdigen Domkapitel zu Speier eingebrachte vermeintliche *gravamina* und *causales*, schon in den 1730er Jahren ad gravamen 25. deutlich zu erkennen gegeben hatten; daß

1) *Eminentissimus* das *jus investituræ in feudis infeudari solitis* nicht von dem Domkapitel, sondern von dem höchsten Reichslehnherrn seiner kaiserl. Majestät erhalten und selbige *Eminentissimum* allein und nicht das Domkapitel investirt hätten, wovon die undisputirliche Probe der Wahrheit seye, daß das speierische Domkapitel *tempore interregni* keine fürstlich-speierische Lehen zu vergeben vermöge (hier ist ein Fall, wo die Interimsverwaltung beschränkt ist) und wie also das Domkapitel mehrere Gewalt haben wolle, wann wirklich ein Oberlehnträger *a Cæsare* da sey, so *secundum usum*, *constitutiones Imperii* und den kaiserlichen Lehnbriefen seines Juris sich bedienet. NB. Hier kann der jenseitige Schriftsteller das nichtige Coimperium finden.

2) Könne das Domkapitel sich nicht einfallen lassen, daß, wann sein *ab Imperatore* belehnter Bischof und Reichsfürst *in feudis infeudari solitis* jemand ein ihm heimgefallenes Lehen zusagt, es alsdann bei ihm stehe, solches zu gestatten, oder nicht, gestalten das Domkapitel *vivente Episcopo* weder *jus ad rem*, noch *potestatem conferendi* habe. Ferner haben des Hrn. Cardinals von Hutten Eminenz in ihren *anno* 1760 im Druck erlassenen Anmerkungen über die domkapitlische Gegenanzeige *de anno* 1759. Seite 196. *quoad feuda infeudari solita* die rechtliche Befugniß sich ausdrücklich vorbehalten. Wann endlich der Rekursschriftsteller die rechtliche Darlegung über die Nichtigkeit der Wahlcapitulationen der Herren Cardinälen von Schönborn und Hutten in gedachten Druckschriften in Erwägung

gezogen hätte; so würde er ohne Schamröthe seine irrige Sätze nicht haben aufstellen können.

Man verweiset ihn nur allein auf den Druck der bischöflich- und fürstlichen Fundamenten, wo die Nichtigkeit der Wahlcapitulationen ausgeführt, und besonders Seite 62. die pähstliche Annullationsbulla beigedruckt ist.

Dort wird er finden, daß der Fürstbischof Henrich Hartard von Rollingen

pag. 65. seiner Wahlcapitulation, wegen Einschränkung der Criminalgerichtbarkeit habe beisetzen lassen: bleibe bei dem alten, indem der ganze Hpbus *contra jus Principis.*

Dort wird er pag. 98. lesen, daß die Wahlcapitulation, so das Domkapitel dem abgelebten Fürstbischof *Henrich Hartard p. m.* vorgeschrieben & *contra Mandata, Rescripta, Brevia, decisiones* & *Bullas* von ihm erzwungen hatte, nichts gelte.

Dort wird er pag. 138. vernehmen, daß belobter Fürstbischof von Rollingen seiner Wahlcapitulation puncto unionis cleri habe beisetzen lassen: daß es eine *species rebellionis contra Episcopos* sey.

Dort und dort und fast bei allen Stellen wird er von benannten Fürstbischöfen die anmaßliche Erb- und Grundherrschaft gerüget, und in ihrer Nichtigkeit aufgedeckt erblicken.

44) Doch was kann es nun endlich auch dem Domkapitel bei diesen Umständen nutzen, wenn es sich noch so fest an jenes Wort halten wollte? hatte dann selbes nicht eben auch aus dem Membr. IV. conclusi vom 28. Aug. 1781. ad art. X. lit. d. und in der nachgefolgten Paritoria plena membr. VI. n. 3. das Richterwort vor sich, daß ihm die Kameral- und Landschaftsrechnungen zur Einsicht und beständigen Verwahrung, wie es der fürstbischöfliche Wahlvertrag art. 10. zugesichert hat, ausgefolget werden sollen? und dennoch gilt dieses heilige, dieses homologirte Wort, dieses ex re judicata dem Domkapitel irretractabiliter eigen gewordene jus quaesitum

ad 44) Aus Scherze nur soll eine Erwähnung von Einlieferung einer hochstiftischen Landschatzungs-kasse rechnung an das hochwürdige Domkapitel geschehen, weil sich dasselbe als Erb und Grundherr in der Wahlcapitulation de 1770. und vielen vorgehenden ein Exemplar stipulirt hatte, ohne jemals ein einziges erhalten zu haben; und man sieht wohl, daß die dießfallsige Angelegenheit nicht so groß sei, da die den jährlichen fürstlichen Rechnungsabhören beisitzende Domkapitularen von dem Kassezustand all- erforderliche Information einziehen, und jedesmal bemerken können, daß während der Regierung seiner hochfürstlichen Gnaden die Kameraleinkünften so wenig als jene der Landschatzungs-Kasse ohne neue Ausla-

Domkapitlische Rekursschrift.

quæsitum dermalen durchaus nichts mehr; — nun hat selbes, weil die Ausfolgung der Rechnungen seinem Herrn Fürstbischofen, unter dem schwachen Vorgeben, daß die Abschriften viele Zeit erfordern würden, und daß ohnehin eine Kapitular-Deputation der Abhör beizuwohnen pflege, nicht gefällig ist, sich mit der blosen Einsicht der ermeldten Rechnungen zu begnügen; — Nun ist die Ausfolgung derselben zur beständigen Aufbewahrung, wie die Erkenntniß vom 28. August ausdrücklich voraussetzt, weder billig, noch räthlich; — kurz: nun ist dem Domkapitel ohne Rückfrage mit einer Hand wieder entzogen, was ihm die andre kaum gegeben hatte.

45) So viel hat der kaiserl. Reichshofrath auf einmal dem Domkapitel zu Speier, und mit ihm allen übrigen Domkapiteln im Reich ihren uralt hergebrachten, durch die heiligsten Reichsfundamental-Gesätze garantirten Vorzügen abgesprochen: jener vielen Punkte nicht zu gedenken, die dasselbe, ihres minderwichtigen Gehaltswegen, in der vorderen Paritionsanzeige de præs. 7. Mai 1782. bereits nachgegeben hat.

Aber auch eben soviel hoft dasselbe wieder zu erobern, wenn seine gegenwärtige Vorstellung das Glück haben sollte, von dieser hohen Reichsversammlung einer nähern Aufmerksamkeit, und eines demnächst abzufassenden Reichsgutachtens würdig geachtet zu werden.

Hochfürstl. Speierische Anmerkungen.

Auflagen oder Beschwerden vermindert worden seien.

Dies war aber nicht der Stein des Anstosses, welcher in der angeführten Stelle der paritoriæ plenæ vom 30ten April 1784. den widrigen Eindruck machte, sondern man scheuet den Zusaz *ad membr.* 6. *n.* 3. *conclusi* des Inhalts:

„Im übrigen, so viel auch die fürstlicher Seits „weiter nachgesuchte Gestattung des Beisizes eines hochstiftischen Deputati bei der „Abhörung der domkapitlischen Rechnungen belangend, dem Hrn. Bischofe allezeit „unbenommen bleibt, im Falle sich bei Verwaltung der kapitlischen Renten solche „Umstände äusserten, welche eine Einsicht „der Rechnungen erforderten, hierunter „nach Vorschrift der geistlichen Rechte „und den Pflichten seines bischöflichen „Amts fürzugehen.

Dieser Beisatz dörfte nicht ganz gleichgültig sein, denn vielleicht hätte man wegen der bisherigen Verwaltung der den stummen Offizien gehörigen Einkünften Ursache genug, eine bischöfliche Einsicht und eine darauf erfolgende geschärfte Verordnung zu fürchten, und davon ließ sich vielleicht eher, als man vermuthet, sprechen.

ad 45) Hier wird nochmals das alte Klaglied über den letzten Herzstoß, der den Domkapitlischen Senats- Erb- und Grundherrschaftsrechten durch die Kaiserliche Reichshofraths conclusa ist versetzt worden, angestimmt, aber derselbe muß doch nicht so tödtlich gewesen sein, weil der Rekursschriftverfasser von den Heilmitteln der hohen Reichsversammlung die Wiedergenesung sich verspricht, und ein günstiges Reichsgutachten zu erhalten hoft. Wie aber derselbe behaupten möge: daß allen Domkapiteln im Reiche die nämlichen Rechte seien abgesprochen worden, ist nicht zu begreifen, weil bis diese Stunde ausser dem Hochwürdigen Domkapitel zu Speier keinem andern eingefallen ist, über die vorwürfige Reichshofraths conclusa Beschwerde zu führen. Dies weiß man wohl, daß Domkapitlisch Speierischer

rischer Seits zwar die deutsche Domkapitel zur Theilnehmung am Rekurs sind aufgerufen worden, dieselbe aber das jenseitige Vorhaben gar nicht schicklich gefunden, und wohlmeinend davon abgerathen haben. Dem Rekursschriftsteller ist ja der Vorgang allzuviel bekannt, und wo es nicht sein sollte, darf er sich nur die diesfalls gewechselte Correspondenz zur Einsicht vorlegen lassen. Allem Vermuthen nach wird er sich die deutsche Domkapitel nicht verbindlich machen, wann sie erfahren, daß er Ihnen die nämlichen Mißbräuche zu Last legen wollte, die er unglücklicher weiße an seinem vorgesetzten Domkapitel zu Speier nicht vertheidigen konnte, und also Sachfällig unterliegen muste.

46) Die Qualifikazion dieses Rekurses mag nicht wohl einem Anstand unterworfen sein. Auch denen mediatis stehet dahin der Zutritt offen; denn auch bei ihren Behandlungen können jezuweilen die Grundlagen der deutschen Staatsverfassung untergraben, und die Gränzen eines richtigen Gebrauchs der anvertrauten Gerichtbarkeit unendlich überschritten werden.

Der beste Bürge dafür ist das unterm 6. September 1615. zur Diktatur gebrachte allerhöchste Kaiserliche Kommissionsdekret, worinn die bindigste Versicherung geschiehet, daß es die Meinung nimmermehr habe, denen Höchst- und hohen Reichsständen, oder sonst jemanden Ziel und Maaß, oder Einhalt zu geben, so ferne sie erhebliche Beschwerden wider die höchsten Reichsgerichte, oder deren besondere Glieder mit rechtem Grunde beizubringen haben sollten. Gleichwie es dann auch, nach Zeugniß des geheimen Staatsraths Pütters, in der patriotischen Abbildung der Reichsgerichte §. 38. und 243. an Beispielen nicht fehlet, daß Partheien, wie sie immer Namen haben mögen, sich des Rekurses zu bedienen gewohnt waren. Betrift nur der Handel keine wahre Rechts- und Streit- sondern eine solche Sache, die zur

Be-

ad 46) Aus dem vorhergehenden hätte man nicht erwarten sollen, daß der jenseitige Verfasser das Hochwürdige Domkapitel nun endlich in die Klasse der mediatorum setzen werde, wo er vorhin so vieles von dem bei der Kirche und also auch bei dem Hochwürdigen Domkapitel ruhenden Eigenthum der Regalien und sonstigen Landeshoheitsrechte, — von der Erb- und Grundherrschaft, — und von den Gerechtsamen eines gebornen Senats gesprochen, — auch sogar die Domkapitel unter gewisser Rücksicht in eine Gleichheit mit den Reichsständen gesetzet hatte. Da er nunmehr von mediatis spricht, und seine irrige Meinung selbst erkennet; so will man sehen, wie es mit der Qualifikazion des vermeintlichen Rekurses beschaffen sei.

Sehr übel war das Kaiserliche Kommissionsdecret vom 14ten August 1715. (nicht vom 6ten September 1615.) hier angeführet, weil sich der Kaiser in solchem über den in Justizsachen an den Reichsconvent genommenen Rekurs beschwehrte; auch hätte des geheimen Justizrath Pütters patriotische Abbildung beider höchsten Reichsgerichte nicht angezogen werden sollen, weil derselbe §. 243. die Thesin aufstellet, daß der Recurs ganz unleidentlichen Mißbräuchen unterworfen sei, welches auf unsern Fall vollkommen anwendbar ist. Daß aber gegenwärtiger

Vorwurf

Domkapitlische Rekursschrift.	Hochfürstl. Speierische Anmerkungen.

Berathschlagung öffentlicher Geschäfte gehöret: so sind sogar Unterthanen vor sich selbst nach dem trockenen Buchstaben des ersagten Kommissionsdekrets, vom Rekurse nicht ausgeschlossen.

47) Zur Berathschlagung öffentlicher Geschäfte geeignete Sachen sind nun aber gewiß diese, wenn

A) Die höchsten Gerichte sich herausnehmen wollen, den eigentlichen Verstand der Reichsgesätze einseitig zu verkehren;

Capit. nov. art. 2. §. 5.

oder wohl gar dagegen directe vel indirecte jemand zu beschwehren.

Ibidem §. 3.

B) Wenn der Richter sein Amt nicht vertretten kann, oder nach der gesetzlichen Vorschrift nicht vertretten will;

De Ludolf in Jur. Camer. Sect. 1. §. 1. p. 19.

Gunderode deutsches Staatsrecht. L. II. C. 7. §. 9.

welches alsdann geschieht, ubi ex ratione generali, wie der Freiherr von Senkenberg de Judic. Principum palatin. in Cæsarem & Recursu ad Comitia bemerkt, quæ Legibus & Consuetudinibus contraria est, causa aliqua deciditur; oder wie, sich der Reichshofrath von Rieffel in seinen kritischen Betrachtungen Th. 3. cap. 2. pag. 130. ausdrückt:

„Wenn die klare Reichsgesetze, das Reichsherkommen, Privilegien ꝛc. in die offene Augen fallen, und wenn die Uebertrettung der Reichsgerichte ganz scheinbar ist.

Endlich aber

C) wenn das Ansehen und die Gewalt des Gerichtzwangs handgreiflich mißbraucht werden will; denn so unabhängig auch immer die Gerichte von jenen sind, die ihnen die Gewalt zu richten geben: so wenig muß es doch jenen, die die Gesätze vorschreiben, benommen seyn, über solche zu wachen, weil es in

Vorwurf keine wahre Rechts- sondern eine zur Reichs Berathschlagung geeignete Sache und also an sich selbst einen Staatsgegenstand betreffen solle, ist eine gewagte Hypothese, die gar keinen Beifall finden wird.

ad 47) Bei diesem anmaßlichen Rekurs kömmt es allein darauf an; ob der Kaiserliche Reichshofrath gegen die Reichsgesetze, das angerühmte Reichsherkommen, den Besitzstand, besondere *Pacta*, oder Privilegien gesprochen habe, oder nicht? Das dies nicht geschehen sey, hat man schon im voraus durch die bündigsten Gründe bewiesen, und wird solches auch noch unten durch eine kurze Beweiskette bis zum höchsten Grade der Ueberzeugung wiederhohlter bewirken.

Sehr unklug hat der Rekursschriftsteller den von Ludolf zu seinem Rekurspatronen gewählet; dieser hat das jenseitige thema *sect.* 1. *pag.* 19. gar nicht unterstützt; zum Beweis führt man dessen eigene Worte an:

„*Stat igitur sententia, quod a judicatis in supremis Imperii Tribunalibus recursus ad comitia non detur &c. exceptis in legibus expressis casibus, & qui ex totius Reipublicæ germanicæ constitutione eo pertinent.*

der Rekursschriftsteller hätte die an diesem O. e befindliche sehr merkwürdige Stelle:

„*Qui a judiciis imperialibus causas ad comitia tanquam supereminens judicium deferri posse putant, si non sunt legum imperii ignari, certe ab adulatione excusari vix possunt. Si in negotiis quorum cura iis commissa, inconsiderate egerunt, talia tandem consilia, quæ per leges approbari nequeunt, ex specialibus studiis, vel odiis suggerunt suis dominis, ut Judicia imperii violationis legum, de qua ipsi potius tenebantur, incusentur.*

wohl überdenken sollen, ehe er seinen Herren Principalen angerathen hätte, einen unerlaubten Rekurs zu ergreifen, und den kaiserlichen Reichshofrath so vieler Ungerechtigkeiten zu beschuldigen. Am Ende wird sichs zeigen, daß ihn des von Ludolfs Ausspruch allerdings verdamme.

Domkapitelische Rekursschrift.

in dem menschlichen Leben möglich bleibt, daß der Richter im Eingreiffen ausschweiffen und die Anrufung des Kaisers und des Reichs nöthig werden kann.

Scopp (in der gründlichen Anweisung zu heutigen Reichsprocessen §. 46.) stellt darüber eine unverwerfliche Regel auf, wenn er sagt:

„Ich halte dafür, daß der Rekurs ad comitia niemals zugelassen sey, ausser es „ist theils das Recht, auf welches sich „der Rekurrent gründet, entweder ex „lege oder ex observantia oder ex pactis domus &c. theils das factum oder „judicatum supremi alterius judicii „contrarium so unzweifelhaft und offenbar, daß es keiner cognitionis facti „bedarf, sondern ex sola juris illius „atque judicati comparatione die „directa transgressio legum in die „Augen fällt.

Eben dahin stimmt das königl. preußische Schreiben an Holstein, Staatskanzlei Tom. 57. pag. 601.

„Daß der von seiner königlichen Hoheit an „das Reichsconvent ergriffene Rekurs „von darum nicht genugsam qualificirt „zu achten sey, weil das ganze Werk „auf blose pro und contra zu disputirende Quæstiones Juris hinaus laufe, „welche keinen Mißbrauch der Jurisdiction involviren.

Nach dieser Regel hat die Klage des Herrn Herzogs von Sachsen-Gotha im Jahr 1700, das Gesuch des Herrn Landgrafem von Hessen-Darmstadt im Jahr 1708, und der von den Herrn Herzogen zu Sachsen-Meinungen und Eisenach eingeschlagene Rekurs an den Reichstag im Jahr 1735. sogleich bei den höchst- und hohen Ständen, bei dem gesammten Reich, und selbst seiner kaiserlichen Majestät den besten Eindruck gefunden.

48)

Hochfürstlich Speierische Anmerkungen.

Die angeführten Stelle des Günderrode, des Reichshofraths von Rieffel und Scopp unterstellen die vom Richter bei Seite gesetzte Gerechtigkeit, welche in unserm Falle weder bewiesen ist, noch zu ewigen Tag bewiesen werden kann.

48) Erwäget man nun,

A) das reichshofräthliche Verfahren,

B) die Art der Urthelbefassung

C) Die Urtheile selbst,

nur mit einem flüchtigen Blick; so kann es wahrhaft nicht fehlen, unzählige transgressiones Legum in einem, wie dem anderen zu entdecken.

An- und ausgeführter massen gründen sich die domkapitlischen Interregnumsbefugnisse, so wie dessen Senats- auch Erb- und grundherrschaftlichen Rechte, theils in den deutlichsten Stellen des westphälischen Friedens, und anderer Reichsgesetze, theils in einem ununterbrochenen von Kaiser und Reich stetshin begnehmigten Herkommen.

Alle diese Rechte hat der kaiserliche Reichshofrath durch eine Gattung von Machtsprüchen in dem sogleich gewählten Weg eines exekutivischen Verfahrens, ohne das Domkapitel über die eingegangene fürstbischöfliche Anzeigen zu hören, und ihme die Narrata Supplicationis nach Maasgab der Reichshofrathsordnung Tit. 2. mitzutheilen, über einmal und auf ewig verworfen.

Zu einem executivischen Verfahren gehört bekanntlich ein so richtig aufgeklärtes jus & factum, per quod eo ipso omnes Exceptiones excluduntur.

C. O. C. Part. II. Tit. 25. in pr.

Ein richtig aufgeklärtes Recht ist nur jenes, welches den aufgerichteten Reichsgrundgesetzen, und den gemeinen geschriebenen Rechten gemäß ist.

Recess. Imp. de 1504. §. 79.
Recess. noviss. §. 79.

Aus welchem Reichs- oder anderen Gesetz steht es nun aber zu erweisen, daß jenes domkapitlische Regimen Episcopatus, jene gubernatio terrarum, jene administratio & Exercitium jurium Episcopalium, und das damit verbundene Stimmrecht auf Reichs- und Kreistagen, welches der westphälische Friede

ad 48) Weder

A) in dem reichshofräthlichen Verfahren, noch

B) in der Art der Urthelbefassung, vielweniger

C) in den Urtheln selbst

ist die mindeste angebliche transgressio legum sichtbar

Zur vollkommenen Ueberführung des ganz unwahren Geschreies will man den ganzen Hergang pünktlich bemerken, um nicht nöthig zu haben, sich bei den nachfolgenden Wiederlegungen des jenseitigen Schriftstellers umständlich aufzuhalten. Es wird also

1) aus dem Nummer 7. wiederholt, daß auf seiner hochfürstlichen Gnaden Officialanzeige *de præs.* 7ten May 1778. der kaiserliche Reichshofrath per conclusum de 7. Aug. e. a. nichts anderst erkannt habe, als daß Capitulum Spirense die in Frage gestandene Wahlcapitulation einschicken sollte, nach derselben Einsendung aber

2) dem hochwürdigen Domkapitel auf sein Veranlassen per conclusum *de 7ma April.* 1780. aufgegeben worden sei, die Verträge de annis 1760. und 1771. ebenfalls vorzulegen. Diesem vorgängig ergieng

3) auf die von seiner kaiserlichen Majestät erfolgte allergnädigste Begnehmigung des reichshofräthlichen Gutachtens, das dem Rekursschriftsteller so sehr anstößige Conclusum vom 28. Aug. 1781. welches nur allein auf die vom hochwürdigen Domkapitel vorgelegte Wahlcapitulation, auf die Verträge de annis 1760 und 1771. seinen Bezug hatte, und welches nur allein die *in facto* hergestellte domkapitlische Mißbräuche verwarf. Wozu sollte nun

4) eine Mittheilung der fürstlichen Anzeigen dienen? der oberste Richter hat nichts weiters gethan, als jene von dem hochwürdigen Domkapitel bis auf diese Stunde nicht geläugnet werden könnende, — mithin nach, wie vor richtig hergestellt gewesene — unerlaubte domkapitlische

Friede den Domkapiteln, in dem nämlichen und unbeschränkten Maaße:

„Prout quisque statuum eorum jurium
„particeps fuit &c.

gewähret hat, nur eine denselben von kaiserlicher Majestät belassene, und ad casus imminentis periculi vel damni eingeschlossene potestas vicaria sey? und wo steht es doch immer geschrieben, daß sie ausser jenen wenigen, in kleinen Staaten äusserst seltenen Fällen, mit ihrer vollen gubernatione terrarum (wenn auch übrigens ihre Handlungen nach den Vorschriften der rechtlichen Ordnung noch so streng abgemessen wären) in den erledigten Erz- und Hochstiftern blose Zuschauer seyn sollen!

Weiß gleich das Domkapitel zu Speier nicht alles, was gesetzmäßig ist: so dörfte sich doch selbes in diesem Belange nicht irren, wenn es die Existenz eines solchen, durch die Reichs- und gemein geschriebene Gesetze, ganz aufgeklärten Rechts platthin verneinte, und sofort behauptete, daß der kaiserliche Reichshofrath sich schon dadurch eine transgressionem Legum von der ersten Grösse habe zu Schulden kommen lassen.

pitlische Thathandlungen zernichtet. So fern man nun

5) den ganzen Inhalt des erwähnten Conclusi stückweiß prüfet; so werden sich die ungegründete Auflagen auf einmal entwicklen, denn

A) solle das hochwürdige Domkapitel des Eingrifs in die fürstlichen Gerechtsame nicht beschuldiget werden können, welches doch seine hochfürstliche Gnaden in Rücksicht auf jenseitige aus dem gebohrnen Senate entsprungene Anmassungen, Beschränkung der fürstlichen Verfügungen auf ihre Lebenstäge ꝛc. ꝛc. vid. *supra numerus 8vus*, vermeinten: und ob zwar damals über die Verunglimpfung seiner hochfürstlichen Gnaden Person, Aufhetzung der Dienerschaft, Ablegung nachtheiliger Votorum in das Kapitularprotokoll der Beweiß nicht vorhanden war; so könnte er doch noch, falls es in der Zukunft nothwendig werden sollte, nicht allein durch Einsicht der Protokollen, durch Abhöre ein- und andern Domkapitularn, sondern auch sogar durch die Vernehmung der Diener berichtiget werden. Jedoch mit diesem Punkt ist jenseitiger Schriftsteller zufrieden.

B) Die von kaiserlicher Majestät als oberſten Lehnherrn dem hochwürdigen Domkapitel zur Zeit einer Sedisvacanz belassene *potestas vicaria & nude administratoria* ist den Rechten juxta *Tit. 9. lib. 3. decret. ne sede vacante aliquid innovetur*, ganz angemessen, weil das hochwürdige Domkapitel zu Speier sede vacante in locum Episcopi *vi commissionis ex lege delatæ* und nicht *ex effecto quodam dominio* radicali & *fundamentali ecclesiæ* succedirt, und die administrationem tutoriam ausübt,

vid. insuper HEDDERICH *Elementa Juris Canon. Part. 3. pag. 45. §. 57.*

und gar nichts unternehmen kann, was nur immer zum Nachtheil des Hochstifts und dessen künftigen Nachfolger gereichen mag. Nichts weiter als die Interimsadministration sede vacante ist den Domkapiteln im westphälischen Frieden *pro more* zugesichert, diese darf aber weder in geistlichen, noch territorial-Gegenständen dem futuro

Episcopo

Episcopo & Principi nachtheilig sein. Aus diesem Grunde ist die domkapitlische Interimsverwaltung mit vollem Rechte nur auf solche Handlungen erstreckt worden, aus deren Verschub *quoad interna Principatus* entweder dem Hochstift oder dessen Unterthanen ein wesentlicher und unersetzlicher Schaden zuwachsen rc. *quoad externa* aber Reichs- und Kreißgeschäften (die Bevollmächtigung der Gesandten wird mit keiner Silbe verboten) und anderen Angelegenheiten ein Aufenthalt verursachet werden könnte, besonders da

C) ein im Jahre 1743. sich ereigneter Mißbrauch durch den Buchstaben Ll. beurkundet und also der volle Beweiß gemacht war, daß capitulum administrans als Erb- und Grundherr *ex plenitudine potestatis* eine von weiland Hrn. Cardinal von Schönborn erlassene Verordnung kassirt und aufgehoben hatte, welche domkapitlische Anmassung aber doch auch wieder von dem nachfolgenden Regenten Herrn Cardinal von Hutten anno 1753, wo der Vorgang zur Sprache kam, nach den Buchstaben Mm. und Nn. mit der rechtlichen Erklärung: Ll Mm Nn

> Daß einem hochwürdigen Domkapitel nicht zustehe, *tempore Interregni* die von dem Landesregenten gemachte Landesordnungen abzuändern,

vereitlet, sofort die Landesverordnung weiland Herrn Cardinals von Schönborn erneuert wurde. Derlei widerrechtliche Unternehmungen müssen einem hochwürdigen Domkapitel zur Prostitution gereichen, weil der neuerwählte Fürstbischof diesem Unfug nicht nachsehen kann, sondern solchen als Regent cassiren und aufheben wird, *sede vacante enim nihil in præjudicium successoris Episcopi potest innovari, cum non sit, qui Episcopale Jus tueatur*

Cap. 1. ne sede vacante aliquid innovetur.

und was soll wohl

D) anstössiges darinn sein, daß dem hochwürdigen Domkapitel ernstgemessenst untersagt worden ist, mit der bei Absterben eines Fürstbischofs vorhandenen gesammten Dienerschaft ohne Ausnahme, *extra casus imminentis damni irreparabilis* die mindeste Abänderung zu treffen?

Mit Bestande Rechtens kann dargegen nichts eingewendet werden. Dem hochwürdigen Domkapitel kömmt bei Lebzeiten des Regenten die Annahm der Dienerschaft nicht zu, folglich ist ihm auch zur Zeit der Sedisvacanz keine Abänderung mit denenselben erlaubt, sondern es muß nach der Rechtsregel, *ne sede vacante aliquid innovetur, quia non sit, qui Jus Episcopale & Principatus tueatur*, dem künftigen Regenten die nöthig findende Abänderung der rückgelassenen Dienerschaft lediglich überlassen werden.

So unerlaubt, als unverantwortlich würde es freilich sein, wenn dieser oder jener Domkapitular während Sedisvacanz mit seiner Stimme eine Bedingniß verknüpfen wollte, die diesem oder jenem Diener nach geendigter Sedisvacanz nachtheilig werden könnte: Leider hat es in der Nachbarschaft und an verschiedenen andern Orten in jüngern Zeiten und vielleicht noch ganz neuerlich an solchen verabscheuungswürdigen Beispielen nicht gefehlet; und vorhergegangene Drohungen, welche auf den Dienst des Regenten und seiner Lande die nachtheiligsten Folgen hatten, sind auch hier und dort nicht ausgeblieben. Und warum sollte sich nicht ein Diener schon zum voraus für einer üblen Behandlung tempore sedis vacantis, ubi non adest defensor, mit gutem Grunde fürchten müssen, da nach dem Buchstaben Oo der Famille des damals regierenden Fürstbischofs Gottfried von Guttenberg im §. 59. der Würzburger Wahlkapitulation de anno 1684. eine hundertjährige Ausschliessung von Erhaltung eines Canonicats in dortiger Domkirche *quasi incurrendo notam infamiæ*, angedrohet wurde, wenn der Fürstbischof Gottfried gegen seine Wahlkapitulation handeln oder sich davon absolviren lassen.

Oo

Viel Vortheilhaftes ließ sich auch für einige aus der fürstlich speierischen Dienerschaft, auf die man wegen pünktlicher Erfüllung ihrer Dienstpflichten einen Verdacht geworfen, und gegen die

man

man was noch mehr ist, eine nicht gleichgültige Abneigung gefaßt hat, nicht hoffen, wann man sich zurückerrinnern will, daß die landesfürstliche Verordnungen vom Domkapitel nur auf die Lebenszeit des Regenten eingeschränket werden wollen, wie sich dasselbe nach dem Nummer 8. in den Jahren 1774 und 1775. schriftlich geäusseret hat: oder wann gar dem unrechtmäßiger Weiße angefochtenen Diener, jene von seinem verlebten Regenten rückgelassene Briefschaften und sonstige zu seiner Rechtfertigung nöthige Litteralien vorenthalten werden sollten.

Beherziget man erst die in der domkapitlischen Paritionsanzeige de anno 1782. befindliche sehr fürchterliche Drohungen, wo §. 11. 12. 13. 14. und 15. von Untersuchungen des Landesregenten Verordnung- und Einrichtungen, von Prüfung der Diener *tempore Sedisvacantiæ* gesprochen ward; so wird der Blick auf die Zukunft, wo alle diese Drohungen gegen alles Gefühl von Menschheit realisirt werden dörften, gräßlich, und auch das Triebwerk sichtbar, welches die Senats- Erb- und Grundherrschaftsrechte in schauervolle Bewegung setzen will.

Weit mehr würde man sich alsdann zueignen, als den Herren Cardinälen, zur Zeit des erledigten päbstlichen Stuhls, erlaubt ist. Man lese die Constitution des Pabst Clemens XII. de anno 1732, so wird erhellen, worinn die Gewalt des Cardinals-Collegiums sede papali vacante bestehen solle. Kürze halber werden nur zwo Stellen ausgehoben, und zwar

§. 5. „Prout ab iisdem Prædecessoribus provide constitutum est, ut apostolicæ sedis vacatione durante, *Collegium Cardinalium in iis, quæ ad Pontificem maximum, dum viveret, pertinebant, nullam omnino potestatem aut jurisdictionem habeat: neque gratiam, neque justitiam faciendi aut factum per Pontificem defunctum Executioni demandandi, sed omnia futuro Pontifici reserventur: neque NB. de ditione temporali S. R. E. vel de pecuniis Cameræ, aut datariæ Apostolicæ etiam pro solutione debitorum ante obitum Pontificis quomodo-* „*libet*

„*libet contractorum, aut alias ex quavis causa (cer-*
„*tis quibusdam casibus expressis duntaxat exceptis)*
„*quidquam disponere, nec æs alienum contrahere*
„*possit.*

§. 8. „*Et quod attinet ad cæteros sedis apostoli-*
„*cæ curiæ romanæ, ac ditionis Ecclesiasticæ officiales*
„*& Ministros, cujuscunque qualitatis, gradus, ordi-*
„*nis, & conditionis fuerint, illos omnes in secunda*
„*congregatione generali simul & semel confirmatis ha-*
„*beri volumus. Si tamen aliquis ex dictis officialibus*
„*& Ministris adeo graviter in munere suo deliquisse*
„*aut defecisse, seu malversatus fuisse credatur, ut*
„*plane indignus reputetur, qui in muneris sui exerci-*
„*tio relinquatur, statuimus, quod Cardinales in or-*
„*dine priores rem totam, ac probationes exponant in*
„*una Congregatione generali* (allda kommen nicht
„so leicht majora zu Stand) *ad hoc, ut singuli*
„*Cardinales eorum substantiam, atque relevantiam*
„*cognoscere possint: ac post tres dies in alia congrega-*
tione generali proponi & agitari debeat, num dictus
„*officialis vel Minister confirmandus, vel a muneris*
„*sui exercitio suspendendus veniat NB. usque ad Ele-*
„*ctionem futuri Pontificis.*

Der Rekursschriftverfasser merke sich hieraus, daß 1) ein hochwürdiges Domkapitel gar keine Kognition über seinen verlebten Fürstbischof habe, und 2) daß es mit der Dienerschaft, *exceptis casibus damni irreparabilis* keine Aenderung treffen könne.

Bedauernswürdig wäre es wohl, wann der treue Diener sich gezwungen sähe, mit der Beerdigung seines Fürsten und Herrn, wenn er das Unglück hätte, denselben zu überleben, sein eigenes Leichebegängniß gleichsam mitzuhalten, und wo würde sich ein redlicher Mann mehr bewegen lassen, in solche Dienste jemals zu tretten?

Seine hochfürstliche Gnaden finden sich daher aus landesherrlicher Fürsorge verbunden, für die Sicherheit ihrer treuen Diener nach ihrem Todte noch zu sorgen; hoffen aber, und wünschen sehr, daß es ihrer fürstlichen Fürsorge nicht bedörfen, und das hochwürdige Domkapitel nach dem löblichen Beispiel der letzten Sedisvacanz sich benehmen möchte, wo an übertriebene und unzurechtfertigende Grundsätze, von Senats- Erb- und Grundherrschaftsrechten nicht gedacht, sondern alles dem künftigen Regenten anheimgestellt wurde.

E) In Betreff des Spolii hat es Abseiten des hochwürdigen Domkapitels keinen weiteren Anstand mehr, weil man sein Unrecht anerkannt, und künftighin dergleichen nicht mehr unternehmen zu wollen gerichtlich angezeigt hat, und so bald die fürstliche Hofkammer von den *sub Numero* 34. bemerkten Kapitularen befriediget seyn wird, hört dieser Streit für jezt und inskünftige auf. So viel aber

F) Die Wahlcapitulation betrift, hätte man zu dem Rekursschriftsteller das Zutrauen geheget, er würde wissen, daß schon von dem Pabst Innocentius dem XII. und Kaiser Leopold (welche beide Constitutiones inter constitutiones Imperii vid. cit. HEDDERICH *part.* 1. *pag.* 200. §. 180. gehören, dahin aber die osnabrückische Wahlcapitulation, welche nur für dieses Domstift ein Gesetz ausmacht, nicht zu zählen ist) alle Wahlcapitulationen verbotten worden, und jene Punkten ganz unkräftig seien, wodurch die bischöfliche und landesherrliche Gerechtsame geschmälert werden wollen, sohin auch

juxta C. 40. 42. de Electione in 6.
Capit. 27. X. de juram.

der zur Festhaltung solcher Capitulationen abgelegte Eid an und für sich keine Gültigkeit haben könne. vid. supra Lit. N.

Bei dieser Gelegenheit muß man denselben auf des

Lünigs Selecta scripta illustriam pag. 533. seq.

verweisen, um die dort befindliche Schreiben der hochwürdigen Domkapiteln zu Mainz, Salzburg, Hildesheim, Bamberg, Costanz und Trier zu lesen, welche dieselbe auf Ansuchen des hochwürdigen Domkapitels zu Würzburg, in den Monaten März und April 1694 an seine päbstliche Heiligkeit erlassen haben, um den heiligsten Vater zu bewegen, daß die Würzburger Wahlcapitulation, dagegen sich der Herr Fürstbischof

Gottfried von Guttenberg beschwerte, möchte aufrecht erhalten werden.

In diesen Schreiben wird er finden, daß einige von benannten hochwürdigen Domkapiteln sich auf eine von 7. Säculis her bestandene Gewohnheit in Fassung der Wahlcapitulationen berufen, die in solchen enthaltene Mißbräuche für Privilegien angepriesen, und überhaupt die vom Rekursschriftverfasser jezt abgeborgte Sprache geführet hatten, welches alles jedoch um so weniger eine rechtliche Rücksicht verdienen konnte, als die durch derlei Wahlcapitulationen erschlichene, zur Schmälerung der bischöflichen und landesherrlichen Rechten abzweckende Mißbräuche allzubekannt, auch in Particular-Fällen schon vorher von den Päbsten *Nicolaus III, Pius IV. & Gregorius XIII.* die errichtete Capitulationen verworfen waren. Und da von der im Jahre 1642. über die cöllnische und regenspurger Coadjuterie-Wahl gehaltenen Congregation.

vid. *Lunig* allegata scripta pag. 346.

schon dahin angetragen wurde, daß alle von den Capiteln vorhin errichtete oder ferner errichtet werden wollende *capitulationes, pacta* und *conventiones* für immerhin als null und nichtig von seiner päbstlichen Heiligkeit erklärt werden möchten; so hat endlich der Pabst Innocentius der XII. durch die eröffnete Constitution de 1695. den Schluß der Congregation realisirt, und verordnet, daß die sowohl vor- als nach der Wahle des neuen Bischofs geschmiedete Kapitulationen null und nichtig sein sollten, wann sie im mindesten den bischöflichen Gerechtsamen nachtheilig oder von päbstlicher Heiligkeit nicht bestättiget worden wären: Wie dann kurzbemerkte päbstliche Bull in Bezug auf die Temporalien vom Kaiser Leopold anno 1698. durchaus genehmiget wurde. Nach dem Nummer 43. ist bereits erwiesen worden, daß die Einwendungen des Domkapitels, wegen Nichtbefreiung seiner Officianten von den Personalprästationen, und die weitere Einstreuungen ratione feudorum infeudari solitorum schlechthin ungegründet seien.

Wo

Wo soll man nun die dem Reichshofrath angedichtete Entgegenhandlungen gegen die Gesetze und gegen das Herkommen aufsuchen? die Erb- und Grundherrschaft ist nach der Meinung des Struben ein Wortspiel, welches in sich nichts zu bedeuten hätte, wenn in der domkapitlischen Paritionsanzeige sich nicht jene rechtswidrige Handlungen deutlich verriethen, die in der Zukunft unternommen werden wollen. Bei diesen unlauteren, gefährlichen, und verdammlichen Absichten konnte man nicht still sitzen, besonders da die geist- und weltliche Rechte einer domkapitlischen Sedisvacanz die Gränzen genau bestimmen, welche unter keinem Fürwand überschritten werden dörfen.

G) hat das hochwürdige Domkapitel auf das Conclusum vom 28. Aug. 1781. die oft angeführte Paritionsanzeige anno 1782. bei dem kaiserlichen Reichshofrathe überreichet, und dabei die im Druck erlassene fürstliche Petita produciret: zum Beweis: daß ihm das Wesentliche der fürstlichen Anzeigen bekannt war. In dieser Paritionsanzeige hat dasselbe sich auf alle Punkten des Conclusi de 28. Aug. 1781. vernehmen lassen, sohin von sämtlichen Gegenständen die vollkommenste Wissenschaft um so mehr gehabt, als es sich theils zur wirklichen Paritionsleistung anheischig gemacht, theils aber auch unerhebliche Einreden vorgebracht, und dem obersten Reichsrichter seinen beharrlichen Entschluß vom künftigen Mißbrauche der aufgestellten Senats- Erb- und Grundherrschaftsrechte ohne Scheue geradeaus in das Gesicht gesagt hatte, worauf also natürlicher Weise die Paritorie- Urtel vom 30ten April 1784. erfolgen konnte und muste. Zwar hat

H) gegen dieses Conclusum das hochwürdige Domkapitel restitutionem in integrum nachgesucht, aber solche elende Behelfe und nicht ein einziges erhebliches novum zur Welt gebracht, daß also auch die gebetene Wiedereinsetzung in den vorigen Stand ob omnimodam irrelevantiam novorum per conclusum vom 11. Aug. 1785. platthin ist abgeschlagen worden. Daß sich aber das-

Domkapitlische Rekursschrift.

49) Aber noch mehr, der kaiserliche Reichshofrath schlug mit dem ersten Schritt, gegen das Domkapitel zu Speier ein exekutives Verfahren ein, obgleich selbes in einem ruhigen Besitz all jener Rechte von Ewigkeit her gewesen ist.

Ein solcher Besitz, welchen das Domkapitel zu Speier nicht seinem fürstbischöflichen hohen Gegentheile, sondern den Gesetzen, und einem erstbestehenden allgemeinen Reichsherkommen zu verdanken hat, und welcher eben hiedurch über jede Vorwürfe des Gewalts, oder einer heimlichen Beschleichung hinausgehoben ist, verdienet Schutz und keine Zerstäubung, bis die Recht- oder Unrechtmäßigkeit desselben in einem regelmäßigen Verfahren aus dem Grunde erörtert ist.

Dies wollen die Gesetze L. 1. & 2. ff. uti possid. L. final. ff. de adquir. vel omittend.

Dies behaupten alle Pragmatiker, dies lehret die tägliche Uebung bei allen Gerichtern.

Seit wann und wo ist nun aber das gerade Gegentheil, wie hier geschehen, zulässig geworden? und welcher Gesetzgeber hat es erlaubt gemacht: in via præcepti über einen solchen Besitzer hinzufallen, und ihn contra Jus in thesi aus seinem Vortheile zu verdringen? zur Zeit der C. G. Ordnung war es noch nicht so, denn dort blieb der Richter noch immer an die Regulas interdictorum,

Hochfürstl. Speierische Anmerkungen.

selbe durch einen unklugen Ratgeber habe verleiten lassen, gegen dieses Reichshofrathsconclusum einen Rekurs an den Reichstag zu nehmen, davon kann die unglückliche Geburt der nebengesetzten Rekursschrift den vollen Beweis geben.

Vorstehende Bemerkungen werden den unbefangenen Leser von den ungegründeten Beschwerden des Rekursschriftstellers überzeugen, und diesseits wird man der Mühe überhoben sein, sich wegen des nachfolgenden weitwendig aufzuhalten.

ad 49) Abermal kömmt der ruhige Besitz der domkapitlischen angerühmten Rechte zum Vorschein, welcher von Ewigkeit her bestehen solle.

Das hochwürdige Domkapitel zu Hildesheim hatte doch nur in seiner Vorstellung an den Pabst Innocentius den XII. de anno 1694. vid. der vorhergehende Nummer 48. seinen Besitz von sieben hundert Jahren angerühmet, der domkapitlische Schriftsteller aber setzt den seinigen über die Erschaffung der Welt hinaus, und nach derselben leitet er ihn von einer Zeit her, wo weder das hochwürdige Domkapitel zu Speier, noch ein anderes existirte. Doch man will diesen finstern Titel auf einen Augenblick zugeben, und dennoch können unrechtmäßige Handlungen von Ewigkeit zu Ewigkeit nicht rechtmäßig werden. Eben daher hat sich Pabst Innocentius der XII. über des hochwürdigen Domkapitels zu Hildesheim sieben hundertjährigen Besitz hinweggesetzt, und nach rechtlicher Ordnung alle Mißbräuche, welche durch die Capitulationes entstanden sind, und von jenseitigem Federführer im Jahre 1786. noch gerechtfertiget werden wollen, als null- und nichtige Handlungen auf alle Ewigkeit verworfen, aus dem nämlichen Grunde ist Kaiser Leopold beigetretten.

Das übrige Raisonnement ist ganz unanwendbar, und die Osnabrücker beständige Wahlcapitulation ist kein Gesetz für alle Domkapitel. Wird aber der Rekursschriftsteller eine Capitulation von dieser Art vorlegen, welche dem zeitlichen Fürstbischofe zu Speier vom Kaiser und Reiche vorgeschrieben ist, alsdann läßt sich anderst reden.

rum, wohin die Mandats-Prozesse geleitet sind, angewiesen

C. G. O. Part. II. tit. 23. verbis: in denen vermöge der Rechten a Præcepto angefangen werden kann ꝛc.

und ein gleiches gebietet dem Reichshofrath die jüngste Ferdinandinische Ordnung vom Jahr 1654. Tit. 2. §. 4.

Transgressio legum ist es mithin abermal: den domkapitlischen Besitz durch ein exekutivisches Verfahren urplötzlich zu vertilgen. Indessen ist dies noch das geringste.

Der Osnabrückische und Münstersche Frieden verordnen ausdrücklich:

„Contra hanc Transactionem nullam„ve ejus articulum folglich auch gegen „das domkapitlische Regimen Episco„patus &c.) nulla Mandata, decreta, „Rescripta inhibitiones, admittan„tur &c.

art. 17. §. 3.
art. 16. §. 113.

Das nemliche versichern kaiserliche Majestät in ihrem beschwornen Wahlvertrage:

„Gegen den Münster- und Osnabrückischen „Frieden, kein Rescript, Mandat, „Kommißion oder etwas anderes be„schwerliches, so wenig provisorie als „sonsten ausgehen zu lassen ꝛc.

art. 16. §. 9.

Von woher konnte solchemnach dem kaiserlichen Reichshofrath die Gewalt zu Theil werden, in einer Sache, die dahin einen so tiefen Einfluß hat, sogleich præceptive & paritorie zu erkennen, und noch über das just gegen den Innhalt jener Reichsgesetze und das damit harmonirende Reichsherkommen zu erkennen? und wie mochte derselbe sich ermächtigen, das zu thun, was selbst sein allerhöchstes Oberhaupt nicht thun soll, ja was ihm so gar zur Pflicht gerechnet ist, gegen andere, die sich dessen unterfangen, geziemend zu erinnern.

Cap. nov. art. 16. §. 14. Projekt der perpetuirlichen kaiserlichen Wahlcapitulation art. 16.

Schon die Verfahrungsart allein ist bei solchen Umständen äusserst gesetzwidrig, und für jedes deutsches Mitglied äusserst bedenklich. Sie ist ein aufgelegter schreyender Mißbrauch der Gerichtbarkeit, der offenbar in die Augen fällt: ein Mißbrauch, der, ex præmissis, den Rekurs für sich allerdings rechtfertigen muß.

50) Aber auch in der Art des gerichtlichen definitiven Vertrags stecken noch anderweite transgressiones Legum.

Unstrittig ist diese Sache für das Domkapitel zu Speier eine der wichtigsten. Sie betrift Gerechtsame, die bei den westphälischen Friedenshandlungen eines besonderen Aufsehens würdig geachtet wurden, und die ihm in vielem Anbetracht unendlich schätzbar seyn müssen.

Es glaubte mithin nach klarer Einleitung der Reichshofrathsordnung Tit. 4. §. 2.

„Nicht allein in wichtigen, sondern auch
„in allen Definitiv-Sachen, sie seien
„wichtig, oder nicht, soll unser Reichs-
„hofrathspräsident dem Referenten bei
„Verfassung der Definitiv-Urtel einen
„Korreferenten zu ordnen &c.

auch noch hierauf einen gegründeten Anspruch machen zu können, und es foderte nach der Anlage unter dem Ziffer 11. solches aus der Besorgniß wirklich, damit es sich nicht etwa selbst jenes, was in denen von Senkenbergischen Noten über die bemeldte Stelle bemerket ist:

„Sed hoc non fit, nisi Partes id expres-
„se petant.

beizumessen habe.

Allein auch dieses wenige wurde demselben nicht gewähret, gleich wenn alles nur blosse Willkühr wäre, so gemessen es auch die Gesetze zur Schuldigkeit gemacht haben.

Wie

ad 50) Um sich nicht weiter lächerlich zu machen, hätte doch der Verfasser seinen Traum verschweigen sollen, welchen er aus dem westphälischen Frieden gehabt haben mag. Die wegen Verletzung desselben beigebrachte Auszüge passen auf unsern Fall gar nicht; weil weder die Frage von einer Auslegung war, noch eine transgressio Legis gegenwärtig vorhanden ist.

Würde dann durch den westphälischen Friede dem hochwürdigen Domkapitel die Zusicherung ertheilet, die in seiner Paritionsanzeige aufgestellte unrechtmäßige Handlungen begehen zu dörfen? oder könnte man nur zweifeln, ob nicht der wahre Sinn des Gesetzes etwas widerrechtliches von dieser Gattung erlaube? strafbar wäre es, von der gesetzgebenden Gewalt ein solches zu vermuthen.

Uebrigens verräth der Rekursschriftverfasser seine wenige Kenntniß in der reichsgerichtlichen Praxi, da er eine neue Beschwerde gefunden zu haben glaubt, daß auf des hochwürdigen Domkapitels besonderes Ansuchen kein correferens in restitutorio angeordnet worden sei; ja derselbe muß nicht einmal den wesentlichen Begriff von dem Restitutionsmittel haben, sonst hätte er das Unschickliche wegen Begehrung eines Correferenten gleich einsehen müssen. Wuste er dann nicht, daß bei Einlegung einer Restitution keine Beschwerde gegen den Richter geführt, sondern vielmehr dafür gehalten wird, daß vorher wohl geurtheilet worden sei, und der Richter nunmehr wegen vorgefundenen neuen, vorhin nicht bekannten Thatumständen und Beweißthümern bewogen

Domkapitlische Rekursschrift.

Wie gern wollte jedoch das Domkapitel noch alles dieses mit stiller Wehmuth ertragen, wenn sich nur nicht endlich gar der Mißbrauch des gerichtlichen Gewalts in die Urtheile selbst eingedrungen hätte.

Nicht von einem einzigen Reichsgesetze kann man sagen, daß es mit so vieler Vorsicht, wie der westphälische Friede, behandelt worden, und daß je das Anliegen für die stete Dauer so groß gewesen sey.

Daher kam es auch, daß nebst der Garantie fremder Kronen bis hieher alle und jede Nachfolger im Kaiserthum sich gefallen lassen musten, in ihren Wahlverträgen eidlich zu versichern:

„Daß ermeldter Friede unverbrüchlich ge„halten, und unter keinerlei Vorwand „darüber hinausgeschritten,

Wahlcapit. art. 2. §. 3.

„daß dessen Auslegung nicht anderst, „als auf Reichstagen mit sämtlicher „Stände, Rath und Vergleichung vor„genommen,

ibidem §. 5.

„daß in Berathschlagung der Gegen„stände, so in dem Instrumento Pa„cis namentlich ausgedrückt sind, die „Stände bei ihrem jure suffragii be„lassen,

art. 4. §. 1.

„daß dagegen nichts, wodurch dieser all„gemeine Frieden gekränket, oder zer„brochen werden könnte, gestattet,

ibidem §. 13.

„und daß eine jede Zuwiderhandlung „für kraftlos und todt geachtet werden „solle.

art. 16. §. 11.

Daher, und weil erwähnter Friede von sich selbst sagt:

„Sit hæc transactio pragmatica Impe„rii sanctio, tam Cæsaris, Procerum„que Consiliariis & officialibus, quam

Tri-

Hochfürstlich Speierische Anmerkungen.

gen werden möchte, den ersten richterlichen Ausspruch zu änderen. Diese Beschwerde ist wahrhaft ungeschickt, hätte aber in dem Falle gerecht seyn können, wenn nach Verwerfung der durchaus ungegründeten Restitution die Revision interponirt, und alsdann kein Correferens angestellt worden wäre.

ad 51)

„Tribunalium omnium Judicibus, & „Assessoribus tanquam Regula, quam „perpetuo sequantur, præscripta.

art. 17. §. 2.

kömmt es ferner, daß die Eidespflichten der kaiserlichen Reichshofräthe noch insbesondere auf dessen pünktliche Beobachtung erstreckt zu werden pflegen.

vid. formul. in Senkenbergs Reichsabschieden T. 4. pag. 74.

Etwas heiligeres, als diese allgemeine und besondere Pflichten sind, gibt es nicht mehr. Und dennoch hat der kaiserliche Reichshofrath für erlaubt gehalten, die ungebundene domkapitlischen Zwischen-Regierungsrechte nach einem willkürlichen Gutdünken zu binden, und ihre, in dem allgemeinsten Ausdruck bestättigte Verwaltung bis auf die niederste Species, woran kaum ein Schatten der Landesverwaltung bemerklich bleibt, herabzusetzen.

51) Man giebt gerne zu, daß auch das Allgemeine, hie und da, in dem Anfang seiner Bestimmung begränzt werden möge; dieses hat aber, kundbarer Dingen, nur alsdann statt, wenn entweder non verisimilia, non cognita, non cogitata darunter verborgen liegen, oder wenn schon ex mente loquentium die Ausnahmen scheinbar seyn sollten.

Woher hat aber der kaiserliche Reichshofrath sich der Ermächtigung zu rühmen, daß es ihm zukomme, den Sinn der pazisci-renden Theile, und das, was sie von der domkapitlischen Regierungsverwaltung gedacht, oder nicht gedacht haben mögen, gegen den klaren Buchstaben anderst zu bestimmen? Wo ist die Wahrscheinlichkeit, daß sie die Ausnahmen in petto behalten haben, da doch die Domkapitel nie das geringste Bedenken trugen, im Angesicht aller Welt die interimistische Regierung ohne Ausnahme zu verwalten? und wer hat es endlich gesagt, daß

ad 51) Man wiederholet die vorige Frage: wo ist dann das Gesetz, welches zweifelhaft sein soll? und worinn soll es bestehen, daß der kaiserliche Reihshofrath den Sinn der paciscirenden Theilen gegen den Buchstab des Gesetzes bestimmet habe? der westphälische Friede kann es nicht sein, denn der weiß nichts von einer Erb- und Grundherrschaft, und wozu ruft man die gesetzgebende Gewalt zur Interpretation auf, wo kein Zweifel bei dem Reichsgesetze fürwaltet? Wo hat dann die Welt jemals von der uneingeschränkten interimistischen Regierung der Domkapiteln etwas gehört? wo weiß jemand was von dem unfürdenklichen Reichsherkommen dieser Erb- und Grundherrschaft? So viel ist bekannt, und oben bewiesen worden, daß die ruchbar gewordene widerrechtliche Anmassungen und Mißbräuche vom obersten Richter im vorigen und jetzigen Jahrhundert geahndet, und die domkapitlische Wahlcapitulationen wegen den vergesellschafteten Eingriffen in geistliche und landesherrliche Rechte vom Pabste und dem Kaiser vernichtet worden sind? Da aber der Rekursschrift-

daß den Domkapiteln nach dem Sinn der paciscirenden Theile in dem Inneren des Erz- und Hochstifts, im Kleinern weniger zuzulassen sey, als ihnen im grössern, bei ungleich wichtigeren Gegenständen, auf Reichs- und Kreistagen, ohne Widerspruch eines einzigen Menschen, wirklich zugelassen ist?

Dem allerhöchsten Reichsoberhaupt mit, und nebst den Kurfürsten und Ständen des Reichs allein, muß es anheim gegeben seyn, die cognita & cogitata, wenn je an der unbedingten domkapitlischen Administration noch etwas dunkles oder zweideutiges sollte denkbar seyn können, aufzuklären.

Dahin weißt eben jener Friede den kaiserlichen Reichshofrath insbesondere sehr nachdrücklich an;

art. 5. §. 56.
art. 8. §. 2.

Dazu verbinden die kaiserlichen Wahlverträge, ja selbst die Vorschrift seiner Gerichtsordnung

Tit. 5. §. 22.

und nichts kann der Natur der Sache vernünftiger angemessen seyn.

Die mißbrauchte Gerichtbarkeit zeigt sich also auch hier in einem vergrösserten Maaßstabe, und in der nämlichen Grösse zeigt sie sich ferner auch in Belang der unterdrückten domkapitlischen Senats- auch erb- und grundherrschaftlichen Gerechtsamen.

Allerwenigstens muß es immer wahr bleiben, daß diese Rechte in das Fach eines unfürdenklichen Reichsherkommens gehören. Dieses kann keinem Zweifel unterworfen seyn. Es sind der Jahrhunderte, und in solchen der Vorgänge, welche von einer Zeit zur andern die stille und laute Begnemigung kaiserlicher Majestät und des gesammten Reichs erhalten haben, allzuviele, als daß dagegen ein Widerspruch Platz greifen könnte.

52)

schriftsteller nun weiß, daß der päbstliche Stuhl die Capitulationes für allezeit und auf ewig als nichtig erkläret hat, so wird er vielleicht auch dargegen eine Berufung ad concilium generale ergreifen und dahin antragen, daß jenes unfürdenkliche und von Ewigkeit bestehende Herkommen der domkapitlischen unerlaubten Thathandlungen wieder in den alten Stand gesetzet, und jedem Domkapitel freigestellet werde, tempore Sedisvacantiæ, die alte abgeschafte Mißbräuche zu erneuern.

ad 52)

Domkapitlische Rekursschrift.

52) Von diesen Gewohnheiten ordnet der westphälische Friede nun abermal sehr maaßgebend:

„De cætero omnes laudabiles consue-
„tudines & S. Imperii Constitutio-
„nes & leges imposterum religiose
„serventur.

art. 9. §. 4.

Diese heilige Beobachtung ist nicht minder durch die kaiserliche Wahlverträge namentlich und auf das feierlichste verbürget:

„Wir sollen und wollen auch in künftiger
„Unserer Regierung eines jeden Erz-
„und Bischofen, auch deren Domka-
„piteln absonderliche Privilegia, her-
„gebrachte Statuta und Gewohnheiten
„allerdings beobachten rc.

art. 14. §. 1.

und dem kaiserlichen Reichshofrath noch insonderheit zur unverbrüchlichen Richtschnur vorgeschrieben.

Ord. Ferdinand: tit. 1. §. 16.

Wie soll es also wohl zu rechtfertigen seyn, wenn man den Domkapiteln kurzum nimmt, was ihnen ein richtiger Gebrauch gegeben, — was der Verlouf von so vielen Zeiten zum Gesetz gemacht, und was die allerhöchste Gewalt im Reich schon vorlängst bestättiget hat?

Nur jener gemeinschaftliche Körper hat das Recht, die Gesetze, wenn es die Umstände der Zeit erfordern, wieder aufzulösen, der sie giebt, oder stillschweigend zuläßt; sie seien geschrieben, oder ungeschrieben.

L. 1. L. penult. C. de LL.

Hochfürstlich Speierische Anmerkungen.

ad 52) *Laudabiles consuetudines* sind immer beizubehalten, nur ist die Frage, ob das vom Rekursschriftsteller aufgestellte Herkommen löblich sey?

Pabst Innocentius der zwölfte hat dies nicht dafür gehalten, sondern gesagt:

„*Ad penitus extirpandum atque evertendum abu-*
„*sum capitulationum, pactionum, conventionum,*
„*seu statutorum quorumcunque &c. motu scien-*
„*tiæ, deliberatione & potestatis plenitudine &c.*
„*districte prohibemus & interdicimus, ne quis-*
„*quam capitulationes &c. inire audeat &c.*

Der heiligste Vater war also von den domkapitlischen Mißbräuchen vollkommen unterrichtet, welche aus den Kapitulationen eben so häufig, wie die Soldaten aus dem trojanischen Pferde entsprossen waren.

Dutzendweiß lassen sich solche in dem Würzburger Abdruck de anno 1697. sub titulo:

Factum & Jus juramenti Episcopalis, sive Capitulationum Herbipolensium &c.

und den alldort befindlichen Wahlkapitulationen, welche jenseitiger Verfasser in der Rekursschrift so sehr erhoben hat, antreffen, die insgesamt, *tanquam non laudabiles, sed irrationabiles consuetudines* verworfen wurden, und

Kreß sagt in seinem Tractat vom Archidiakonalwesen capit. 4. §. 3.

olim non erat sic: dann dort wurden Kapitulationen errichtet, um

„in denen Landes Weh- und Wohl- be-
„treffenden Sachen eine Norm zu setzen,
„und dadurch eine auf das allgemeine Be-
„ste abzielende beständige Regierung zu
„erhalten,

aber nun ist der Wählenden ihre Absicht:

„Immer etwas neues zu setzen, solches mit
„jedweden Bischoffs Ableben zu ändern,
„und zu dessen oder jener Privatnutzen dem
„erwählten durch das eingeführte Particu-
lar capituliren eins nach dem andern ab-
„zuzwacken.

Dort in dem *facto & Jure Juramenti Episcopalis &c.* kann man lesen, was Seite 403. von der vermeintlichen

53) Mißbrauch muß also auch diese Behandlung heissen, und diese Mißbräuche der Gerichtbarkeit zusammen genommen, gehören ohne Zweifel zur Einsicht und Abstellung für die hohe Reichsversammlung

„In proximis Comitiis (sagt hierüber abermal der westphälische Friede art. 8. §. 3.) „emendentur defectus &c. & tunc „quoque de reformatione politiæ & „Justitiæ & similibus negotiis ex „communi statuum consensu agetur „& statuatur.

Dies ist der Ort, wo es eigentlich gilt, über die Gebrechen der höchsten Reichsgerichte zu klagen: der Ort, dem die ächte Auslegung der Reichsgesetze, die Hemmung aller Mißdeutungen vorbehalten ist.

Nichts kann den beschwerten Theil an der Einschlagung dieser Wege behindern. Nicht der jüngere Reichsabschied, wenn er §. 165. meldet:

„Daß ein jeder, der sich ab des Kammer„gerichtsurtheilen beschwert vermeint, „solches an andern Ort, als es sich nach „Innhalt der Reichsgesetze gebührt, zu „ziehen, sich enthalten soll rc.

Denn diese Stelle erstreckt sich nicht auf augenfällige Transgressiones Legum, auf Mißbrauch der Gerichtsbarkeit, auf Untergra-

lichen Regierung in temporalibus gesagt wird, und mit einem Worte: in diesem impresso wird man finden, daß all jenes, was von jenseitigem Schriftsteller unter der glänzenden Rubrick von Senats- Erb- und Grundherrschaftsrechten verlangt wird, als ein unerlaubter Mißbrauch vom Pabste und dem Kaiser verworfen worden, und diese Reichsgesetze der Maaßstab seien, nach welchen die Reichsgerichte in vorkommenden Fällen sprechen müssen, und wornach auch der kaiserliche Reichshofrath *cum debita causæ cognitione* gesprochen, sohin die vom hochwürdigen Domkapitel in seiner eigenen Paritionsanzeige eingestandene und in der Wahlkapitulation enthaltene Mißbräuche schlechthin für jezt und auf ewig verworfen hat.

ad 53) Das ganze Blendwerk des unerwiesenen und nicht existirenden rechtlichen Herkommens, der anmaßlichen domkapitlischen Thathandlungen ist bereits im vorhergehenden oft und vielmal gezeiget worden, daß man also dem unpartheiischen Leser nichts mehr zu wiederholen hat.

Unverschämt ist des Rekursschriftstellers Ausdruck von mißbrauchter Gerichtsbarkeit, da es eigentlich domkapitlische Mißbräuche waren, die der oberste Richter von Rechtswegen abstellte, und gemäß den vorliegenden Gesetzen nicht ferner dulten konnte, endlich auch nach einem achtjährigen Zeitverlauf, dem hochwürdigen Domkapitel den Vollzug der verzögerten Parition nach dem Buchstaben Pp. per conclusum vom 29. August Pp
1786. nachdrucksamst befahl.

Mehr als zu viel sprechen daher die vom jenseitigen Verfasser aus dem jüngeren Reichsabschiede, dem westphälischen Friede und der neuesten Wahlcapitulation angeführte Stellen für den obersten Richter das Wort, und stehen dem durchaus ungegründeten Rekursantrage platterdings entgegen, so zwar, daß die vom Richter ausgesprochene Urtheile nicht zum Reichstage gezogen, sondern ohne Unterschied zum Vollzug gebracht werden sollen. Zumalen

grabungen der Reichsgesätze, die gewiß eine der wichtigsten Theile der Berathschlagung über öffentliche Geschäfte ausmachen; dafür ist der Reichstag geordnet, und dahin müssen also Sachen dieser Art nach dem umgekehrten Verstand des erwähnten Reichsabschiedes mit aller Gebühr gezogen werden können.

Eben so und noch weniger kann auch jenes, was der westphälische Friede art. 17. §. 7. und die Wahlkapitulation art. 16. §. 16. beobachtet wissen will;

„Ut quæ Judicis Sententia definita fue-
„rint, sine discrimine, statuum exe-
„cutioni demandentur &c.

dagegen etwas verfangen.

54) Sie unterstellen eine richtige causæ cognitionem, ein dem Recht gemäßes Urthel, ein Urthel, das der Rechtskraft fähig seyn muß.

Davon ist aber das reichshofräthliche Urthel, wovon hier die Frage ist, weit entfernt. Es nimmt den Domkapiteln durch ein präcipitirtes Verfahren gerade zu das, was ihnen der westphälische Friede, und ein ununterbrochenes Reichsherkommen sorgfältigst aufbewahret hat. Sie läuft mithin contra jus in thesi, und ist in dem ersten Anbetracht todt und kraftlos:

capit. art. 16. §. 11.

in dem zweiten Gesichtspunkt hingegen ipso jure nichtig

L. 14. §. 1. C. de SS. Eccles. L. non dubium. 5. C. de LL.

Nimmermehr kann es die Meinung der deutschen Gesetzgeber gewesen seyn, solchen Erkänntnissen den unverdienten Vorzug einzuräumen, daß sie sine discrimine statuum vollzogen werden sollen: und dann muß nothwendiger Weise in der Welt ein anderer Ressort seyn, dem es zukömmt, für die Verbesserung der unterlauffenen Gebrechen, für die Aufrechthaltung der Grundsatzungen, vorzüglich aber auch dafür zu sorgen, damit der gesetz-

ad 54) Unwahr gesagt wird, daß keine *causa cognitio* vorher gegangen, und dem hochwürdigen Domkapitel durch ein präcipitirtes Verfahren seine Rechte seien genommen worden; das offenbare Gegentheil fällt durch den Nummer 48. auch einem Kurzsichtigen ins Aug. Der Verfasser wird seine häufig geäusserte und neuerdings ausgegeiferte respectswidrige und höchst strafbare Ausdrücke gegen das Reichsgericht seiner Zeit selbst verantworten müssen, einsweilen aber kann er bei sich überlegen, ob ihm der vom Ludolf Nummer 47. bemerkte Ausspruch: *Si non sit Legum Imperii ignarus, certe ab adulatione vix excusari possit, si in negotio ipsi commisso inconsiderate egerit, & talia consilia, quæ per leges approbari nequeunt, dederit &c.* nicht auf seinen Scheitel falle. Die Furcht wegen einer eintrettenden kreiß-ausschreib-amtlichen schweren Vollstreckungshand darf den jenseitigen Federführer fernerhin nicht mehr beunruhigen; denn dieses Geschäft ist zu geringfügig, und zur Bemühung des Kreiß-aus-schreibamts nicht geeignet, überhaupt ist es wunderbar, daß der Rekursschriftsteller dem hochwürdigen Domkapitel theils aus uralten, den Bischöfen und ihrer Kirche ertheilten Schankungsbriefen, und theils längstverworfenen Mißbräuchen so viele neuen Rechte erschaffen will, und nicht einmal weiß, daß der Vollzug der al-

lere

gesetzwidrig bekümmerte Theil durch die schwere Hand einer kreisausschreibamtlichen Vollstreckung nicht unterdrückt werde.

lerhöchsten kaiserlichen Urteln nicht dem Kreißausschreibamte, sondern dem Fürstbischofe zu Speier zustehe. Zur Stufe der Unmittelbarkeit kann doch das hochwürdige Domkapitel nicht erhoben werden, sondern dasselbe ist und bleibt mittelbar und also dem Gerichtszwange seines Fürstbischofs unterworfen, folglich muste auch von dem kaiserlichen Reichshofrathe die vorwürfige Execution seiner hochfürstlichen Gnaden nach dem erst angezogenen Buchstaben Pp. theils würklich aufgetragen werden, und theils stehet der fernere Auftrag noch zu erwarten.

Dies ist der wahre reichsgesetzmäßige Gang der kaiserlichen Executionskommissionen; vom hochwürdigen Domkapitel hängt es also nur noch ab, ob dasselbe dem zweiten Punkte des Conclusi Cæsarei vom 29. Aug. 1786. endlich einmal die schuldigste Folge leisten werde, oder nicht? in letzterem Falle werden seine hochfürstliche Gnaden den erhaltenen allerhöchsten kaiserlichen Executionsauftrag ohne Anstand vollziehen, und auch nicht ermanglen, die betheiligte Herren Kapitularen ratione spolii restituendi authoritate commissionis Cæsareæ zum Ersatz anzuhalten.

55) Wenn nicht alles täuscht: so sollte das Domkapitel zu Speier nach so vielen gesetzmäßigen Vorbemerkungen sich allerdings mit der Hoffnung schmeicheln dörfen, seinen Rekurs an diese hohe Reichsversammlung mehr, als hinlänglich, gerechtfertiget zu haben.

Es ist hier um die Abstellung einer mißbrauchten gerichtlichen Gewalt zu thun; es ist vornemlich um Rechte des Reichs zu thun; um das Recht: neue Gesetze einzuführen, und die älteren, deren Verstand ein uraltes Herkommen aufgekläret hat, abzuschaffen, welches die Sphäre der reichsgerichtlichen Ermächtigung unendlich weit übersteigt. Die Geschichten des Reichstages liefern hierüber Beispiele, wie sorgsam man immer in diesem Belang gewesen sey; denn so unbeschränkt auch jene, denen Visitationibus Cameræ im Jahre

ad 55) Wahre Täuschung ist es, wenn man sich mit der Rechtmäßigkeit des Rekurses schmeichlen: dahingegen ist es äusserst strafbar, wenn man die oberstrichterliche Einschränkung der domkapitlischen Mißbräuche als einen Mißbrauch der gerichtlichen Gewalt ausdeuten will.

Träume sind es, aus diesen Mißbräuchen Rechte des Reichs zu erfinnen; von solchem ist es eben so wenig zu thun, als von Abschaffung alter, und Einführung neuer Gesetzen, sondern es liegt ganz faßlich vor, daß seine kaiserliche Majestät die uralte, durch Reichsgesetze und kaiserliche Judicata schon längst verworfene unerlaubte Handlungen nicht wieder frisch aufkeimen lassen wollten, noch können.

Jahre 1706. von Reichswegen ertheilte Instruktion gewesen ist, Reichsschlüsse zu machen, welche die Kraft und Wirkung der Geseze haben sollten; so fürsichtig hielten sich gleichwol Kaiser und Reich dabei vor, daß ermeldte Visitatoren in jenen Gegenständen, welche die kaiserliche und Reichsjura betreffen, bei deren Vornahm und Erörterung gar leicht etwas nachtheiliges verfügt werden könnte, ad Comitia Imperii universalia zu berichten hätten

Fabri Staatskanzlei Tom. XI. pag. 221. & 228.

Erhält diese Rechtfertigung den Beifall; so hat das Domkapitel zu Speier schon zum voraus den weiteren Trost, der ihm auch die Abhilfe seiner Beschwerden verspricht. Eines hängt an dem anderen.

56) Doch in allen diesen tröstlichen Aussichten drückt erwähntes Domkapitel noch ein besonderes schweres Anliegen.

Der kaiserliche Reichshofrath fodert einen unbedingten Gehorsam, einen Gehorsam ohne den geringsten Vorbehalt, und drohet mit der wirklichen Sperrung sämtlicher Temporalien, auch anderen angemessenen Strafen, wenn dieser nicht so, wie er gefodert wird, beschaffen seyn sollte.

Ohne Fehl stehet der stracke Vollzug dieser Drohungen zu erwarten, da seine hochfürstliche Gnaden zu Speier schon vorhin, testantibus Protocollis rerum Exhibitarum, den Ablauf der Befolgungsfristen gleichsam nach Sekunden und Augenblicken ausgerechnet haben, um nur an der hastigen Vorbereitung einer thätigen Exekution nichts zu verabsäumen, und dadurch das Ziel ihrer heissen Wünsche zu erreichen.

Um wie vielmehr werden also dermalen Höchstdieselbe mit verdoppelten Schritten eilen, der Sache den lezten Druck zu geben, da nach der jetzigen Lage nur noch ein einziges Anrufen hiezu nöthig sein wird?

ad 56) Ein gerecht- und billig denkender Rathgeber wird niemals seinen Principalen in dem strafbaren Ungehorsam steifen; besonders, wo sich das Unrecht mit beiden Händen greifen läßt; so ist gegenwärtiger Fall geartet, und eben daher scheint es, daß der gegenseitige Federführer weder den gemeinen- noch Reichsproceß kenne, sonst müßten ihm wenigstens die erste Grundsätze bekannt sein, daß jeder Anwald von Amtswegen schuldig sei, nach fruchtlos verstrichenem Paritionstermin um den Vollzug des richterlichen Spruchs anzurufen. Daß aber der Vollzug nicht mit Riesenschritten überschnellt worden sei, macht ein Zeitverlauf von 8 Jahren bemerklich, da vom 28. Aug. 1778. bis gegen Ende des 1786er Jahrs die schuldigste Folge noch nicht im ganzen von dem sachfälligen Theile geleistet worden ist.

Domkapitlische Rekursschrift.	Hochfürstl. Speierische Anmerkungen.

57) Ohne sich in die Frage zu bemengen; ob der Rekurs die vollstreckende Gewalt zu hemmen vermöge? worüber schon vorlängst so viele Männer von Verdienst und Talenten sich ganz müde gearbeitet haben, begnügt sich das Domkapitel zu Speier lediglich damit, jenes in Rückerinnerung zu bringen, was bereits ein königlich preußisches Schreiben in Fabri Staatskanzlei 71. Theil pag. 212. hierüber geäussert hat:

„Wie nämlich solchergestalten dem Rekur„renten seine an kaiserliche Majestät „und das Reich ergriffene Zuflucht, „und die von daher erwartende Hülfe, „in der That unnütz gemacht, dem „Reichsgerichte aber dadurch die Frei„heit gegeben werden müste, einen gra„virten durch eben dergleichen Gesäz„und ordnungswidriges Verfahren noch „weiter zu beschweren 2c.

So viel ist jedoch ohngezweifelt zum voraus richtig, daß gegründete Rekurse schon oft und vielmahl den vollen effectum suspensivum gehabt haben, und ihn also auch ferner haben müssen.

Die Druckschriften in Sachen Würzburg contra Wigand, Münster contra die dasige Erbmänner, Sachsen Meinungen und Eisenach contra Fulda 2c. in welch : beeden ersteren kaiserliche Majestät, auf die begnemigte Conclusa trium Collegiorum, Inhibitoriales an die Reichsgerichte erlassen: in der letzteren hingegen selbst, noch ehe es eben dahin gekommen ist, arbitros compromissarios vorgeschlagen haben, geben hierinnfalls helles Licht, und selbst die Feinde der Rekurse sind dieser Meinung, wenn das offenbare Versehen der Reichsgerichte scheinbar ist.

Scheinbar, und mehr als scheinbar ist nun aber gewiß in dem untergebenen Falle die reichshofräthliche Transgressio Legum & observantiæ, weswegen dann auch das Dom-

ad 57) Ueber allen Zweifel ist es weit hinausgesetzet, daß weder eine Spur von einer *trangressione Legis & observantiæ* ausfindig zu machen, noch die Frage von einem Falle seie, wo in einer zwischen zwei Reichsständen fürwaltenden Strittigkeit, ein Reichsstand behauptet, daß der Gegenstand, worüber Beschwerde geführt wird, in die allgemeine Staatsverfassung des ganzen deutschen Reichs einschlage, und eine gemeinsame Beschwerde sämtlicher Reichsstände eintrette, und der Grund eines Rekurses an die allgemeine Reichsversammlung eigentlich in consortio potestatis Legislatoriæ & judicariæ Imperatoris & statuum zu suchen sei.

vid. de *Selchov* Elementa Jur. Publ. Germ. pag. 293. §. 297. in fine,

von einer reichsständischen allgemeinen Beschwerde kann ohnehin keine Anwendung auf ein mittelbares Domkapitel statt finden, dessen Absicht überdies nur ist, den Vollzug der Urteln aufzuhalten, bis etwa der Allmächtige über seiner Hochfürstlichen Gnaden Lebenstäge disponiren werde, sohin keine weitere Frage mehr von Vollziehung sämtlicher Gegenstände sein möchte, fort demselben das Feld offen blieb, für die Hinkunft die Gelegenheit zur Durchsetzung der vorhabenden rechtswidrigen Unternehmungen geltend zu machen.

Der domkapitlische Rekurs ist aus vorhergehender rechtlichen Ausführung ganz und gar unstatthaft, und es kann also auch von dem effectu suspensivo (welcher nach Strubens Meinung in seinen Nebenstunden dritten Theile §. 7. pag. 36. & seq. ohnehin nicht statt hat) keine Rede sein, solcher würde auch, wenn der Rekurs rechtmäßig wäre, dem hochwürdigen Domkapitel keinen Vortheil bringen, weil a) mehrere der betheiligten Herren Domkapitularen ihre Spoliumsratas der fürstlichen Hofkammer wirklich zurückbezahlet, und die übrigen nach dem Buchstaben Qq. sich erklärt haben, dem 3ten Absatz des Conclusi vom 29. Aug. 1786. das schuldigste Genügen zu leisten: sodann weil b) der Zeitpunkt vielleicht

Domkapitlische Rekursschrift.

Domkapitel zu Speier von der ruhmvollesten Anfmerksamkeit dieser hohen Reichsversammlung, über den Bestand der Reichsgrundsatzungen, und über die ruhige Verwaltung des anvertrauten Gerichtszwanges, zuversichtlich erwarten darf, daß es dem kaiserlichen Reichshofrath nicht erlaubt bleiben werde, seinen in so vielem Anbetracht beschwerenden Erkenntnissen die Vollstreckung geben zu lassen.

Hochfürstlich Speierische Anmerkungen.

leicht auf mehrere Jahre hinaus gesetzt seyn dörfte, wo bei einer eintrettenden Sedisvacanz die vermeintliche Senats- Erb und Grundherrschaftsrechte in volle Ausübung gesetzt werden wollten, wo dann der jetzige Vollzug der Urteln nicht schaden würde, wann kaiserliche Majestät und das Reich nach der Hand die reichshofräthliche Judicata rechtswidrig finden sollten.

Hieran läßt sich doch nicht denken, und man muß nach der Hand ein grosses Unrecht eingesehen haben, oder besser belehrt worden sein; da Innhalts des Buchstaben Qq. über den Hauptgegenstand in dem lezteren Generalkapitel *altera animarum* 1786. ein der Zeit und Umständen angemessener Abschluß genommen worden ist, der dem Vernehmen nach die Anzeige beim kaiserlichen Reichshofrath enthalten solle: daß nämlich das hochwürdige Domkapitel nothgedrungen, die Paritionserklärung ableze.

Und da dasselbe zu gleicher Zeit geneigt sein soll, bei der Reichstagssammlung über die genöthigte Paritionsleistung eine gleiche Anzeige zu machen mit dem Beifügen: daß das hochwürdige Domkapitel zu Speier durch Befolgung der kaiserl. allerhöchsten Befehlen weder den seinigen noch anderen hochwürdigen Domkapiteln zuständigen Gerechtsamen zu präjudiciren gedenke; so ist doch die dadurch sich versprochene gute Wirkung eben so wenig zu erwarten, als zu vermuthen, wie andere hochwürdige Domkapitel in das Spiel mitkommen mögen; wenigstens können hierunter die hochwürdigen Domkapitel zu Mainz, Trier, Salzburg, Bamberg, Würzburg, Costanz und Hildesheim nicht verstanden sein, da alle diese nur gar zu wohl wissen, was Pabst Innocentius der XII. und Kaiser Leopold verordnet haben.

Dem sei nun, wie ihm wolle, so bleibt doch ein für allemal dem hochwürdigen Domkapitel nichts übrig, als den kaiserlichen allerhöchsten Befehlen sich allerunterthänigst zu fügen. Dann man lese die Rekursschrift, wovon man sich jenseits so viel Gutes geschmeichlet hat; so wird man nichts Gründliches, wenig oder gar nichts Anwend-

wend-

wendbares, sondern laute Schmähungen gegen den obersten Reichsrichter, und sträfliche Verunglimpfungen gegen seine hochfürstliche Gnaden in solcher antreffen, welches zum rechtlichen Sieg gar nichts beiträgt, und nur einen niederträchtigen Karakter des Verfassers verräth.

Derselbe muß selbst nicht wissen, in welchen Gerechtsamen das hochwürdige Domkapitel auf einen Sedisvacanzfall seie verkürzet worden, und welche dasselbe specifice annoch ausüben wolle. Es scheint jedoch die Absicht zu seyn, man verlange den ganzen complexum sämmtlicher Territorialrechten, so wie sie der Fürstbischof bei seinem Leben ausgeübt habe: dies ist aber zu viel begehrt, da man sich also in temporalibus & territorialibus mehr zueignen will, als die kanonischen Rechte den hochwürdigen Domkapiteln selbst in Ecclesiasticis einräumen.

Der Rekursschriftverfasser mögte sich gern aus der bei dem Lünig in seiner dritten *Continuation* des *spicilegii ecclesiastici* befindlichen Wahlkapitulation des Herrn Coadjutors zu Regenspurg *de* 1641. den *pag.* 1221. stehenden 38ten Artickel, wo es heißt:

„*Casu autem, quo Episcopatum hunc non amplius*
„*retinere vel administrare vellemus, aut posse-*
„*mus, illum ad manus Capituli libere sine ulla*
„*pensione, atque onere, plena cum administra-*
„*tione omnium dominiorum, ac subditorum,*
„*cum omnibus pertinentiis, bonis mobilibus ex*
„*nostra in Capituli manus trademus.*

zu Nutz machen, und auf die künftige Sedisvacanz omnimode anwenden, falls es sich nur immer schickte. Es kann aber nicht seyn, denn derselbe beliebe das Blatt beim Lünig umzuschlagen, so wird ihm das päbstliche *Breve Urbani VIII. de* 1642. zu Gesicht kommen, wodurch die ganze Wahlcapitulation *non obstantibus statutis, consuetudinibus, privilegiis &c.* für null und nichtig erklärt worden ist.

Das auf die Bahn gebrachte uralte Herkommen, und das durch die Wahlkapitulation sich angemaßte geist- und weltliche Regiment bei erledigtem Fürstbischofsstuhle sind oftgesagter massen solche verworfene Grundsätze, und solche unzurechtfertigende Mißbräuche, die schon längstens, wenn man sich nach den öfteren Beispielen des jenseitigen Federführers auf die bürgerlichen Rechte beziehen will, in dem

L. 2. C. quæ sit longa consuetudo in verbis: consuetudinis, usuve longævi non est vilis auctoritas, non tamen adeo suo valitura momento, *ut aut legem aut rationem vincat.*

ihr Kassationsdekret erhalten haben.

Die geistlich- und weltliche Satzungen bestimmen, was den hochwürdigen Domkapiteln zustehet: will aber das hochwürdige Domkapitel zu Speier an der weltlichen Herrschaft einen grösseren Theil haben als ihm der oberste Reichslehnherr verwilliget hat; so muß dasselbe entweder gültige nach den Bischofswahlen errichtete Verträge vorlegen, oder aber ein von undenklichen Jahren unwidersprochen bestandenes rechtmäßiges Herkommen erproben, sohin specifice erweisen, welche besondere Rechte es auszuüben habe.

Hiebei wird aber noch erfodert, daß diese Verträge von seiner kaiserlichen Majestät bestättiget, und das Herkommen zur allerhöchsten Wissenschaft gelanget, sofort entweder die ausdrückliche oder stillschweigende kaiserliche Einwilligung ertheilet worden sei. Widrigenfalls wäre alles unwirksam, indem nicht einmal durch ein mit dem Fürstbischofe heimlich abgeschlossenen Vertrag, oder durch ein verheimlichtes Herkommen den kaiserlichen oberstrichterlichen Gerechtsamen ein Nachtheil zugezogen werden kann, weil ohnehin durch die vorliegende kaiserliche Konstitutionen und Rescripten alle Verträge und Anmassungen, die der kaiserlichen Authorität und den allerhöchsten Gerechtsamen zu nahe tretten, zum voraus für nichtig erklärt sind.

Hierdurch erhält das hochtrabende und leere Geschwätz von den Senatsrechten — von der Erb- und Grundherrschaft (welche Worte zwar nach des Strubens Meinung nur einen Wortstreit ausmachen, nach des jenseitigen Verfassers Absichten

sichten jedoch künftige Mißbräuche unterstellen sollen) seine gänzliche Abfertigung, und seine Hochfürstliche Gnaden zu Speier können sich von ihren Höchst- und hochanschnlichen Mitständen den lauten Beifall zum voraus eben so verspre- chen, wie sie versichert sind, daß die billigden- kende Domkapitularen nichts weiters, als was rechtmäßig ist, verlangen, auch dieselbe an die- ser Rekursschrift eben so wenig als an den gegen den Obersten Reichs Richter, und ihren Fürst- bischoffen ausgestossenen Schmähungeu den min- desten Antheil haben.

Niemand, als nur ein dem jenseitigen Fe- derführer (er seie, wer er immer wolle) ähnlicher und zu allen Schmähgattungen ebenwohl aufge- legter Mann konnte sich erfrechen, die von seiner Kaiserlichen Majestät im Jahre 1784 allergerech- test geahndete Respects- und Subordinations- widrige Schreibart in der Rekursschrift zu wie- derholen, und sogar seine Lästerungen auf die schandvolleste Art, Vermöge jener in der Beila- ge Dd. zum Nummer 38. befindlichen Stellen ausserordentlich zu vergrössern, weßfalls sich seine Hochfürstliche Gnaden die gerechteste Ahndung ausdrücklich vorbehalten, besonders da von der Rekursschrift, unerachtet solche zur Reichsdikta- tur noch nicht gekommen, und dem Vernehmen nach in ihrer jetzigen Gestalt dahin nicht gelangen soll, in und ausser Deutschland der Aufsatz so- wohl, als der Druck selbst bereits versendet wor- den, und also die offenbare Verunglimpfung nunmehr gemeinkündig ist.

Zum Beschluß glaubt man Fürstlich Speie- rischer Seits sich von jedem unbefangenen Leser versprechen zu können, daß derselbe aus diesen Anmerkungen die Hinfälligkeit sämmtlicher jensei- tigen Aufstellungen, sohin die nicht Existenz ei- ner Beschwerde unpartheiisch ermessen werde. Dann so bald man nur

a) Auf den Nummer 8. der Anmerkun- gen ein flüchtigen Blick zuruckwirft, so siehet man, daß seine Hochfürstliche Gnaden kei- nen Prozeß gegen das Hochwürdige Domkapitel angestellet, sondern Sr. Kaiserlichen Majestät eine bloße Offizialanzeige über die Misbräuche zur allergerechtesten Abstellung ganz nothgedrungen überreichet haben, sobald man nur

b) Aus den Nummern 7. 10. 12. 13. 16. 48. 55. der Anmerkungen erwäget, daß ein Hochwürdiges Domkapitel die in der Wahlkapitulation enthaltene und in seinen Protokollen befindliche Mißbräuche nicht läugnen könne, dasselbe die Fürstliche petita seiner Paritionsanzeige de Anno 1782. beigefüget und nicht widerleget habe, auch mehrere Jahre verflossen sind, ehe auf die Domkapitlische Einwendungen und Rechtsmittel die Kaiserliche Entschliessungen erfolgten; so werden die Angaben von einer Beschleichung, nicht gehört worden zu sein, von Eilfertigkeit und unregelmäßigen Verfahren des obersten Richters in Unwahrheit bestehen. Betrachtet man ferner

c) aus den Nummern 14. 23. 30. 31. 32. 36. 37. 39. 40. 41. 42. den Unbestand des gebohrnen Senats, der Erb- und Grundherrschaft, und die aus solchen hergeleitet werden wollende Mitherrschaft zur Zeit des besetzten, auch die weitere anmaßliche Rechten zur Zeit des erledigten Fürstbischöflichen Stuhls sodann

d) Aus den Nummern 18. 43. die Nichtigkeit der Wahlkapitulationen,

e) Aus den Nummern 24. 25. 26. 28. die gewaltsame Anwend- und Verdrehungen des westphälischen Friedens,

f) Aus dem Nummer 27. den Ungrund der Analogie sowohl, als auch

g) Aus den Nummern 29. 39. des anmaßlichen Miteigenthums und des caracteris repraesentatii.

h) Aus dem Nummer 34. die Unrechtmäßigkeit des Spolii und den offenbar vorliegenden malam fidem,

i) Aus den Nummern 49. 52. 53. das widerrechtliche des angeblichen Besitzes, und Herkommens

k) Aus

k) Aus dem Nummer 50. das irrige wegen Anstellung eines Korreferenten, und endlich

l) Aus dem Nummer 54. die Rechtmäßigkeit des Executionsauftrags; so wird sich von Seite des Hochwürdigen Domkapitels zu Speier keine Beschwehrde denken lassen, sohin.

m) Aus den Nummer 46. und 57. die Unzuläsigkeit des Rekurses vor Augen legen.

Ueberdenkt man nun alles zusammen, alsdann offenbaret sich deutlich was recht oder unrechtmäßig sei, und was ein Hochwürdiges Domkapitel beim Leben seines Fürstbischofs sowohl, als nach dessen Absterben zur Zeit der Sedis vacanz vornehmen könne, oder unterlassen müsse, und zwar

A) *Tempore sedis repletæ* bestimmen die Gesetze jene Fälle, in welchen der Fürstbischof entweder an den Beirath, oder an die Einwilligung seines Domkapitels gebunden ist.

Niemand wird es dem Hochwürdigen Domkapitel veratgen, wenn es hierauf fest hält, niemand wird ihm die Erlaubniß bestreiten wollen, seine zum wahren Besten des Hochstifts abzweckende Gesinnungen und Vorträge seinem Fürstbischofe entweder schriftlich, oder durch deputirte in mündlicher Vertraulichkeit zu eröfnen, ja niemand wird ihm das Recht bezweifeln wollen, sofern es eine gegründete Beschwerde wegen Ueberdrang (dies ist ein Lieblingswort des jenseitigen Schriftstellers) vorlegen kann, sich an den oberſten Richter zu wenden und dort Hülfe zu suchen. Hingegen müsten die Domkapitlische Vorstellungen nicht in der bisher gewöhnlichen Respectsvergessenen und schmähsüchtigen Schreibart verfasset sein, sondern das Merkmal einer mit den Pflichten der Unterwürfigkeit verbundenen Ehrerbietung, nach der Kaiserlichen Vorschrift unterm Buchstaben Cc. bei sich führen: dasselbe muß den bösen Gedank von Eingriffen in die landesherrlich- und bischöfliche Rechte, von einer

ner Mitherrschaft, von Miteigenthum der fürstbischöflichen Gerechtsamen, von Officialanzeigen und dergleichen eben so, wie eine glühende Kohle von der Hand, aus dem Sinne schlagen, die fürstliche Diener Kraft des kurzangeführten Buchstaben Cc. weder bedrohen, noch auf irgend einige Art beleidigen oder intimidiren, vielweniger aber solche heimlich auf Nebenwegen leiten, oder gar gegen ihren Fürstbischofen aufhezen.

Rühmlich würde es gewesen sein, wenn das hochwürdige Domkapitel den aus vorstehenden Anmerkungen hin und wieder ersichtlichen und vorzüglich in dem Buchstaben Q ausgedrückten wohlmeinenden Rath der verlebten beiden Hochstiftsregenten der Cardinälen von Schönborn und Hutten befolget hätte, wo alsdann Seine jetzregierende Hochfürstliche Gnaden sich nicht in die Nothwendigkeit versetzet gesehen hätten, den Plan dieser beiden Regenten, welcher theils durch den Nichtbetrieb gehemmt und theils durch eingegangene Verträge unterbrochen wurde, endlich durch die in Frage liegende Kaiserliche Verfügungen auszuführen und also jenes von beiden sich vorgesetzte aber nicht erlangte Ziel zu erreichen, so viel aber

ß) Die Domkapitlische Administration *tempore sedis vacantis* betrift; so wird solche nicht im mindesten widersprechen, wann sie nur mit den Gesetzen übereinstimmet; aber alle Mißbräuche müssen entfernet bleiben, mithin kann ein hochwürdiges Domkapitel die von Seiner Kaiserlichen Majestät in den conclusis de 1781. 1784. und 1785. den Rechten gemäß vorgeschriebenen Gränze nicht überschreiten, dahin unter anderen zu zählen ist, daß man sich

1) Bei der nächsten und künftigen Sedisvacanzien alles Eingriffs in die Fürstlichen Hofkammergefälle, dieselbe bestehen in Geld, oder Naturalien, enthalte, und sich mit jenem, was seine Kaiserliche Majestät einem Statthalter und

Kapi-

Kapitularen für die wenige Wochen oder Monathe andaurende tutorische Verwaltung ausgeworfen haben, lediglich begnüge. Das Uebermaß und jeder unnöthige Aufwand würde eben so, als jenes de anno 1770. ein wahres Spolium sein, unangesehen der jenseitige Schriftsteller die Theilung der aus den Cameralgefällen genommenen 50000. fl. dafür nicht halten will.

2) Keine Untersuchung gegen die von den verlebten Regenten erlassene Verordnungen, noch

3) Gegen die ruckgelassene Dienerschaft anstelle, weil eines Theils dem hochwürdigen Domkapitel nicht zustehet, über seinen abgelebten Fürstbischof und seine rücklassende Dienerschaft die mindeste Obrigkeit auszuüben, andern theils aber das in der Paritionsanzeige §. 15. geäusserte schändliche Vorhaben, nur die Rachbegierde gegen einen oder andern fürstlichen Diener, der seinem Regenten bis in den Tod die pflichtschuldige Treue geleistet hat, zum Zweck hätte, gegen einen Diener zur Zeit, wo er von seinem Regenten nicht mehr vertheidiget werden kann, eine Untersuchung anzustellen, wodurch derselbe bei all seiner Unschuld und Rechtschaffenheit an seiner Ehre gedrücket würde.

Seine hochfürstliche Gnaden rufen hiemit ihr Domkapitel zum Beweis auf, ob und welcher sich unter ihrer Dienerschaft befinde, der nicht rechtschaffen und unverdächtig sei? Jezt wäre es die rechte Zeit, gegen den schuldigen die Untersuchung anzustellen, und solchen dem Befund nach zu bestrafen, jezt noch könnte der Landesherr selbst untersuchen und urtheilen, ob sein beschuldigter Diener strafbar seie oder nicht?

Wenn aber ein hochwürdiges Domkapitel nach dem Ableben seiner hochfürstlichen Gnaden erst eine Untersuchung vornehmen wollte, dies wäre nicht nur verdächtig, sondern auch um so mehr ahndungswürdig, als auf gegenwärtige Aufrufung zum Beweiß gegen diesen oder jenen nicht rechtschaffen oder verdächtig sein sollenden Diener alle Anzeige unterblieben ist, und durch die sogenannte Paritionsanzeige die Muthmassung bestärket werde, daß man jenseits nur trachte, rechtschaffene Diener in Furcht und Angst zu versetzen, und dadurch zu veranlassen, daß sie aus ihres Fürsten Diensten in andere tretten, um nur allein der künftigen unrechtmäßigen Behandlung, wo es ihnen an billigem Schutz und Rechtfertigungsmitteln gebrechen könnte, so vieler Interimsregenten und ihrer boshafter Rathgeber zu entgehen. Aus diesem Grunde darf

4) kein Diener vom ersten bis zum letzten vom hochwürdigen Domkapitel entlassen, noch weniger aber suspendirt, oder gar kassirt werden, da nicht einmal der in Concluso Cæsareo vom 28. Aug. 1781. in Betreff der Dienerschaft unterstellte Fall eines *imminentis damni irreparabilis* denkbar ist, wo seine hochfürstliche Gnaden ihr Domkapitel hiemit aufgerufen haben, den Beweiß gegen einen schuldigen Diener vorzulegen, bei dessen Unterbleibung aber verdächtig wird, daß unmittelbar nach Absterben des Regenten ein solcher casus imminentis damni irreparabilis sich zugetragen haben sollte.

Alle diese und andere in conclusis Cæsareis untersagte Anmassungen werden unterbleiben, sofern das hochwürdige Domkapitel die Sedisvacanz de anno 1770. (das Spolium und die Kassation eines Reitknechts abgerechnet) zur Norm nimmt, und alle wichtige Vorkommenheiten dem künftigen Regenten anheim stellet, ohne ihn zu verbinden, oder eine Verabredung zu treffen, wodurch die fürstbischöfliche Gerechtsame, Cameralia &c. geschmäleret oder die von allen anteactis entfernte Dienerschaft jemals beeinträchtiget werden könnte. Auf solche Art würde die Interimsverwaltung mit Ehre beendiget werden, und man würde sagen können: *recte faciendo neminem timeas.*

Nur allein wollen seine hochfürstliche Gnaden ihr Domkapitel vor jenen Rathgebern, die vielleicht aus altem Haß, oder Mißvergnügen gegen ihren vorigen Herrn, und ehemalige Mitdiener eine Abneigung hegen, warnen, die dasselbe bis auf diese Stunde verleitet haben, solche ungegründete der Welt bekannt gemachte Sätze zu behaupten, und die nur immerwährende Irrungen zwischen dem Haupt und den Gliedern zum Nachtheil des gemeinsamen Besten zu stiften, zu erhalten und auf weitere Zeiten fortzupflanzen suchen.

Diese Gattung von Leuten redet zwar von systematischen Grundsätzen, die nichts weniger als ein System in sich fassen, wohl aber zu erkennen geben, daß ihre Rathschläge unsystematisch sind, weil sie von unrichtigen, aus Eigensinne, Rachsucht, Mißverständnisse, oder gar aus Eigennutze angenommenen Begriffen beherrschet werden, und noch überdies ihre irrige Meinungen mit einer unverschämten Hartnäckigkeit jedermann aufzudringen gewohnt sind, obgleich die Schwäche am Ende entdeckt wird.

Das auffallendste Beispiel hat das hochwürdige Domkapitel an diesem Gegenstande erleben müssen, welcher nicht noch der falschen Angabe seiner Rathgeber, einen Hochmuth oder Privat-Eigennutz seiner hochfürstlichen Gnaden bezielte. Höchstdieselbe waren davon himmelweit entfernt, und der Ausgang der Sache wird jeden unpartheiischen Leser überzeugen, daß sie alles nur allein zum Besten Ihres Hochstifts, ihrer Lande, ihrer künftigen Nachfolger und ihrer treuen Dienerschaft, für die Zukunft, wo Höchstsie nicht mehr seyn werden, gethan haben.

Hierinn ist einzig und allein das Interesse & quidem publicum bestanden, welches gar keinen Bezug auf ihre eigene Person haben konnte. Höchstdieselbe haben sich also nicht für ihre Person, sondern für ihr Hochstift und ihre Dienerschaft verwendet, daß durch die oberstrichterliche Erkenntnissen für die Zukunft solche Richtschnur festgesetzt werden möchte, wodurch sich die betreffenden Theile eine ewige Sicherheit versprechen könnten. Es war auch kein Privat-Eigennutz darunter verborgen, denn ihre ganze Nachlassenschaft ist und bleibt, so weit es noch nicht wirklich geschehen, den milden Stiftungen im

Hochstifte Speier bestimmt: es war also ein für allemal der vorzüglichste Augenmerk auf das *bonum publicum* nemlich des Hochstifts und der Dienerschaft gerichtet, und seine hochfürstliche Gnaden werden sich bei ihren guten Absichten und wirklicher Erreichung des sich vorgesetzten Zwecks noch nach ihrem in Gottes Hande stehenden Ableben in jener frohen Ewigkeit über alle Tadelsucht und über die Stelle des Plautus:

> *Ingrata & irrita omnia esse intelligo, quæ dedi & quod benefeci.*

hinwegsetzen.

Beilagen

A.

Veneris 7. August 1778.

Zu Speyer Herr Bischof und Fürst contra das Domkapitul daselbst, die anfechten wollende Landesherrliche und Bischöflichen Gerechtsame betreffend.

Absolvitur Relatio & Conclusum.

1mo. Wird implorantischer Herr Fürst Bischof in Ansehung der, der eingereichten Klage mit eingemischten ad mere spiritualia gehörigen objectorum hier Orts abgewiesen.

2do. Rescribatur dem Herrn Fürst Bischofen und dem beklagten Domkapitul, jedem in separato: nachdem Kays. Maj. von demjenigen, was des Kaisers Leopoldi Majestät glorwürdigsten Andenkens in Ansehung der Wahlkapitulationen der geistlichen Fürsten des Reichs verordnet, nicht abzugehen gemeinet seyen, und daher vor Ertheilung allerhöchst Dero Obristrichterlichen Entschliessung auf die von dem Herrn Fürst Bischofen eingereichte Beschwerden, nöthig erachteten, die bey der Wahl des Herrn Fürst Bischofen errichtete Wahlkapitulation einzusehen. Als habe Herr Fürst Bischof und respective beklagtes Domkapitul solche in termino duorum Mensium in forma probante an Kayserliche Maj. einzuschicken.

3tio. Werden dem Hochstift-Speyerischen Domkapitularen von Beroldingen hiemit die in dem, der impetrantischen Klage sub Lit. F. anliegenden Schreiben vom 12. September 1773. enthaltene, anzügliche, vermessene, und respectswidrige Ausdrücke ernstlich verwiesen, und demselben aufgegeben, sofort nach Empfang gegenwärtigen Kays. Befehls, eine in geziemenden, der schuldigen Achtung eines untergebenen Domkapitularen gegen seinen Landesfürsten angemessenen Ausdrücken abgefaste schriftliche Deprecation dem Herrn Fürst Bischofen überreichen zu lassen, sich desgleichen Unfugs fernerhin gänzlich zu enthalten, dem Herrn Fürsten bey allen Gelegenheiten die gebührende Achtung zu bezeigen, und wie er diesen Kays. Befehl befolget, und respective zu befolgen gedenke, mit Vorlegung des obgedachter massen an den Herrn Fürst Bischofen zu erlassenden Abbittungsschreibens, unter ansonsten zu gewarten habender schärferer Ahndung in termino duorum Mensium anzuzeigen.

4to. Ponatur das implorantische Mandatum procuratorium interim ad acta.

Ignaz von Hofmann.

B.

Fürstlicher Bericht ad Cæsarem vom 27ten November 1778.

Zur gehorsamsten Folge Euer Kaiserl. Maj. allergnädigsten Rescripts vom 7. Aug. dieses Jahrs, welches ich in tiefstem Respekt hiemit verehre, unermangle ich eine beglaubte Abschrift meiner Wahlkapitulation unter dem Buchstaben U. U. zur allerhöchsten Einsicht nicht nur allerunterthänigst vorzulegen, sondern anbei meine aufrichtige Denkungsart zu erkennen geben, daß meine allerunterthänigste Anzeige sub præsentato 30. Maji a. c. die Aufhebung meiner Wahlkapitulation nicht im mindesten bezielet habe. Ich bin noch immer bereit, derselben beschwornen Inhalt, nach wie vor, obgleich nicht vermöge einer aus der Wahlkapitulation selbst entspringenden Schuldigkeit, in soweit es das Wohl meiner Kirche und meines Fürstentums erheischet, in vollständige

Erfüllung zu setzen: gedenke aber dabei keineswegs, jenes zu behindern, was etwa Euer Kaiserl. Maj. als das allerhöchste Reichsoberhaupt und Kirchenbeschützer aus allerhöchster Machtvollkommenheit und aus eigener Bewegung desfalls allergerechtest zu verordnen geruhen werden.

Ferner erlauben Euer Kaiserl. Maj. allergnädigst, nur im Vorübergehen bemerken zu dürfen, daß Ausweis des in meiner allerunterthänigsten Anzeige sub præsentato 30. Maji dieses Jahrs ersichtlichen petiti meine Willensmeinung nicht gewesen, die zugleich mit vorgetragenen mere spiritualia zur allerhöchsten Gerichtsstelle zu ziehen, sondern daß ich nur solche Dinge berühret habe, um Euer Kaiserl. Maj. allerunterthänigst kenntbar zu machen, wie mein Domkapitel sich nicht entblöde, in meine geistliche und weltliche Rechte zu gleicher Zeit verbotene Eingriffe zu machen.

Diesem vorausgesetzet, finde ich von äusserster Nothdurft zu sein, den ganzen Inhalt obenbenannten meiner allerunterthänigsten Anzeige hieher zu wiederhohlen, und derselben noch weitere allerunterthänigste petita um so mehr beizufügen, als die Erfahrung belehret, daß bisweilen anderwärts weit mehrere Mißbräuche, als ich bereits angeführet habe, zu verspüren gewesen, und daher nicht ohne Grund zu befahren steht, daß ein gleiches bei meinem Domkapitel in künftigen Sedisvacanzien geschehen könne, zumalen dasselbe (vid. §. 13. meiner oftangezogenen allerunterthänigsten Vorstellung vom 30. Maji laufenden Jahrs und die in selbiger angeführten Beilagen) schon zum Voraus hierauf zu zielen anscheint. Deshalben ergeht meine wiederhohlte und weitere allerunterthänigste Bitte an Euer Kaiserl. Maj., allergnädigst zu verordnen, daß mein Domkapitel künftighin zur Zeit der Sedisvacanz.

1) Des juris Spolii, dessen sich die vorigen Kaiser, zum Besten der Kirchen und Bisttümer, begeben haben, sich keineswegs und unter irgend einem Vorwande anmasse, mithin sich weder Geld, Geräthschaften, noch sonstige bewegliche Dinge, die sich nach Absterben eines Bischofs und Fürsten vorfinden, zueigne; noch auch eine Vergeltung dafür in Geld oder Geldeswerth erhebe.

2) Keineswegs aus den Bist- und Fürstentums, Cameral, Landschatzungs, oder sonstigen Revenüen, noch weniger aus den Einkünften der milden Stiftungen einem Mitgliede oder Angehörigen des Kapitels, noch auch einem Fürstlichen Bedienten oder sonst jemanden etwas an Geld, Wein, Früchten, oder wie es sonst Namen haben mag, unter irgend einem Vorwande anweisen, folglich auch insbesondere von diesen Geldern oder Versilberung der Naturalien weder Tafelgelder erheben, noch sogenannte Kapitelmünzen prägen, Kapitularzeichen oder Thalar verfertigen lasien dörfe: sondern sich überhaupt alles Eingriffes in die Gefälle des Hochstifts und Fürstentums gänzlich vermüßige, lediglich mit jenen Einkünften begnüge, welche den Kapitularen und Kapitelsangehörigen oder sonstigen Personen ausser den Zeiten einer Sedisvacanz zustehen.

3) Die bei Absterben ihres Fürstbischofes bestehenden Verordnungen und Geseze nicht abändere, noch

4) an deren statt andere einführe, oder gar neue Gesetze gebe.

5) Daß die Privatliteralien des verstorbenen Fürstbischofs allein den Fürstlichen Testamentsexecutoren überlassen, alle andere Fürstliche und Hochstiftsliteralien aber dem Nachfolger in dem Bißtume unversehrt und ohne vorwitzige Durchforschung einzelner Personen unverruckt belassen, und falls einige Protokollen und Literalien des Hochstifts seit fürwährender Sedisvacanz einzusehen unumgänglich nöthig sein sollte, solche doch nicht anders als benanntlich und nach vorgängigem Schlusse des gesammten Domkapitels abgefodert, auch nie anderst als gegen Zurücklassung einer, mit Beidruckung des Kapitularinsiegels legalisirten specifiquen Verzeichniß erhoben, gleich nach vollbrachter

Wahl

Wahl aber nach Maasgabe sothaner Verzeichniß, ohne die mindeste Ausnahme, vollständig zurückgelieferet werden.

6) Desgleichen keinen der fürstlichen Räthe, Diener, Beamten, und Officianten, ohne einige Ausnahme, dieselben begleiten geistlich- oder weltliche Civil- oder Militairdienste, von seinem Amte oder Gehalte zu suspendiren, oder der Dienste zu entlassen, vielweniger zu cassiren, auch nicht einmal aufs neue zu verpflichten, oder zu Verpatentisirung anzuhalten, am wenigsten ihre, bei Absterben ihres Fürstbischofes bestandene Besoldungen zu vermindern oder zu vermehren, sohin auch nicht

7) Die von dem Fürstbischofe entweder der Dienste entlassene, oder in die Ruhe gesetzte und vielleicht gar aus bewegenden Ursachen cassirte Dienerschaft, zur Zeit der Sedisvacanz willkürlich zu restituiren, noch auch

8) Denenselben von dem Tage ihrer Dienstentlassung aber Setzung in die Ruhe ein Gnadengehalt, Salaria oder Vermehrung des Gnadengehalts anzuweisen oder wirklich bezahlen zu lassen, sofort

9) Währender Sedisvacanz keinem aus der aufgestellten fürstlichen oder domkapitularischen Dienerschaft, noch auch andern Personen fürstlichen Raths, oder sonstige Prædicata neu beizulegen, weder neue hochstiftische Räthe und Diener anzunehmen oder anzustellen. Wie dann auch

10) Das Domkapitel weder über die fürstlichen Kameral- und Landschatzungs- noch der milden Stiftungen Gefälle auf einerlei Art disponiren, sondern alles in statu quo und bei dem von des Hochstifts Regenten regulirten Endzwecke lediglich belassen solle. Und da

11) Zum Nachtheile und Schmälerung der hochstiftischen Einkünfte sowohl, als zur Last der Unterthanen gereichet, wenn zur Zeit der Sedisvacanz Freiheiten von gemeinen Beschwerden eingeführet werden wollen; so solle auch das Domkapitel weder sich noch die Seinige von den gewöhnlichen Personal- oder Realprästationen, Kollekten und sonstigen Lustbarkeiten befreien, zumalen die Reichsabschieden allschon zum öftern, wo die Rede von den Reichs- und Kreißsteuern ist, ganz deutliche Fürsehung gethan haben, daß die dieser Abgaben zuwieder errichteten oder vielmehr davon befreien wollenden Statuten, Kapitulationen oder Verträge ohne einige Wirkung sein sollen.

12) Daß keinem domkapitularischen Mitgliede unter einigem Vorwande besondere Freiheiten zugeleget, oder gar einem oder andern die zur Zeit der Sedisvacanz erledigte oder erledigt werdende Generalvikariats Regierung und Kammer-Präsidentenstellen (deren Vergebung oder Nichtvergebung von einem zeitlichen Hochstiftsregenten allein abhängt) aufgetragen werden.

13) Daß das Domkapitel währender Sedisvacanz den Regierungs- und Kammerdikasterien nebst allen übrigen hochstiftischen Gerichtsstellen, ihren stracken Lauf lasse, und besonders in der unpartheiischen Justizpflege keine Hinderniß einlege, und daher auch nicht die bei den Justizstellen anhängigen Rechtssachen zu sich avocire, vielweniger jene Causas, wobei das Domkapitel, oder die Seinige interessiret sind, tempore Sedis vacantis, falls nemlich kein periculum in mora vorhanden, zur Entscheidung betreibe, am wenigsten aber

14) Von den Erben, Räthen oder sonstigen Dienern ihres abgelebten Bischofs und Fürsten die mindeste Rechenschaft über die bei dessen Lebzeiten geleisteten Dienstverrichtungen und vollzogenen Aufträge, nichts davon ausgenommen, abfodere, als ohnehin dem Domkapitel nicht zukömmt, über ihren Fürstbischofen nach dessen Ableben eine Oberkeit auch nur per indirectum auszuüben.

15) Daß

15) Daß das Domkapitel die zur Zeit der Sedisvacanz erledigten oder erledigt werdenden Lehen weder vergebe, noch inkorporire, noch Anwartschaften darauf ertheile, am mindesten die von Kaiserl. Maj. allergnädigst verliehenen Reichslehen und Regalien, oder derselben Einkünfte schmälere, oder gar in eigenen Nutzen verwende.

16) Daß dasselbe weder die hochstiftische Kuch, Keller und Marstall, noch Fischereien, Jagden und Forsten auf einige Weise benachtheilige, somit, da ohnehin die Hoftafel für die zur Zeit der Sedisvacanz erkiesenen Statthalter zu Bruchsal fürdauert, binnen solcher Zeit keine besondere Hoftafel annebst auch noch zu Speier unter keinerlei Vorwande (außer jenem, was Zeit der gewöhnlichen kurzen Anwesenheit des kaiserlichen Wahlkommissarius, nur allein, in so lange derselbe in Speier zugegen ist, sich in Ansehung desselben gebühret) zu halten, noch von einzelnen Domkapitularen sich der fürstlichen Hofpferde oder Equipage Zeit der Sedisvacanz zu bedienen sei. Dagegen hängt es von Euer Kaiserl. Maj. allerhöchsten Entschliesung ab, ob nicht etwa allergnädigst verwilliget werden wolle, daß jedem speierischen Domkapitularen zu einiger Ergötzlichkeit und zu Bestreitung der Kösten für Trauer, und wegen gänzlicher Vermüssigung der fürstlichen Pferde uud Equipagen, auch fürstlichen Jagd, Fischerei und Forstnutzbarkeiten eine Douceur von etwa 100 Dukaten, oder von 1000 Gulden aus der Fürstlichen Hofkammer gleich bei Anfange der Sedisvacanz entrichtet werde: und überhaupt

17) Weder aus der affektirten Grundherrschaft oder Condominat (welcher unstatthafte Titel von Euer Kaiserl. Maj. Reichshofrathe den 16. Sept. 1698. in Sachen Würzburg contra Würzburg den Oberrath und anderes betreffend, vollkommen verworfen worden) oder sonstig irrigen Grundsätzen gegen das Hochstift und die Dienerschaft sich das geringste anmasse; sondern Zeit fürwährender Sedisvacanz in den Schranken der interimistischen Hochstiftsverwaltung ohne alle eigenwillige Neuerung bei der Rechtsregel: *ne sede vacante aliquid innovetur*, bestehen bleibe.

18) Dem neu Erwählten, sobald dessen Wahl bestättiget und derselbe von Kaiserl. Maj. beliehen worden, über die von ihm Domkapitel geführte interimistische Administration genaue Rechenschaft ablege; und schließlich

19) sich gänzlich enthalte, ohne vorherige Anzeige und erhaltene allerhöchst. kaiserliche Begnehmigung durch Verträge unter sich und mit dem neu zu erwählenden oder wirklich zwar erwählten, oder noch nicht bestättigten und von Kaiserl. Maj. beliehenen Fürstbischofe etwas zu verabreden, oder fest zu setzen, was Regalia, Jura territorialia, Cameralia, und überhaupt temporalia, oder auch den Besitzstand geistlicher Gerechtsamen irgends beschränken, oder beeinträchtigen mag.

Euer Kaiserl. Maj. ermessen allergnädigst, daß dieses mein allerunterthänigstes Begehren der Gerechtigkeit desto gemäßer sei, als aus meiner oftmalen angezogenen allerunterthänigsten Anzeige vom 30. Maji anni curr. genugsam dargethan ist, daß in Ruckbetracht der bemerkten widerrechtlichen Vorgängen und domkapitularischen Aeusserungen, eine unrechtmäsige Gewalt und unerlaubte Neuerungen meinem Hochstifte sowohl, als meinen Räthen und übrigen Dienerschaft allerdings zu besorgen sein, und also für alle und jede das einzige Rettungsmittel übrig bleibe, wenn die so eben bemerkten Verordnungen allergerechtest erlassen werden. Doch damit Euer Kaiserl. Maj. allergerechtesten Anordnung von dem Domkapitel die schuldigste allerunterthänigste Nachlebung geleistet werde, anbei mein Hochstift nebst meinen Räthen und aller übrigen Dienerschaft von einer unrechtmäsigen Gewalt nicht so leichter Dingen überfallen, und vielleicht gar unterdrucket werde, ehe dieselbe wegen Entlegenheit, auch zum Theile aus Abgange der Mittel, um die allerhöchste Kaiserl. Hilfe anzuflehen im Stande sei: so gelanget an Allerhöchstdieselbe meine fernere allerunterthänigste Bitte;

über

über die nach meinem unterthänigsten Antrage zu erlassenden Kaiserl. Anordnungen ein allerhöchstes Kaiserl. Protectorium & Conservatorium speciale cum Clausula samt und sonders una cum Mandato de manutenendo an die hohe ausschreibende Herren Fürsten des oberrheinischen Kreises, die nach Maasgabe der Reichsgesetze, die gewöhnlichen Conservatores des Fried-Ruhe- und Besitzstandes innerhalb der Gränzen der Kreißlanden sind, allergnädigst zu erlassen und hochdenenselben (mit spezifiquer Einbindung jener Fällen, in welchen bei erledigtem Stuhle ungewöhnliche Neuerungen von Domkapiteln bisweilen pflegen unternommen zu werden) aufzutragen; daß sie in allerhöchstem Namen Euer Kaiserl. Maj. mein Hochstift und meine Räthe auch übrige Dienerschaft gegen den unrechtmäsigen Gewalt, so sie von meinem Domkapitel währender Sedisvacanz etwa leiden möchten, kräftigst schützen und handhaben sollen. Dieses mein allerunterthänigstes Ansuchen gründet sich in den offenbaren Rechten und vorliegenden mannigfaltigen Beispielen, wie denn ins besondere, fast ein gleiches Protectorium & Conservatorium speciale unterm 19. Jänner 1723. weil Hrn. Herzogen Wilhelm Ernst von Sachsen Weimar, für dessen hinterbleibende Räthe und Vasallen allermildest ertheilet worden ist. In wessen Anhoffung mich, mein Hochstift und meine Dienerschaft zu allerhöchsten Hulden und Gnaden allersubmissest empfehlend in tiefester Erniedrigung ersterbe.

C.

Veneris 7. Aprilis 1780.

Zu Speier Herr Bischof und Fürst contra das Domkapitel daselbst, die anfechten wollende Landesherrliche und Bischöfliche Gerechtsame betreffend.

Absolvitur Relatio & Conclusum.

1mo. Nachdeme Kaiserliche Majestät aus denen, von dem imploratischen Domkapitel, der überreichten Fürstlichen Wahlkapitulation beigefügten sogenannten Anmerkungen entnommen hätten, welchergestalt Capitulum sich in Ansehung verschiedener Artikeln besagter Capitulation sowohl auf den Anno 1760. mit dem vorigen als in Anno 1771. mit dem jetzigen Herrn Fürsten errichteten Vertrag gründe, als wird demselben hiemit aufgegeben, diese beede Verträge in Termino duorum Mensium in beglaubter Form Kaiserlicher Majestät allerunterthänigst vorzulegen. Interim ponantur.

2do. Des Herrn Fürsten und Bischofen anderweite literæ ad Imperatorem de præsentatis 16. Septembris anni elapsi & 17. Januarii anni currentis una cum reliquis exhibitis ad acta.

3tio. Wird dem Domkapitularen von Beroldingen hiemit anbefohlen sofort, und längstens in Termino duorum Mensium de facta paritione membri 3tii conclusi de 7ten Augusti 1778. bei Kaiserlicher Majestät zu dociren, als Allerhöchstihro ansonsten auf die erste diesfallsige Anzeige des Herrn Fürsten, ihn hiezu nicht nur mittels Sperrung deren Temporalien, sondern auch durch sonstige, denen Umständen angemessene Verfügung, anhalten zu lassen onentstehen werden.

4to. Fiat petita retraditio exhibiti de præsentato 31. Augusti anni elapsi.

5to. Ponatur das von Beroldingische Mandatum procuratorium ad acta.

Johann Peter Söhngen.

D.

Pro Nota de 1777.

Es ist zwar an dem, daß das uralte sogenannte Presbyterium, oder der Clerus Civitatensis schon in den ersten Sæculis der Senat des Bischofs genannt worden, und hernach dieser Ausdruck, in ansehen der Domkapiteln, als des cleri præcipui hier und da beibehalten worden; doch ist dabey zu bemerken, daß

a) Der Kirchenrath zu Trient, als er sich des nämlichen Ausdrucks bedienet, entweder zum Voraus setze, oder zu dieser so ehrwürdigen Qualität erfordere *Seß. 24. C. 12. ita ut veſtitu decenti tam in Eccleſiis quam extra utantur, ab illicitis venationibus, aucupiis, choreis, tabernis, luſibusque abſtineant.* Es ist.

b) Die heutige Lage der Diöcesen, ganz nicht nach jener uralten abzumessen, wo die Bischöfe sonst noch keine eigenständige, aus den geschicktesten Männern von ihrem Clero besetzte ganze geistliche Räthe, Consistorien und Dicasterien hatten, und das Presbyterium die Stelle dieser corporum vertretten muste. Wohingegen heut zu Tag für die geistlichen Geschäfte, wenigstens in Deutschland dergleichen geistliche Räthe, oder Senaten angeordnet seynd, so wie es schon von dem *Bøhmer ad Tit. de his, quæ fiunt a Prælato ſine conſenſu* Capituli §. 2. und dem Ickstadt *Tom. 2. Opus. 7.* §. 24. angemerkt worden.

Item *videat:* de hac *re Thomaſſ. P. 1. L. 3. Cap. 10. n. 6.* noch viel weniger ist

c) Die weltliche Staatsverfassung der deutschen geistlichen Fürst- und Kurfürstenthümer aus den ergrauten Zeiten des geistlichen Presbyterii, oder der geistlichen sich darauf beziehenden Gesetzen, sondern der deutschen Reichsgrund- und den besondern Landesverfassungen dieser Landen herzunehmen. Es ist augenfällig, wie verschieden diese Verfassungen seien, da Z. B. in einigen Stiftern Landstände sind, in andern nicht; und in jenen das Domkapitel blos den ersten Landstand mit ausmacht. Der Kaiserl. Reichshofrath muß wenigstens in Sachen die Reichsständische Befügnisse betreffend, keinen in so allgemeinem Sinne gebohrnen Senat erkennen, sonst würde er in dem *Concluſo* vom 2. März 1759. zu Eichstädt Domkapitul contra Herrn Fürst Bischof daselbst, bei dem von Moser von dem persöhnlichen Staatsrecht der deutschen Reichsstände ersten Theil p. 121. nicht verlangt haben, nachfolgendes zu wissen in *verbis*: habe der Herr Bischof sowohl als das Domkapitel näher zu erläutern, warum bei der vorhin errichteten Polizeiordnung ein Bedenken obwalte, so daß deren Abänderung nötig seyn wolle. Dann NN. aus was Ursachen das Domkapitel vermeine, daß in der Errichtung einer solchen Landesherrlichen Vorsehung NN. dessen Wissen und Bewilligung zu erfordern seyn wolle. Es beschränkt sich also.

d) Heut zu Tage die ganze Sache auf gewisse in dem Jure Canonico ausgedruckten Fälle, in sofern diese das Geistliche betreffen, und auch NN. hierinn die Gewohnheit nichts geändert hat; und die weltliche Regierung belangend, in sofern etwa das Jus Canonicum in Ansehung dieser Fällen, als welches hierinn nichts zu entscheiden vermag, ausdrücklich in ganz Deutschland, oder einem besonderen Erz- oder Hochstift recipirt ist: und darum sagt Moser von der Landeshoheit im Weltlichen 1. *Cap.* §. 12. ob und wie fern die Domkapitel in Regierungssachen mit zu rath gezogen werden, oder wohl gar darein bewilligen müssen, diesfalls läßt sich keine allgemeine Regel geben, sondern es kömmt hierinn alles NN. auf jeden Landes besondere Verfassungen an, in sofern dieselbe auf gültige Wahlkapitulationen, Landesverträge, Reichsgerichtliche Sprüche, oder ein verbindliches Herkommen beruhet; worinnen diese ihm die Hände nicht binden, ist er befugt als Regent nach besten Wissen und Gewissen frey zu handlen, und kann das päbstliche Kirchenrecht, welches nur geistliche Sachen betrift, und nichts von der deutschen Reichsständen Landeshoheit weiß, noch in solchen Sachen zur Norm dient, hierinn keinen Ausschlag geben.

E.

Auszug des Königlichen Dänischen Statsraths Mosers persönlichen Staatsrechts 1ten Theils pag. 274.

Anno 1591. 18. Febr. ertheilte Kaiser Rudolph II. dem Hochstift Augsburg währender Sedisvacanz dieses Indult. „ Wir Rudolph II. bekennen öffentlich mit diesem Brief, und thun kund allermänniglich; Als uns die Ehrsamen, Unsere liebe Andächtigen N. Dechant und Capitul des hohen Stifts zu Augsburg in Unterthänigkeit zu erkennen geben, was massen der Allmächtig Weiland ihren gewesten Bischof den 29ten Jan. aus diesem zeitlichen Leben abgefodert, und Uns gehorsamlich gebetten; Demnach anjetzo in bemeldtes Stiftsjurisdiction eine ziemliche Anzahl Malifizpersonen vorhanden, die nicht mit geringer Gefahr und Kosten erhalten werden müßten. Wir geruheten zu Exercirung der hohen freischlichen Oberkeit erstgedachtes Stift weltlichen Räthen bis zu eines andern Bischofs und ordentlichen Haupts Erwählung und Belehnung, Unser Kaiserl. Indult gnädiglich mitzutheilen; daß Wir darum angesehen bemeldtes Domkapitels gehorsamlich ziemlich bitt, und denselben, aus obberührten Ursachen, und damit das Uebel nicht ungestraft bleibe, gnädiglich indulgirt und erlaubt haben, thun das auch hiermit vom Röm. Kaiserl. Macht, indulgiren und erlauben wissentlich, in Kraft dieß Briefs, also, daß bemeldtes Domkapitel von nun an durch des Stifts weltliche Räth, Amtleut und Diener allen desselben Stiftshohe Oberkeit, Gericht und Recht, bis so lang ein anderer Bischof ordentlich erwähler und belehnet wird, exerciren, gebrauchen und vollziehen, auch alle Uebelthäter und Mißhandler, so in des Stiftslanden, Oberkeit und Gebieten betretten, fahen und greiffen, um ihre Mißhandlungen und Uebelthaten, mit Recht, wie sich eines jeden verdienen und verschulden nach gebühret, Strafen und Richten lassen solle und möge, von allermänniglich unverhindert; doch Uns und dem heil. Reich an Unser Oberkeit und Hoheit unschädlich. Mit Urkund ꝛc.

F.

Martis 16. *Septemb.* 1698.

Würzburg contra Würzburg, den Oberrath und anders betreffend.

Absolvitur Relatio & Conclusum.

Fiat Sententia daß das Domkapitel zu Würzburg alles Einwendens, insonderheit des vermeintlichen affectirten condominii ungeachtet, sich der *Independenz* nnd deren in dem Land und Residenzstadt Würzburg, wie auch dem Oberrath dem Herrn Bischofen immediate competirenden hohen Landesjurium und Gerechtsamen zur Ungebühr sich anmaße und dahero sich deren zu enthalten, mithin an der pro convenientia & Exigentia boni publici vorhabender Reformation dieses Gerichts, mit Abschaffung der eingerissenen Mißbräuche und Unordnungen und in Einführung und Stabilirung besserer Policeydienlicher Anordnungen, Satzungen und Statuten (jedoch ohne Verringerung der Anzahl und Qualität der Assessoren, auch deren Nomination dem Kapitulo und andren, wie Herkommens, unbenommen) nit hinderlich, sodann endlich in denen andren Punkten der eingewendter Declinatoria nachher Rom und anderes ungeachtet, sich diesfalls hauptsächlich einzulassen, und alle bei einem jeden Puncten absonderlich habende fundamenta sub præjudicio & Termino duorum Mensium auf einmal vor- und anzubringen schuldig sey.

Franz Wilderich von Menshengen.

G.

Martis 21. Januarii 1772.

Die von Kur-Bayern neuerlich wider die allgemeine Reichsversammlung und die Reichsstadt Regensburg angelegte Getreidsperr betreffend.

Publicatur Resolutio Cæsarea.

Ihro Kaiserl. Majestät haben Dero gehorsamsten Reichshofraths allerunterthänigstes Gutachten allergnädigst begnehmiget, deme zufolge

1mo. Ponatur die von dem Herrn Kurfürsten in Bayern in literis ad Imperatorem de præs. 29. August an. præt. übergebene Paritionsanzeige ad Rescripta Cæsarea de 12. Junii 27. Julii & 3. Octobris ejusdem anni, wie auch der von dem Reichstag zu Regensburg darüber eingekommene Bericht ad acta.

2do. Wird nunmehr hierauf die unterm 11. Junii an. præt. erkannte Manutenenzcommission anwieder aufgehoben. Hocque

3tio. Notificetur dem dermalen sede vacante administrirenden Domkapitel zu Salzburg per Rescriptum.

4to. Fiat quoque horum omnium Rescriptum notificatorium an Sr. Kaiserl. Königl. Apostolische Majestät.

In fidem protocolli rerum in Consilio imperiali aulico resolutarum.
Peter Söhngen.

H.

Martis 31. August 1779.

Zu Salzburg Domkapitul contra den Herrn Erzbischofen daselbst, Rescripti die verweigerte Mitfertigung der Schuldbriefe, dann vorenthaltende Mitwiß- und Ausweisung des angelegten Universalgetränke-accises betreffend.

Absolvitur Relatio & Conclusum.

1mo. Ponatur die von dem Herrn Erzbischofen, und Fürsten zu Salzburg ad Respta. cæsarea de 16. April & 8. Julii. a. c. erstattete allerunterthänigste Berichte de præs. 13. Julii & 17. Aug. ad acta, und können solche samt den weitern Fürstlichen Exhibitis de præs. 19. Aug. nup. Parti impetranti, jedoch ad solam Notitiam verabfolget werden.

2do. Nachdeme sämtliche Landstände die Einsicht über die bisherige Verwendung der accise-Casse verbetten, der Herr Fürst aber in Zukunft seinem Erbieten gemäß den Bedacht zu nehmen unermanglen werde, den dieser Kasse beysitzenden landschaftlichen Deputirten anzuweisen, daß derselbe denen Landständen in corpore von Zeit zu Zeit die erforderliche Auskunft hierüber ertheile, als wird das impetrantische Domkapitul, als welchem in dieser Qualität keine sondere Befugnisse zuständen, sondern blos als ein landschaftliches Mitglied des Prälatenstandes zu betrachten komme, mit seinem samtlichen Gesuch ab- und in Ansehung der von demselben consentirten Schuldbriefen dahin angewiesen, daß sich dasselbe mit dem Fürstlichen Erbieten dergestalten zu begnügen habe, daß der Herr Fürst nach erfolgter gänzlicher Befriedigung dieser consentirten Kapitalien Capitulo den ausgestellten Consens zurückstelle, und demselben die bezahlte- und cassirte Obligationes in Originali vorlege.

3tio. Würden

3tio. Werden dem impetrantischen Domkapitel dessen auf eine anmaßliche Erbherrlichkeit gegründete Sätze sowohl, als die gegen den Herrn Fürsten angebrachte ganz ungegründete Beschuldigung, und andurch Ihre Kaiserl. Maj. vorgebrachte falsche und grundlose Behelligung, als ob die ausgestellte consentirte Schuldverschreibungen nicht a Capitulo mitgefertiget worden seien, samt einigen anderen in der Klagschrift enthaltenen ungleich angegeben, der Ehre nachteiligen Umständen auf das nachdrücklichste verwießen, und dasselbe alles Ernstes gewarnet, sich dessen in Zukunft zu enthalten, auch Ihro Kaiserl. Maj. mit derlei grundlosen und respectswidrigen Anschuldigungen nicht ferners zu behelligen, als ansonsten allerhöchstdieselbe die Urheber und Veranlaßer derlei ungegründeten Sätzen und Erdichtungen nach Beschaffenheit der Umstände mit schärferer Ahndung ansehen würden. Nachdem sich auch

4to. Bei dem Verfolg gegenwärtigen Rechtsstreites geäußert, daß das Salzburgische Domkapitel nach richtig vollbrachter Wahl den erwählten Herrn Erzbischofen von Verführung der Landesregierung ab- und aufhalte, sich der Erzstiftischen Angelegenheiten fernershin unterziehe, ja sogar die Landesregierung, und Regalien, als anmaßliche Erzstifts Erbherrn nach eingelangter Päbstlichen Confirmation anerst demselben zu übertragen unterfange, als wollten Ihro Kaiserl. Majestät diesen Dero allerhöchsten Gerechtsamen nachteiligen Mißbrauch andurch allergerechtest aufheben, und damit Capitulo anbefehlen, davon in Zukunft gänzlich abzustehen, und einen zu erwählenden Herrn Erzbischofen in Verführ- und Ausübung der ihme durch Dero Kaiserl. Commissarium heimgelassenen Landesregierung und Regalien nicht mehr zu hindern.

5to. Soviel die a Capitulo von der Landschaft anverlangte Mitteilung der actorum Communium betrift; Communicetur das Landschaftliche Exhibitum de præs. 7. Aug. nup. samt denen demselben sub Lit. C. beiliegenden Actenstücken, und wird die diesfallsige Parition ad rescriptum Cæsareum de 8. Julii a. c. für hinreichend angenohmen, und das Domkapitel mit seinem weitern Gesuch wegen Communication der Landschaftlichen Protocollsextracten de 9. & 23. Martii a. c. abgewießen.

6to. Ponantur Mandata proica sowohl des Herrn Erzbischofens als der verordneten des kleinern Ausschußes der Salzburgischen Landschaft ad acta.

Johann Peter Söhngen.

I.

Martis 13. *Julii* 1784.

Zu Salzburg Erzstift die bei letzter Sedisvacanz angeblich unternommene Eingriffe betreffend sive impetrant. Anw. v. Fichtl. sub præs. 10. Maji a. c. übergibt allerunterthänigste würklich eingetroffene Verantwortung und Bitte pro concedendo ad decopiandum termino 10. dierum Appon. Const.

Idem sub præs. 17. ej. übertreicht allerunterthänigste Vorstellung in Satisfactionem rescr. cæs. de 7. Febr. h. a. mit Bitte pro deferendo hummis intus petitis. Appon. Const. & Num. 1. — 68. cum sub adj. in duplo.

In eadem der Fürstl. Salzburg Landstände Anw. Stubenrauch sub præs. 27. Oct. a. p. accusando lapsum termini ulterioris supplicat pro ferendis eventualiter retro petitis ordinationibus cæs. App. Const.

Referuntur Exhibita.

Veneris 16. Julii 1784.

Zu Salzburg Erzstift die bei letzter Sedisvacanz unternommene Eingriffe betreffend.

Absolvitur Relatio & Conclusum.

1mo. Ihro Kaiserl. Maj. haben aus der Allerhöchst Deroselben ad rescr. cæs. de præs. 7. Febr. 1783. a Capitulo übergebenen Verantwortung allergerechtest ersehen, wie dessen Betragen bei letzterm Interregno nicht durchgängig denen Reichsgesetzen angemessen sey, als wornach sich desselben *potestas Vicaria & nude administratoria* nur auf solche Handlungen zu erstrecken habe, aus deren Verschub soviel die *interna Principatus* betreffe, dem Hochstift oder dessen Unterthanen ein wesentlicher und unersetzlicher Schaden zuwachsen, die Justizadministration gehemmet, oder sonsten die allgemeine Ruhe und Sicherheit gestöhret, *quoad externa* aber Reichs- und Kreißgeschäfte bei denen Reichs- oder andern Ständischen Gerichten anhängigen Proceß oder andere dergleichen Angelegenheiten ein Aufenthalt verursacht werden könnte, dann obgleich Allerhöchstdieselbe bei dem bekannter maßen vorgefundenen Abgang der nothwendigen Einrichtungen die ohnverzügliche Anschaffung des ohnenbehrlichen nicht mißbilligten, und die a Capitulo bei damaliger Theurung denen Armen geleistete Hülfe belobten, so habe sich doch auch Capitulum verschiedenes zu Ohngebühr herausgenommen und zugeeignet, worüber Ihro Kaiserl. Mai. zu dessen künftigen Benehmen folgende Verordnungen zu erlassen vor nöthig erachten, daß nemlich

1mo. Dasselbe sich in Zukunft der Verwilligung aller Nachläße oder Abschreibungen, so wie auch ausser einem keinen Verzug leidenden Nothfall aller Geldaufnahmen oder Einrichtung der Fürstl. Gewerke, Gebäude und andere Fahrnissen enthalten, sondern alles dieses dem neu zu erwählenden Herrn Erzbischofen überlassen.

2do. Sich auch in Zukunft der Pensiones- oder Gnadengelder Verleihung, da Ihro Kaiserl. Mai. vermutheten, wie die in denen Kammerbilanzien vorkommende Gnadengelder sämtlich von den verstorbenen Herren Fürsten herrührten, und Capitulum an deren Auswerfung durante interregno keinen Antheil habe, nicht anmaßen.

3tio, Alle ohngewöhnliche Präsenten und Remunerationen der Willkühr des künftigen Herrn Fürsten lediglich überlassen.

4to. Jene 5000 fl. worüber demselben die Disposition überlassen worden, allein unter alle wohlverdiente von dem verstorbenen Herrn Fürsten weniger begnadigte Fürstl. Dienere austheilen, und von dieser Vertheilung die Domkapitularische Dienerschaft gänzlich ausschließen.

5to. Die zur ohngebühr durante interregno denen Domkapitularischen Beamten und Bedienten ausgeworfene Taggelder (da denenselben diese so wenig als die Natural-Verköstigung gebühre) so wie die der Fürstlichen Kammer zugemutheten Einrichtung der Kapitels Gebäude-Reparationen und Kanzlei Nothdurften einstellen, auch

6to. Da bei interregnis bloß denen 2. aufgestellten Oeconomis die Hoftafel gebühre, und diesen ohnbenommen sei, hiezu jederzeit einige von ihren Chorbrüdern beizuziehen, die Erscheinung bei denen Hofconferenzien auch ohnehin jedem Capitulari seinen Pflichten nach obliege, die Nachtstafeln sowohl als das Statt derselben per Prot. Cap. de 28. Dec. 1771. bestimmte æquivalent gänzlichen abstellen.

7mo.

7mo. Sich der Austheilung der sogenannten Fürstl. Spielgelder nicht nur enthalten, sondern auch die diesfalls bezogene 6000. fl. von jedem Capitulari pro sua rata, unter ansonsten zu gewarten habender Sperrung der Temporalien in Term. 2. V. restituiren, auch die unter dem grundlosen Vorwand eines Ersatzes aus der Kammer in die Kapitelskasse abzugeben befohlene 3000. fl. aus letzterer sub pœna realis executionis ersetzen solle, wie dann auch

8vo. Die Abschreibung vor die Tillmoinz. Schlachtgebäude Unkosten hiemit cassirt und deren Anforderung dem H. Fürsten freigestellet wird. Uebrigens könnten zwar

9no. Ihro Kaiserl. Maj. geschehen lassen, daß wenn die Erzstiftsdienerschaft nicht etwann schon bei ihrer Annahme und Eintritt in die Fürstliche Dienste dem Domkapitel in casum Sedisvacantiæ (außer welchem kein Fürstlicher Diener Capitulo mit Pflichten zugethan ist) verpflichtet würden, dieselbe bei dem Eintritt eines zeitlichen Herrn Fürsten a Capitulo als interims Administratore in neuerliche Pflichten genommen werden könnten, in welchem Fall jedoch denen Pflichtsformeln ausdrücklich einzuverleiben sei, daß diese Pflichten nnr auf die Zeit der Capitularischen interims Administration Kraft und Wirkung haben, und mit dem Regierungsantritt des neuen Herrn Fürsten vor erloschen gehalten werden sollen.

Endlich habe

10mo. Capitulum die in der Chatoulle eines verstorbenen Herrn Fürsten vorfindige Gelder auf den Fall wo das Erzstift selbst dessen Erb ist, in keine besondere Kasse zu legen, und hierüber eine besondere Rechnuug führen zu lassen, sondern dieselbe der Fürstlichen Kammer zu übergeben, und durch solche sämtliche Ausgaben bestreiten zu lassen.

11mo. Wollten Ihro Kaiserl. Maj. allergnädigst gestatten, daß zur Prägung der Sterb- und Denkmünzen überhaupt eine Summe von 2000. fl. verwendet werde, und da es

12mo. Ihro Kaiserl. Maiestät zum allerhöchsten Wohlgefallen gereiche, daß Capitulum eine künftige Entschädigungs-Zumuthung der verwendeten Proceßkosten von der Fürstlichen Kammer, Chatoulle oder Landschaft vor unbefugt ansehe, als hätten auch allerhöchst Deroselben zu demselben das allergnädigste Zutrauen, daß es dieselben bei künftigen Sedisvacanzien unter keinem Vorwand verlangen, sondern aus eigenen Mitteln berichtigen werde, versichern sich auch übrigens der genauesten und pünctlichsten Befolgung dieser Kaiserl. Verordnungen bei allen künftigen Sedisvacanzien, als ansonsten bei ersterer dieserhalben erfolgender Fürstl. oder Landschaftlichen Anzeige einer Contravention nebst dem wegen ohnbefugter Zuwendung einiger Utilitäten, Geld und Naturalien zugewarten habenden doppelten Ersaz Ihro Kaiserl. Maj. solche vorsorgliche Weege einzuschlagen, sich würden vermüßiget sehen, welche Dero allerhöchste Verfügungen vor immer aufrecht zu erhalten vermögend seyn werden.

2do. Hæc omnia notificentur dem Herrn Fürsten und Erzbischofen von Salzburg per Rescriptum mit dem Auftrag, Ihro Kaiserl. Maj. in termino duorum Mensium ohnausbleiblich zu Berichten, wie sowohl der Herr Fürst selbst als sämtliche Capitulares die anbefohlene Restitution der 6000 fl. Spielgelder ex propriis bewürket, als auch die Capitelskasse die ohnbefugt erhobene 3000 fl. der Fürstl. Kammer restituirt habe.

K.

Martis 28. August 1781.

Zu Speier Herr Bischof und Fürst contra das Domkapitel daselbst, die anfechten wollende Landesherrliche und Bischöfliche Gerechtsame betreffend.

Publicatur Resolutio Cæsarea.

Ihro Kaiserliche Majestät haben Dero gehorsamsten Reichshofraths allerunterthänigstes Gutachten allergnädigst begnehmiget, dem zufolge haben Kaiserliche Majestät auf die samtliche Anzeigen des Herrn Fürst Bischofes zu Speier, und die von dem Domkapitel daselbst eingereichte Vorstellung, auch die Allerhöchst Ihro vorgelegte Wahlkapitulation des besagten Herrn Fürst Bischofes folgende allerhöchste Entschliessung gefaßt.

I. Ponantur des Herrn Fürst Bischofes anderweite allerunterthänigste Litteræ humillimæ ad Imperatorem de præs. 6. Julii 9. & 26. Octob. a elapsi ad acta.

II. Nachdem beklagtes Domkapitel in Ansehung derjenigen Vorstellungen, welche dasselbe respective unterm 25ten April und 15ten Mai 1777. Ihm Herrn Fürsten puncto quartæ Colonicæ, denn in causa Angelo und Venino contra die fürstliche Hofkammer puncto der Abzugsgelder übergeben hat, eines Eingriffes in die fürstlichen landesherrlichen Gerechtsame, und davon abhangende Justizadministration nicht beschuldigt werden kann; Herr Fürst auch die von dem Kapitel begangenen Verunglimpfungen seiner Person, und Aufhezung seiner fürstlichen Dienerschaft, oder worinn die nachtheiligen vota, so die individua Capituli ad Protocollum capitulare abgegeben haben sollen, bestanden, nicht erwiesen hat; und im übrigen, wegen des von dem Domkapitel in dem Kapitularschreiben vom 15ten Mai 1777. angestellten gänzlich ungegründeten Principii des sogenannten gebohrnen Senats, weiter unten Verordnung ergehen wird; als haben die samtliche, von dem Herrn Fürsten obgedachter Gegenstände halber gestellte petita sowohl, als das fernere so unschicklich, als ordnungswidrige Gesuch, die in aliis causis erstatteten Berichte zur gegenwärtigen Sache zu ziehen, nicht statt. Gleichwie aber

III. dem Kapitel, ob dasselbe schon bis zur Besetzung des bischöflichen Stuls die innerlichen und äusserlichen Regierungsgeschäfte allerdings zu besorgen hat, dennoch keineswegs gebühret, die demselben währender Sedisvacanz von Kaiserlicher Majestät als obristen Lehenherrn belassene Potestatem vicariam & nude administratoriam weiter, als auf solche Handlungen zu erstrecken, aus deren Verschub, so viel die interna Principatus betrifft, dem Hochstifte, oder dessen Unterthanen ein wesentlicher und unersetzlicher Schaden zuwachsen, die Justizadministration gehemmet, oder sonsten die allgemeine Ruhe und Sicherheit gestöret; quoad externa aber, Reichs- und Kreißgeschäfte, bei den Reichs- oder andern ständischen Gerichten anhängigen Proceß- oder andern dergleichen Angelegenheiten, ein Aufenthalt verursachet werden könne; außer dem aber alle nicht solcher Gestalt geartete Regierungsgeschäfte lediglich dem zukünftigen Regenten zu überlassen sind; so hat es zwar, so viel die von dem Impetranten Herrn Fürst Bischofe angezeigten Mißbräuche und hierunter

A) die Abänderung landesfürstlicher Gesetzen, und sonstiger Verordnungen betrifft, Kaiserlicher Majestät zu allerhöchstem Wohlgefallen gereichet, daß Capitulum nach dem eigenen Zeugnisse des Herrn Fürst Bischofes dergleichen Abänderung bei dem letzten Interregno nicht unternommen hat. Gleichwie aber Kaiserliche Majestät dennoch aus der ersten berichtlichen Anzeige des Herrn Fürst Bischofes wahrgenommen haben, welcher gestalt daselbe bei der vorletzten Sedisvacanz aus dem in allem Betracht ungegründeten, somit gänzlich verwerflichen Principio einer Erb- und Grundherrschaft,

herrschaft, und Kraft solcher sich zur Ungebühr arrogirten plenitudine potestatis eine von dem Herrn Cardinal Schönborn in Betreff des den domkapitulischen Beamten untersagten, Ankaufes der Baurengüter, erlassene Landesfürstliche Verordnung eigenmächtig abzuändern, sich unterstanden habe; als befehlen Kaiserliche Majestät demselben, sich dergleichen Abänderungen für die Zukunft gänzlich zu enthalten, am allerwenigsten aber sich der, der Landesfürstlichen Macht allein zustehenden Einrichtung neuer Landesverordnungen, es sei denn, Umständen möchten eine gählinge provisorische Vorsehung bis zur Wahl eines neuen Regenten unumgänglich notwendig, auf einige Weiße anzumassen.

B) Auf gleiche Art untersagen Kaiserliche Majestät andurch

In Ansehung der bei Absterben eines Fürst Bischofes vorhandenen gesamten fürstlichen Dienerschaft Capitulo ernstgemessen, unter den von einem zeitlichen Fürst Bischofe nachgelassenen Ministern, Räthen oder sonstigen Dienern, ausser in casibus imminentis damni irreparabilis, die mindeste Aenderung zu treffen, denselben an ihrer Besoldung, Gnadengehalt, oder sonstigen prärogatiren etwas zu mindern, oder zu mehren, oder solche gar abzuschaffen, oder neue aufzunehmen.

C) Verordnen allerhöchst Ihro Kaiserliche Majestät, daß hinführo sogleich nach dem Absterben eines Fürst Bischofes die im fürstlichen Kabinet, oder sonst in der Residenz befindlichen Scripturen, mit Zuziehung der Landesfürstlichen Regierung, a Capitulo, ohne Unterschied, unter obsignation geleget; darüber ein vollständiges Inventarium errichtet; diesem vorgängig, eine Separation vorgenommen, und dasjenige, was hierunter zu den Privatgeschäften des abgelebten Fürsten zu rechnen ist, dessen Anverwandten ausgehändigt; die übrigen das Hochstift angehenden aber nach derselben Beschaffenheit in die hochstiftischen Archive und Registraturen hinterlegt werden sollen.

D) Wird Capitulo der von dem Herrn Fürsten angezeigte, und durch den der domkapitularischen Vorstellung sub Nro. 15. angebogenen Extractum Protocolli Capitularis de 25. Aprilis 1770. selbst einbekannte, vermessene Eingriff in die hochstiftischen Revenüen, wodurch Capitulum unter dem Vorsitze des Herrn Fürst Bischoffes, als Domdechantes, die beträchtliche Summe von 30000 fl. unter sich auszutheilen, beschlossen hat, hiemit in Kaiserlichen allerhöchsten Ungnaden verwiesen, und quoad præteritum.

1) Ihm Herrn Fürst Bischofe anbefohlen, längstens in Termino 2. mensium Kaiserlicher Majestät bescheinigter anzuzeigen, auf was Art er den in der Eigenschaft eines Domdechantes genossenen Antheil, wie er in seiner Anzeige vom 30. Mai 1778. behauptet, der fürstlichen Hofkammer ex propriis ersezet habe.

2) Hat gleicher gestalten jeder, der annoch am Leben befindlichen Kapitularen, seinen Betreff in eodem Termino unter ansonsten zu gewarten habender Sperrung der Temporalien zur fürstlichen Hofkammer zu restituiren, Herr Fürst Bischof aber Kaiserlicher Majestät unausbleiblich darüber zu berichten, wie diesem ernstgemessenen kaiserlichen Befehle von samtlichen an diesem Spolio betheilten Domkapitularen die allerunterthänigste Folge geleistet worden sei.

3) Bleibt dergleichen allen Rechten zuwiderlaufendes und zu Schmälerung des Reichslehnbaren Fundi episcopalis gereichendes, auch durch keinerlei Observanz gerechtfertigt zu werden vermögendes, sträfliche Unternehmen, somit durante Sedisvacantia aller Bezug an Geld und Naturalien, oder sonstige Zuwendung einiger Utilitäten dem Kapitel unter der Verwarnung des doppelten Ersatzes, auch anderer, der Beschaffenheit der Umstände angemessenen, obristrichterlichen Vorkehrungen, andurch ein für allemal verboten. Dargegen aber

4) allergnädigst gestattet, daß zur Prägung der gewöhnlichen sogenannten Sterbmünzen eine Summe von 1500 fl. verwendet, wie auch

5) einem jeden Domkapitularen 100. Rthlr. Trauergelder von der fürstlichen Hofkammer verabfolget werden möge.

6) Sind einem Jeden der beeden von dem Kapitel erkiesenen Statthalter, für die während der Sedisvacanz obhabenden Bemühungen bei diesem Hochstifte, ausser den obgedachten Trauergeldern noch besonders 600 fl. zu passiren.

7) Wollen Kaiserliche Majestät den zeitlichen Statthaltern nicht nur alle mögliche Ersparniß, der nur administratorio nomine zu besorgenden Einkünfte des Hochstifts, in allem und jeden anempfohlen, sondern auch andurch zur künftigen unabweichlichen Richtschnur vorgeschrieben haben, daß nach geendigter Sedisvacanz dem neu erwählten Fürsten, sobald als möglich, und längstens innerhalb Jahr und Tag von dessen Regierungs antritte zu rechnen, von der Statthalterschaft sowohl über die geführte interims administration und ganze Verwaltung der pflichtschuldige Bericht erstattet, als auch über den samtlichen Aufwand behörige Rechnung abgelegt werden solle.

IV. In Betreff der fürstlichen Wahlkapitulation lassen es Kaiserliche Majestät zwar *ad Articulum V.* bei der von dem Herrn Fürsten ertheilten und respective zugesicherten Confirmation der bereits vorhandenen, und etwa in Zukunft nüzlich zu errichtenden kapitularischen Statuten, jedoch anders nicht, als daß dieselbe immer Ihro Kaiserlichen Majestät zur Bewillig- und Bestättigung vorgelegt werden sollen, auch allerhöchst Ihro und des Reichs Gerechtsamen tam pro præterito quam pro futuro in allem unnachtheilig, bewenden.

Ad Articulum VII. Hat Herr Fürst Bischof und Kapitel über den eigentlichen Gegenstand des Stadt Speierischen Oberkammeramts sowohl, als über die Beschaffenheit der angeblichen Observanz, wornach zu den Probsteien der drei Nebenstifter præcise ein Domkapitular zu erwählen sein soll, nebst Vorlegung der hierunter angeblich vorhandenen päbstlichen Privilegien Kaiserlicher Majestät in Termino 2. Mensium umständlichen Bericht zu erstatten.

Ad Articulum X. Wird

a) Capitulo der in diesem Artikel vorkommende Ausdruck, einer sich zur Ungebühr beigelegten Erb- und Grundherrschaft, hiemit in Kaiserlichen Ungnaden verwiesen, und dasselbe, sich dergleichen, es sei bei was immer für einer Gelegenheit, fürohin gänzlich zu enthalten, ernstgemessen erinnert.

b) Erklären Kaiserliche Majestät die in diesem Artikel anmaßlich stipulirte Einholung des Domkapitlischen Consenses, soviel die Reichs- und Kreißprästanda, als eine durch den Reichs- und Kreißschluß circa quæstionem an & quomodo schon an sich entschiedenen Sache, betrifft, für gänzlich überflüßig und unstatthaft.

c) Können Kaiserliche Majestät der Eigenschaft der Sache entgegen, die hierinn bedungene Vereinbarung der Landschafts- und Kammerkasse keineswegs gestatten, sondern befehlen andurch, daß solche für die Zukunft, so wie es in Ansehung der zu führenden Rechnungen bedungen ist, gänzlich von einander separirt werden sollen; hingegen finden allerhöchst Dieselbe in alle Wege billig und räthlich, daß

d) dem Domkapitel nach vorgenommener Rechnungsabhöre, sowohl von ein- als anderer Art Rechnungen ein Exemplar zur Einsicht und beständiger Verwahrung eingehändiget werde. Im übrigen aber gewärtigen

e) allerhöchst

e) allerhöchstdieselbe binnen Zeit 2. Monaten des Herrn Fürst Bischofes, und des Kapitels gemeinsamen ausführlichen Bericht, über die Art, wie und von wem das Kollektationswesen der Landessteuern in den Hochstiftischen Landen bisher behandelt worden, auch wie die Observanz beschaffen sei, wenn die einfache Schazung zu Bestreitung der ordinari Reichs-und Kreißprästandorum nicht hinreiche, und aus was für Gründen endlich Kapitulum sich ermächtiget hatte, die fürstliche Hofkammer in diesem Falle zur Uebernahme des Abgangs, wie solches in diesem Artikel geschehen ist, verbinden zu können.

Ad Articulum XIII. Nachdem der Natur der Sache, und dem sich hierauf gründenden von Kaiserlichen Maiestät begnehmigten Vertrage de ao. 1760. ad Gravamen 13. nach, die Gegenwart eines Domkapitlischen Deputati bei der Verpflichtung der fürstlichen Minister, Räthen, und Beamten, in der alleinigen Rucksicht einer Sedisvacanz, außer welcher kein fürstlicher Diener dem Domkapitel verpflichtet ist, von Kaiserlicher Maiestät bewilliget worden ist: als können zwar allerhöchst Ihro die in diesem Artikel festgesetzte Inserirung der Domkapitlischen Pflichten in die jeweiligen Bestallungsbriefe geschehen lassen, doch ist solche namentlich nur auf die in solum casum Sedisvacantiæ den fürstlichen Dienern aufliegenden Pflichten gegen das Domkapitel auszudrucken.

Im übrigen sehen Kaiserliche Maiestät auch darüber, ob es bis anher, und allenfalls seit wann, üblich gewesen sei, die Hochstiftischen Oberämter an Niemand andern als Adliche zu vergeben, dem fordersamsten Berichte entgegen.

Ad Articulum XIV. Lassen es Kaiserliche Maiestät bei dem wörtlichen Inhalt dieses Articuli bewenden, hingegen wird Capitulo die in den allerhöchst Ihro in exhibito de præs. 31. Maji 1779. allerunterthänigst vorgelegten sogenannten rechtlichen Anmerkungen ad Capitulationem intentirte widerrechtliche Erstreckung dieses Articuli auf die von der blosen Willkühr eines zeitlichen Regenten abhangenden Verschickungen in Reichs- und Kreißgesandschaften, auch Reichsbeschickungen, hiemit ernstlich verwiesen.

Ad Articulum XV. Haben Kaiserliche Maiestät bei dieser, nach der Vorschrift des §. 12. des Vertrags de 1760. von dem Herrn Fürsten ad dies Vitæ beschehenen Bewilligung nichts zu erinnern.

Ad Articulum XVII. Hat Herr Fürst und Kapitel binnen 2. Monaten Kaiserlicher Maiestät dieienigen Gründe vorzulegen, wodurch dieselbe bewogen worden sind, in Ansehung der Ordinarikollekten in den domkapitlischen vogteiligen Ortschaften in dem 1771er Vertrage von demienigen abzugehen, was sich diesfalls in dem 1760er von Kaiserlicher Majestät bestättigten, Vertrage disponirt befindet.

Ad Articulum XVIII. Hätten Seine Kaiserliche Maiestät billig von dem Herrn Fürsten erwartet, daß er Allerhöchstihro, als obersten Lehenherrn, von der in diesem Artikul zu Gunsten des Domkapitels stipulirten Subinfeudation mit der reichslehnbaren Territorialobrigkeit in Banerbach, seiner geleisteten Lehenspflicht nach, sofort die schuldige Anzeige zu machen nicht würde unterlassen haben.

Ad Articulum XIX. Da die in diesem Artikel festgesetzte Befreiung der domkapitlischen Officianten von allen Personalprästationen, und diesfällsige Gleichstellung mit den fürstlichen, auf dem nichtigen Grunde der domkapitlischen vorgeblichen Erb- und Grundherrschaft beruhet, als wird nicht nur dieser Artikel gänzlich aufgehoben und annullirt, sondern auch dem Herrn Fürstbischofe in Kaiserlichen Ungnaden verwiesen, daß er sich nicht entsehen hat, mit Hindansetzung seiner gegen Kaiserliche Majestät tragenden Pflichten, die grundlose der Kaiserlichen allerhöchsten obersten Lehenherrlichkeit

lichkeit zu nahe tretende, in allem Betracht verwerfliche, und daher von allerhöchst Ihro Vorfahrern am Reiche durch mehrfältige Erkenntnisse nachdrücklich improbirte, angebliche domkapitlische Erb- und Grundherrschaft in diesem Artikel selbst anzuerkennen.

Ad Articulum XX. Wird auch dieser Artikel, in sofern er die Einziehung der hochstiftischen Feudorum infeudari Solitorum betrifft, hiemit aufgehoben, und des Herrn Fürstbischofes Landes- und lehnherrlichen Willkür lediglich überlassen, derlei Lehen wieder zu verleihen: doch verordnen Kaiserliche Majestät in solchem Falle, daß zuvorderst das heimgefallene Lehen nach Landesbrauche taxirt, und dem Neovasallo auferlegt werde, den dritten Theil des pretii taxati zu bezahlen, welches sodenn nach Ermäßigung eines zeitlichen Regenten zum Nutzen des Hochstifts zu verwenden ist.

Ad Articulum XXVI. Lassen es Kaiserliche Majestät, in soweit dieser Artikel den vorgelegten Verträgen gemäß ist, dabei bewenden.

Endlich wird, soviel den Schluß der Wahlkapitulation belangt, die der landesfürstlichen Gewalt äußerst präjudicirliche somit allenthalben nichtige Clausel, wodurch Capitulum sich unterstanden hat, den Herrn Fürstbischofen zur unumschränkten Begnehmigung aller Tempore interregni geführten Protokollen, und sonst von dem Kapitel durante Sedisvacantia unternommenen Handlungen zu verbinden, anmit gänzlich kassirt, und annullirt: und nicht nur Capitulo dergleichen widerrechtliche Zudringlichkeit für die Zukunft auf das schärfste untersagt; sondern auch dem Herrn Fürstbischofe das allergerechteste Kaiserliche Mißfallen, und billige Befremdung darüber zu erkennen gegeben daß derselbe, anstatt die in diesem Schluß enthaltene, obzwar schon an sich gänzlich unverbindliche, und mit den Pflichten eines gewissenhaften Regenten keineswegs zu vereinbarende, eidliche Zusicherung von sich zu geben, seiner reichsständischen Obliegenheit nach, Kaiserlicher Majestät sofort von dieser Zudringlichkeit, und in so vieler Aussicht anstößigen Kapitulation die Anzeige zu machen, unterlassen hat.

V. Wird sowohl der Herr Fürstbischof als das Domkapitel hierauf ver- und respective zu dessen gemessener Befolgung angewiesen.

Johann Peter Söhngen.

L.

Veneris 2. Martis 1759.

Zu Eichstatt Domkapitel contra den Herrn Bischofen- und Fürsten daselbst puncto diversorum Gravaminum.

1) Ponantur des Herrn Bischofen zu Eichstätt hum. Literæ ad Imperatorem de dato 14. September & præs. 27. Octobr. 1754. ad acta.

2) Haben Ihro Kaiserliche Majestät bey der von dem Herrn Bischofen sowohl, als dem dasigen Domkapitul, in Gemäßheit dessen, was von Weyland Kaiser Leopoldo glorw. Ged. wegen der Bischöflichen Wahlcapitulationen verordnet worden, zu Dero Allerhöchsten Kenntniß, und um Erlangung der Kaiserlichen Confirmation eingebrachter Wahlcapitulation, so viel die Temporalia betrife, folgendes zu erinneren und abzuänderen, und anderweit vorzusehen, für nötig und denen Rechten gemäß zu sein befunden, und zwar

Ad Articulum 1. Soviel die Bedingung betrift, wie diejenige Räthe und Beamte, welche unnötiger Dingen zwischen einem zeitlichen Regenten und dessen Domkapitul Irrungen und

Zwitracht

Zwitracht anrichten, zu bestrafen seyen, wolle es dieser Vorsehung nicht nötig sein, sondern es werde ein zeitlicher Regent von selbsten wissen, in was Art und Maaß er derlei schädliche Rathgebere zu bestrafen habe, oder allen nötigen Falls hierwegen bei Kaiserl. Majestät das weitere anzubringen seye. Gleichwie dann auch hinwiederum das Domkapitul jenen deren seinigen Dienern, welche gleichgeartete böße Rathschläge zu geben, sich unternehmen sollten, ebenmäßig mit Straf zu belegen habe.

Ad Articulum 2. Habe es zwar beim Innhalt dieses Artikuls sein Bewenden. Nachdeme jedoch derlei Bedingungen mehrmalen auch auf den Fall hätten erstreckt werden wollen, wann ein zeitlicher Regent mit Kaiserl. Majestät zu des Reichs und des Stifts eigener Sicherheit, ein Bündniß habe eingehen wollen; so werden derlei Verbindungen und Traktaten, gleichwie es sich von selbsten verstehet, davon ausdrücklich ausgenommen.

Ad Articulum 3. Habe es zwar ebenermaaßen dabei sein Verbleiben, daß, wenn ein zeitlicher Regent ausser denen Stiftslanden auf eine längere Zeit verreißet, von demselben ein Statthalter aus dem Mittel des Domkapituls bestellet werde: wen aber derselbe in Gesandschaften und anderen Verschickungen gebrauchen, Ingleichen ob Er die præsidia deren Stellen (Collegien) Domkapitularen, oder anderen Personen anvertrauen, und welchen Gehalt er solchen beilegen wolle, dieses hange von dem Gutfinden eines zeitlichen Regenten lediglich ab, und werde dieser auf seine Kapitularen, wann dieselbe zu derlei Dienstverrichtungen die erforderliche Fähigkeit haben, und solchen gebührend nachkommen wollen, die vorzügliche Rücksicht allschon von selbsten zu nehmen, die Vizepräsidenten aber, wann deren Ansetzung nötig sein sollte, nach seinem Gutbefinden zu bestellen wissen.

Es hätten dahingegen die solcher gestalten zu Fürstlichen Diensten angestellt werdende Domkapitularen dem zeitlichen Regenten eigens zu geloben und zu schwören, in ihrer Dienstleistung dessen Gebotten allein nachzuleben; gleichwie auch demselben die Ahndung deren etwaigen Amtsverbrechen und Mängel zustehe, und die also angestellte Statthalter, Präsidenten und Vizepräsidenten, Er nach seinem Belieben und Gutfinden anwiederum abänderen möge.

Ad Articulum 4. Nachdeme in denen nachfolgenden Artikuln allschon diejenige Fälle benennet, und ausdrücklich angeführet worden seien, welche pro Causis gravioribus & arduis könnten geachtet werden; so seie ein diesfallsiger weiterer Vorbehalt überflüßig und unnötig.

Anlangend dahingegen die Activcapitalien; so solle ein Unterschied zwischen jenen zu machen sein, welche ein zeitlicher Regent bei dem Antritt seiner Regierung vorgefunden habe, und denen welche Er währender Regierung selbsten erwerbe: wo dann wegen deren ersteren es billig seie, und das Beste des Stifts erheische, daß derlei Capitalien nicht anderst, als mit Wissen und Willen des Domkapituls, jedesmalen an sichere Orte ausgeliehen würden; wegen deren letzteren aber einem zeitlichen Regenten allerdings frei zu bleiben habe, solche nach seinem Gutbefinden auszuleihen, oder sonsten, zum Besten des Hochstifts anderweit zu verwenden.

Und da übrigens ein zeitlicher Regent, nach seinen gegen das Hochstift tragenden Pflichten, allschon von selbsten gemeinet sein werde, in abgebenden Schankungen, (welche Er jedoch nicht anderst, als von dem Ertrag derer jeweiligen Einkünften machen, keineswegs aber einige des Stiftslande, Rechte, oder alte Kapitalien, begeben könne,) die Regul einer guten Wirthschaft nicht zu überschreiten; so werde deren Abreichung dessen eigener vernünftiger Anwendung überlassen.

Ad Articulum 5. Bleibe einem zeitlichen Regenten nicht allein frei und bevor, sondern es geschehe auch von demselben wohl daran, daß Er die feuda iufeudari Solita, und zwar seines Gefallens, ohne daß es diesfalls eines Consenses des Domkapituls bedörfe, anwiederum begebe: auf daß jedoch dem Hochstift von einem solchen Lehensheimfall einiger Nutzen zugehe; so wollen Ihro Kaiserl. Majestät den Herrn Bischofen dahin angemahnet haben, daß wegen deren heimfallenden und anwiederum begebenden Lehen, es in der Maaß gehalten werden wolle, daß solche nach einem dasiger Orten üblichen Anschlag taxiret, und der dritte Theil sothanen Anschlages von dem neuen Lehenmann erstattet, sofort dieses Geld zum Besten des Hochstifts angewendet werde.

Ingleichem bleibe einem zeitlichen Regenten frey, wann (wem) Er die in Erledigung kommende Erbämter anwiederum verleihen wolle; jedoch, daß Er zu diesen solche Personen nehme, wider welche das Domkapitul, nach deren Ernennung, keine gegründete Einwendung haben möge.

Nicht minder habe ein zeitlicher Regent seinen Kanzler, Ministers, Räthe, auch Oberbeamte, Pfleger, und übrige Bediente, lediglich nach seinem Gutfinden an- und aufzunehmen.

Und ob zwar es sich ohnehin gebühre, daß die Kammer und Steuerkassen von einander abgesöndert, und eine jede deren in einen eigenen Verschluß genommen werde, in gleichem wohl daran geschehe, daß die Kammer sowohl, als die Landschaftsrechnungen alljährlich in Beisein etlicher Deputirten des Domkapituls abgehöret werden; so wolle jedoch es nicht nötig sein, daß das Domkapitul an den Verschluß ein- oder der andern dieser Kassen Antheil nähme; sondern es wäre genug, daß der bei einer jeden Kassa sich alljährlich zeigende Rezeß in der Rechnung gebührend angemerket werde; gleichwie dann auch wegen der Abhörung deren Rechnungen die domkapitulische Deputirte einiges Diätengeld, wenn die Abhörung in Loco Eichstätt beschähe, nicht zu erfordeten, und in die Spezialrechnungen weiter nicht einzusehen hätten, als deren Einsehung zu der Erläuterung deren Generalrechnungen nötig sein möge.

Uebrigens seie es billig, daß nicht allein die Kammer- und Landschaftsräthe, Beamte, und sämtliche des Hochstifts Offizianten und Bediente, dem Domkapitul mitverpflichtet würden; jedoch nicht anderst als in Casum Sedisvacantiæ; wohingegen für die Lebenszeit eines zeitlichen Regenten alle Ministri, Räthe und Bediente, in dessen alleinigen Pflichten und Gehorsam stünden; welchem nach also dem Domkapitul frey zu lassen wäre, daß dasselbige einige Deputatos de gremio ad Locum & actum der Verpflichtung absenden möge.

Ad Articulum 6. Stehe es einem zeitlichen Regenten frey, die Pflegen gleich übrigen Diensten, nach seinem Gutdünken zu begeben, und wegen der Verpflichtung derer Pflegere wäre es bei der so eben ad art. 5. bemerkten Anordnungen ebenmäßig zu belassen.

Anlangend dahingegen den Stadtrichter; so habe es dabei sein Verbleiben, daß solcher von einem zeitlichen Regenten nicht anderst, als mit Consens des Domkapituls, angenommen werde; ingleichem, daß er an solches den Eid gewöhnlicher maßen mitablege, und demselben weiter die auch gewöhnliche Verschreibung abgebe.

Was es aber mit dem Schloß Hauptmann zu Willibaldsburg für eine Bewandsame habe, darüber habe der Bischof zuforderst umständlich zu berichten.

Ad Articulum 7. Habe der Herr Bischof gleichmäßig umständlich zu berichten, was es mit der Besteurung deren dem Domkapitul, wie auch denen domkapitulischen Prälaturen und Dignitäten, angehörigen Ortschaften, oder auch einzelen Unterthanen, für eine Bewandsame habe, und wie das wegen des Domkapituls jährlich a 200 fl. benannte Steuerquantum eigentlich gemeint seye.

Ad

Ad Articulum 9. Habe es so viel die Reichs und Kreiß præstanda, und die zu deren Bestreitung auszuschreibende Steuern betrift, als in einer durch den Reichs- oder Kreißschluß als schon ausgetragenen Sache, des domkapitlischen Consenses nicht nötig; wo hingegen es billig und der Verfassung des Hochstifts Eichstätt gemäß sei, daß die für die übrige Landeserfordernisse nötige Steuerabgaben nicht anderst, als mit Consens des Domkapituls, angesetzet würden.

Soviel aber die Concurrenz des Domkapituls bei der Repartitzion deren Steuern, wie auch die Rathssätzung und Benennung, auch Anstellung derer Satzleute betreffe, darüber habe der Bischof sowohl, als das Domkapitul, zuforderist umständlich zu berichten, was es damit allenthalben für eine Bewandsame und bei der hierwegen angetragenen Vorsehung für eine eigentliche Meinung habe; wo übrigens wegen Bestellung der Nachtwach es bei der diesfallsigen Anordnung sein Verbleiben habe, und der Herr Bischof sowohl, als das Domkapitul, auf deren im Jahr 1598. wolverfaßte Erneuerung, als eine allenthalben löbliche Vorsehung, hiemit ausdrücklich angewiesen würden.

Ad Articulum 10. Wäre einem zeitlichen Regenten mehremalen frey, und dessen für die Förderung des Hochstifts bestens zutragen habender Obsorge anheimzulassen, durch wen Er die Visitation des Hochstifts in Temporalibus von Zeit zu Zeit vornehmen lassen wolle.

Anlangend die Strafgelder, wann die Hünde mit Prügeln nicht behangen werden; so hätten zwar diese dem Domkapitul in dessen Vogteilichen und Jagdbaren Bezirk zu verbleiben: dahingegen in denen Hochstiftischen Förften, Jagd und anderen Bezirken, und Landen solche einem zeitlichen Rezenten billig gebühreten.

Ingleichem könnten Ihro Kaiserl. Majestät, die von dem Domkapitul angetragene Bedingniß eines demselben neu anzuweisenden Jagdbezirks und dessen Mitgliedern abzureichenden Deputats an Wildpret nicht gestatten; gleichwie dann auch

Ad Articulum 11. Soviel den Punkt angehe, daß die Dignitates deren Nebenstifter nur allein an Kapitularen des Domstifts conferiret werden sollen, Ihro Kaiserliche Majestät ein Bedenken trageten, solchen, in so weit es die Jura Cæsarea betrefe, zu konfirmiren.

Ad Articulum 12. Hat Herr Bischof sowohl als das Domkapitul, zuforderist umständlich zu berichten, und damit zu erläutern, was für eine Anordnung mit der Fabrica der dasigen Domkirche bestehe, und aus was Ursachen die Halbschied deren Baukosten der Mensæ Episcopali wolle aufgelegt, auch woher die andere Helfte der diesfallsigen Erforderniß solle bestritten werden.

Ad Articulum 13. Habe der Herr Bischof ebenmäßig zu berichten, und das Domkapitul zu gleicher Zeit gehörig zu erläutern, was für eine Bewandsame es mit der dem Domkapitul auf allen seinen Lehenzinnß- und Gültleuten nachgelassen werden wollender Vogtey und Scharwerks Freyheit, wie auch mit der Cent- einfall Freyheit all und jeder Domkapitularischen Güter habe; mit der insonderheit darüber zu ertheilen seyender Auskunft; Ob es die Meynung habe, die Schaarwerks-Freyheit auch auf die Heer und andere allgemeine, wie nicht minder auf die Reparation deren Landstrassen, dann Fürstlicher Residenz- und Amts- auch Centgebäu nötige Frohnen, dann ferner auf die Rays, Folg und Musterung, zu erstrecken? Und was der wegen der Cent angezogene Vertrag vom Jahr 1685. in seinem ganzen Innhalt besage.

Uebrigens habe es zwar dabei sein Verbleiben, daß das Domkapitul eine eigene Wald- und Forstordnung, soviel dessen Waldungen betrefe, machen könne, und die Forst Frevler gehörig zu

 bestrafen

bestrafen habe: Es werde aber damit denen Landesherrlichen Rechten eines zeitlichen Landesregenten nicht benommen, sondern es stehe demselben allerdings zu, darunter nöthigen Falles eine dem allgemeinen Besten des Landes nötig erachtende Vorsehung zu machen; gleichwie dann auch das dem Domkapitul zustehende Recht, Forstfrevler zu Bestrafen, sich nicht weiter als auf dessen Waldungen, oder wo sonsten dasselbe das Forstrecht Rechtserweislichermaßen hergebracht, zu erstrecken habe.

Ad Articulum 14. Habe der Herr Bischof ferner zu berichten, was es mit dem von Weil. Herren Bischofen Moritz errichteten Saalbuch und mit dem Neugereut dasiger Landen für eine Bewandsame habe?

Ob aber, und unter was Bedingungen, die Juden und deren Gewerb in des Hochstiftslanden zu dulden seien oder nicht? Dessen Verfügung und Anordnung wäre dem Gutbefinden eines zeitlichen Regenten lediglich anheim zu lassen.

Ad Articulum 16. Habe der Herr Bischof ebenmäßig zu berichten: aus was Ursach die Zahl deren Canonicorum in denen beiden Stifteren Heerden und Spalt, gegen die alte Fundation, wolle vermindert werden?

Ad Articulum 17. Möge dem zeitlichen Regenten kein Ziel und Maaß gegeben werden, sondern hange es von dessen Gutfinden lediglich ab, was er seinen Räthen und Dieneren zur Besoldung, nach denen Kräften seines Stiftseinkünften, reichen könne und wolle: diesemnach werde dem Herrn Bischofen anheimgelassen: ob und in was Maaß er jene Bewilligung begnehmigen wolle, welche das Domkapitul sede vacante ertheilet habe: für das künftige aber werde das Domkapitul, dieser und anderer Punkten halber, an jenes gewießen, was in denen Rechten, wegen der sede vacante einzuhalten seyender Gebühr verordnet sei.

Ad Articulum 18. Habe der Herr Bischof sowohl als das Domkapitul, weiter zu berichten, was es mit demjenigen dem Dombechant beigelegt werden wollenden, Jure obsignationis in der Stadt Eichstätt, wie auch mit der Anlegung einer Getreidsperr für eine Bewandsame habe, und was für Ursachen das Domkapitul für sich angeben möge, daß dessen Wissen und Bewilligung vor der Anlegung einer Getreidsperr erfordert werde?

Ad Articulum 19. Habe der Herr Bischof gleichfalls zu berichten, wie es vorhin wegen der sogenannten Handgeldern eines zeitlichen Regentens dasigen Hochstifts seie gehalten worden, und was zu der angetragenen anderweiten neuen Anordnung den Anlaß gegeben habe.

Dahingegen die von denen Domkapitularen zu ihrem Vortheil beigefügte Bedingung eines adjuto aus denen Mitteln Mensæ episcopalis, und dieser zur Beschwerung keineswegs, gebilliget, noch auch der Bischof zu Anlegung eines Fundi für die Vermehrung des Cleri von dessen Domkapitul verbunden werden könne.

Ad Articulum 20. Wäre lediglich dem Gutfinden eines zeitlichen Regenten heimzulassen, wann, und wie oft, auch in was Art und Weiße, derselbe die Domkapitularen zu seiner Tafel ziehen, und was derselbe dabei, dem etwaigen Herkommen gemäß beobachten lassen wolle.

Ad Articulum 21. Habe der Herr Bischof ferner zu berichten, was es mit denen Domkapitularischen Läden, wie auch mit der einem zeitlichen Dombechant zustehen sollender Befugniß in Erlaubung des Feilhabens, dann mit dem angeblichen Jure pincernandi des Domkapitulischen Wirths zu Irgersheim, und mit der Domkapitulischen Apotek zu Eichstätt für eine Beschaffenheit habe,

wegen

wegen dem zu Bergingen neu angelegten Plasterzoll aber habe er, der Herr Bischof, in Separato zu berichten und dieses Reichssatzungswidrigen Unternehmens halber sich standhaft zu verantworten.

Ad Articulum 22. Habe der Herr Bischof sowohl, als das Domkapitul, näher zu erläutern, warum bey der vorhin errichteten Polizeyordnung ein Bedenken obwalte, so, daß deren Abänderung nötig sein wolle, dann aus was Ursachen das Domkapitul vermeine, daß zu der Errichtung einer solchen Landesherrlichen Vorsehung dessen Wissen und Bewilligung zu erforderen seyn wolle.

Was sonsten am Ende dieses Artikuls von vorherigen älteren Capitulationen und sonderen Verschreibungen derer Ober-Amtmännern und Pflegern gemeldet werden wolle, darein könnten Ihro Kaiserliche Majestät, soviel den ersten Punkt betrift, nicht willigen, nachdem in eine solche allgemeine Meldung alles könnte eingezogen werden, und daraus in der Folge nichts als Streit und Irrung erwachsen würde: wegen dem anderen Punkt aber seye hieroben allschon genüglich vorgesehen worden.

Ad Articulum 24. Stehe dem Kapitul keineswegs zu, den Electum, nach der einmal richtig vollbrachten Wahl, von der Verführung der Landesregierung ab- und aufzuhalten, oder sonsten einiger das Hochstift betrefender Geschäften und Anliegenheiten sich weiter zu unterziehen: sondern, gleichwie Ihro Kaiserliche Majestät sogleich nach vollbrachter Wahl (wann anderst Allerhöchst dieselbe dabey einen bedenklichen Anstand nicht befindeten) die Verführung der Landesregierung, und Uebung aller Regalien, dem neuerwehlten Bischofen durch Dero Kaiserlichen Commissarium heimzulassen pflegeten; so haben an deren Uebung das Domkapitul künftighin einen zu erwählenden Bischofen nicht mehr zu hinderen, sondern davon gänzlich abzustehen; Wo übrigens.

Ad Articulum 25. Jenes anhero wiederholet werde, was hieroben allschon ad Art. 21. seye erinnert worden, ansonsten auch der Herr Bischof ohnehin gemeinet seyn werde, auf alles dasjenige fest zu halten, was zum Besten des Hochstifts verabredet, oder gutachtlich angerathen worden; und endlich wegen dem angetragenen Kompromiß beeden Theilen frey bleibe, dessen sich in vorkommenden Fällen, zur gütlichen Auskunft, jedoch sine ulla forma judicii, zu gebrauchen.

3) Cum notificatione & acclusione dieser Kaiserl. allerhöchsten Entschlißung, rescribatur dem Herrn Bischofen zu Eichstätt, wie auch dem Domkapitel daselbsten, jedem in separato: daß sie darnach sich allergehorsamst zu achten, über die zur weiteren Erläuterung angesetzte punkten aber in Zeit von 2. Monaten den erfoderten Bericht allerunterthänigst zu erstatten hätten; worauf sodann weitere allerhöchste Entschliesung erfolgen werde.

M.

Rescriptum Cæsareum.

Ad Celsissimum Principem & Episcopum Würceburgensem de dato Viennæ 11ma Septembris 1698.

Leopold von Gottes Gnaden erwählter Römischer Kaiser zu allen Zeiten Mehrer des Reichs 2c.

Ehrwürdiger Fürst lieber Andächtiger.

Euer Andacht wird guter maßen erinnerlich sein, was die jetzt regierende päbstliche Heiligkeit in Conformitæt und Extension Ihrer Vorfahrer Päbsten Nicolai III. Pii V. und Gregorii XIII. ergangenen Verordnungen zu einsmaliger gänzlicher und würklicher Abstellung deren insgemein bei denen in des heil. Röm. Reichs Erz und Stiftern fürgehenden Wahlen und Postulationen eingerissenen Capitulationen, sub dato den zwei und zwanzigsten September Anno sechszehenhundert fünf und neunzig für eine neue Bullam publiciren zu lassen insonderheit auch, daß sie Euer Andacht mit Dero untergebenen Domkapitul beliebte *Capitulation prævia Causæ cognitione separatim* für null und nichtig erklärt und Cassirt haben. Wann uns nun Se. Päbstliche Heiligkeit ersuchet, dieser Dero löblichen Intention und heilsamen Verordnungen die Kaiserl. Hand zu bieten, und Wir dann selbige mit vorbehalt der Concordatorum Germaniæ auch Unserer und des Reichs Gerechtsamen nicht improbiren können, da bevorab Wir mißfällig wahrgenommen, wie daß ein und anderes *Capitulum* bei ereignenden Fällen durch die *Capitulationes* denen wählenden oder postulirenden Bischöfen und Fürsten, von denen von einem zeitlichen Röm. Kaiser ihnen zu Lehen verliehenen Regalien und Weltlichkeiten einen großen Theil ab- und an sich ziehen, und in ein Condominium eindringen wolle, wodurch dann sothane Geistliche Fürsten also eingeschränkt worden, daß wann ein Casus necessitatis des gesammten Reichs, oder auch solchen Stifts in particulari vorgefallen, sie zufolge ihres bei Empfahung der Reichsregalien abgeschwornen theuren Eids nichts oder wenig prästiren können, ja wann sie sogar mit Uns als Röm. Kaiser zu des Reichs und ihrer eigenen Sicherheit eine Bündniß eingehen wollen, auch diessfalls zuweilen durch die Capitulationes gebundene Hand gehabt, als wann nicht Wir als Röm. Kaiser, sondern das Capitulum dergleichen Landesfürstliche Jura zu übergeben hätte. Anderer daraus entstandener und ferner besorgender Inconvenientien, auch Mißtrauen und continuirlichen Streits und Irrungen zwischen Haupt und Gliedern zu geschweigen. So verordnen und gebieten Wir hiemit gnädigst, daß hinführo das Domkapitul zu Wirzburg bei künftig Sedisvacanzen und darauf erfolgenden Electionen oder Postulationen vor oder nach, weder für sich insgesamt, noch einem particulari zum Besten viel oder wenig *circa temporalia, regalia nempe Jura territorialia, Cameralia, & politica* als da seind *Constitutiones Judiciorum, & officialium Secularium*, und dergleichen, und was in *Summa* von einem zeitlichen Röm. Kaiser einem jedesmaligen Bischofen zur Lehn verliehen wird; auch sonsten durch die *Constitutiones Imperii* demselben als einem Reichsfürsten zukomt, Capituliren oder *Concordata*, vergleich oder Bündungen machen sollen, gestalten Wir alles das, was diesem Verbott entgegen, vor- oder nach denen Wahlen oder Postulationen geschehen mögte, jezt alsdann, und dann als jezt, für null, nichtig, und kraftlos erklären, auch mit gleichmäsiger Abrogation deren in Eingangs gemeldter Päbstlicher Bulla enthaltenen Gegenbehelfen bei Unsern und des Reichs höchsten und anderen Gerichten hierauf nichts erkennen, sondern solches alles ohne Effect, Execution und Würkung solang überbleiben lassen werden, bis ein erwählter oder postulirter Bischof zu Würzburg neben dem Capitulo dergleichen *Capitulationes, concordata*, Beding oder Vergleich zu unserer Kaiserl. Erkanntniß eingeschicket, und Wir dieselbe wirklich confirmirt haben; Wie Wir dann auch nach dem Exempel der Päbstlichen Heiligkeit die bereits hiebevor dieser Unserer allergnädigsten Intention zuwider begriffene Capitulationes keineswegs approbiren, sondern derzeit nach (jedoch ganz ohnvorgreiflich und ohne Consequenz) dahin gestellt sein lassen, mit der angehängten Versicherung, daß Wir in Examinirung dergleichen Uns einschickender Capitulationen Uns dergestalt erklären werden, daß der Bischof und das Capitulum Unser ihnen zutragende Kaiserl. Clemenz, nach Gestalt der Conjuncturen und Umstände gnugsam zu verspüren, folglich sich zu beschwehren keine befugte Ursach haben werden; Gesinnen demnach an Eure Andacht gnädigst, daß sie diese Unsere Kaiserl. Verordnung ihrem Domkapitul gebührend insinuiren, und Documentum factæ Insinuationis Uns gehorsamst einsenden,

senden, nicht weniger ihres Orts darob halten wollen; hierinn beschiehet Unser gnädigst gefälliget Will und Meinung, und Wir verbleiben Deroselben mit Kaiserl. Gnaden und allen Guten wohlbeigethan. Geben in Unserer Stadt Wien den 11ten September Anno Sechszehenhundert acht und neunzig: Unser Reiche des Römischen im ein und vierzigsten, des Hungarischen im vier und vierzigsten, und des Böheimischen im zwei und vierzigsten.

Leopold.

N.

Bulla ab Innocentio Papa VI. Anno 1352. pontificatus sui Anno primo contra articulos ab Episcopo Spirensi Gerhardo juratos (capitulationem vulgo dictam) emanata.

Innocentius Episcopus Servus servorum Dei, dilecto filio abbati Monasterii Weisenburgensis spirensis Diœcesis salutem & apostolicam Benedictionem: ad audientiam nostram pervenit, quod olim venerabilis Frater noster Gerhardus Episcopus spirensis tunc existens ex certis legitimis Causis inhabilis & intrusus in Episcopatum spirensem, Capitulo Ecclesiæ spirensis per suas Literas suo Sigillo sigillatas recognovit, & publice professus fuit contra Veritatem, quod ipse inter statuta & loco statutorum dictæ Ecclesiæ viderat, legerat, & examinaverat, commemoratos & insertos hujusmodi articulos; videlicet *quod Episcopus spirensis, qui pro tempore est, contra prælatos, canonicos & alios clericos, cujuscunque ordinis seu conditionis, obligatos Capitulis Ecclesiarum spirensium, & eorum Familiam nullam habet jurisdictionem, nec aliquis nomine suo nisi Decanus & Capitulum Ecclesiæ, cui dicti Prælati, Caonici, & alii Clerici sunt obligati, essent in hac parte negligentes, vel nisi denunciarent dicto Episcopo, Prælatos, Canonicos & alios Clericos communius esse inobedientes; & quod tam in specie, quam in gennere ratas habere debet omnes consuetudines approbatas & obtentas Capitulorum Ecclesiarum Spirensium, & eis attinentium cum juribus eorum. Quodque non debet facere vocari vel vocare Decanum & Capitulum Ecclesiæ spirensis extra civitatem Spirensem super aliquibus Tractatibus sine eorum consensu. Et quod non debet procurare vel procurari facere visitationem vel mandatum aliquod a superiore aliquod, quod esset contra jura & consuetudines obtentas, & approbatas Ecclesiarum conventualium & in eorum vergeret incommodum & jacturam. Quodque communiter Ecclesias & maxime suam vel earundem personas, si ipsi offeratur mandatum, sponte non debet recipere, sed debet resistere, quantum de jure esset resistendum. Et quod ipse, vel aliquis nomine suo non debet impetrare apud superiorem quemcunque aliquid contra prædicta statuta in toto, vel in parte revocari, sed ipsa & quemlibet articulum in eisdem statutis positum fideliter & firmiter debet observare cessante quolibet dolo & fraude. Quodque Ecclesiam majorem & omnes alias Conventuales, Parochias, Capitula, & Personas ecclesiasticas, & ipsorum bona, Domos, Curias & Homines Civitatis, & Diœcesis & familias in suis Juribus, statutis; & consuetudinibus, & immunitatibus inviolabiliter debet observare. Et quod super omnibus dubiis, litibus, & contentionibus, quas oriri contigerit, inter ipsum ex parte una, & Capitulum, vel personas ejus ex altera contingentibus specialiter & generaliter Privilegia, statuta, consuetudines, jura vel libertates Ecclesiæ recurrendum est per ipsum ad Capitulum Ecclesiæ spirensis cessante omni contradictione & occasione; & quod hujusmodi Capituli concordi vel majoris partis sententiæ stare debet & parere,* dictusque Gerhardus Episcopus statuta & articulos hujusmodi ex certa sententia *innovavit, ratificavit, & confirmavit,* & ea omnia & singula servare & tenere *bona fide promisit*, super his præstito ab eodem Gerhardo Episcopo juramento; & desuper confectis Litteris ejusdem Gerhardi Episcopi Sigillo munitis NB in episcopalis jurisdictionis non modicum detrimentum. Cum igitur juramentum iniquitatis vinculum esse non debeat,

beat, nostraque intersit, super hoc de opportuno remedio providere, Discretioni tuæ, per apostolica scripta mandamus, quatenus vocatis, qui fuerint evocandi, si tibi Constiterit ita esse: Non obstantibus Litteris supra dictis denunties, *approbationem, Ratificationem, Confirmationem, & promissionem ac juramentum hujusmodi non tenere, Contradictores auctoritate nostra,* appellatione postposita *Compescendo.* Datum avinione quarto Idus Aprilis, Pontificatus nostri Anno primo,

O.

Lunæ 13. *October* 1727.

Chur-Cölln contra das Domkapitel daselbsten, in puncto der Land- und Kraisausschreibung.

Publicatur Resolutio Cæsarea. Ihro Kaiserliche Majestät haben gehorsamsten Reichshofraths allerunterthänigstes Gutachten allergnädigst approbiret, in Gefolg dessen rescribatur cum inclusione des Churfürstlichen Schreibens dem Domkapitel zu Cölln. Gleichwie Ihro Kaiserlichen Majestät ihme, dem Domkapitul, an dessen aus der bekannten Erb-Landesvereinigung und andern confirmirten secundum leges patrias eingerichteten und der Kaiserlichen Auctorität oder denen Kaiserlichen Investituren und Regalien nicht Derogirenden *pactis* wie auch sonst erweislich wohlhergebrachten Recht und Gerechtigkeiten keinen Abbruch geschehen lassen wollten: so könnten doch aber auch Allerhöchstdieselbe nicht gestatten, daß der Herr Churfürst an seiner sonst habenden Landesfürstlichen Hoheit und Regalien durch erstgedachter Gerechtigkeiten allzu weite Extension, und über dasjenige, so in erwehnten Landesgesezen enthalten, oder sonsten *auctoritate publica* vestgestellet worden, beeinträchtiget werde. Diesemnach wollten Ihro Kaiserl. Majestät bemeltes Domkapitul von allen dergleichen Zumuthungen und über die Gebühr anmassenden Einschränkung der Landesfürstlichen Regierung und Regalien, hiermit allergnädigst abgemahnet, hingegen dahin erinnert haben, ihme, dem Herrn Churfürsten darinnen zumalen in solchen Reichshandlungen, welche derselbe auf Kais. speciales Ansinnen und besondere Gesandschaft der Kaiserl. allergnädigsten Intention gemäß zu vollziehen, bereit und willig ist, auch wo sowohl die Beförderung Ihrer Kaiserl. Maj. allerhöchstes Interesse und zugleich die Wohlfahrt des Römischen Reichs, Hauptsächlich mit versiret, als auch der allgemeine Wohlstand, es anders nicht zulässet, keineswegs hinderlich zu sein, sondern sich gegen ihme, dem Herrn Churfürsten zu des gemeinen Weesens Besten allenthalben friedsam und ruhig, folglich dergestalt zu betragen; damit derselbe sich deshalben bei Ihro Kaiserl. Maj. ferners zu beschweren keine befugte Ursach habe, auch andere kaiserliche Verordnungen hierinnfalls ergehen zu lassen, nicht nöthig seyn möge, worüber dann, und wie dieser Kaiserlichen Abmahnung in Zukunft gehorsamste Folge geleistet werden wird, Ihro Kaiserlichen Maj. von ihme dem Domkapitul der gehorsamsten Anzeige allergnädigst gewärtig seyn wollten.

2. Hoc notificetur dem Herrn Churfürsten zu Cölln per rescriptum in Antwort auf sein Schreiben.

P.

Allerdurchläuchtigster rc.

Euer Kaiserl. Maj. haben bereits die höchste Gnad gehabt zu meiner allerunterthänigsten Danknehmigkeit eine Hofcommission zu ernennen, um diejenige Differentien auf das kürzeste abzuthun, welche zwischen meinem Hochstift und meinem Domkapitul zu Speier bishero obgewaltet ha-

ben,

den, zu welchem Ende ich auch allschon meine Bevollmächtigte nach der ergangenen allergnädigsten Weisung behörig instruiret habe, worbeinebens ich nichts mehr wünschte, als daß gedachtes mein Domkapitel von eben der nemlichen Gedenkensart, sofort nicht vielmehr das Werk geflissentlich aufzuhalten, und ins weite zu spielen gesonnen sein mögte, so bin ich vollkommen versichert, daß alsdann unter allerhöchster Authorität und Vermittlung Euer Kaiserl. Maj. aus der Sache bald ein ganzes gemacht, und sothaner verdrüßliche Handel zu einer baldig gedeihlichen Endschaft beförderet werden könnte; da ich aber gleichwohlen zum voraus einsehe, daß jedannoch keine vollkommene Ruhe und Ordnung erfolgen werde, wann auch schon die dermalige Zwistigkeiten gehoben, und aus dem Weg geraumet werden, in sofern Euer Kaiserl. Maj. nicht allergnädigst geruhen, auch vor das künftige und in specie bey sich nach göttlicher Verhängniß über kurz oder lang ereignenden Sedisvacantien solche Verfügungen zu thun, welche hinreichend seyn werden, mein Hochstift vor Schaden und dessen *Ministres*, Räthe und Bedienten vor allerhand Vexationen und Prostitutionen sicher zu stellen; ich lege zu diesem Ziel und Ende Abschrift der mir aufgedrungenen, wiewohlen durch Päbstliche Bullen sowohl, als auch durch Kaiserliche Rescripta schon vorlängst vor null und nichtig erklärten Wahlkapitulation hiebei, woraus Euer Kaiserl. Majestät des breiteren zu entnehmen geruhen werden, wie weit von mehrgedachten meinem Domkapitul in die zumalen von Euer Kaiserl. Maj. und dem Reich zu Lehen rührende Hochstifts Gerechtsame bishero fast in allen Stücken eingegriffen worden seye, es würden die diesfallsige Eingriffe auch noch mehreres in die Augen fallen, in sofern Euer Kais. Maj. allergnädigst geruhen wollten, ofterwehnten meinem Domkapitul die Auflage zu thun, daß dasselbe die in Handen habende ältere Capitulationes behörig produciren, und vorlegen solle, woraus sich alsdann ganz deutlich veroffenbaren würde, wie bey jedem Fall weiter gegangen, und die Jura meines Hochstifts von Zeit zu Zeit immer mehr geschmähleret worden seyen, woraus nunmehro eine verjährte possession und ein darmit verknüpfet seyn sollendes volles Recht erzwungen werden will, es wird auch dieses Uebel vors künftige ganz sicherlich immer weiters einreisen, somit die Hochstiftische Gerechtsame zuletzt vollends gar verschlungen, und vereitlet werden, in sofern Euer Kaiserl. Majestät nicht bey Zeiten annoch zu steuren geruhen werden. Euer Kaiserl. Maj. überlasse ich solchemnach lediglich, was allerhöchstdieselbe hierinnfalls zu verfügen vor gutfinden werden, welchem ich mich dann meines Orts allergehorsamst unterwerfen, und ganz willig fügen werde. Damit aber Euer Kaiserl. Maj. einiger maßen informiret seyn mögten, in was die gegentheilige Excessen eigentlich bestehen, welche sede vacante gemeiniglich zu geschehen pflegen, so habe ich gegenwärtig einige wenige punctatim und specifice zu berühren vor unumgänglich nötig befunden und zwar

1mo. Werden gemeiniglich alle Briefschaften in dem Cabinet und denen Kanzleyen von einer besonderen Domkapitularischen Deputation durchsuchet, ohne den Hochstiftischen Kanzlarn oder sonsten jemand von der Landesregierung darzu zunehmen, woraus dann zu entstehen pfleget, daß die geheimste Correspondenzien mit Kaiserlichen und anderen Ministris, wie auch die verborgene Familiensachen kund und offenbar gemacht werden; desgleichen geschiehet es auch mehrmalen, daß allerhand Piecen bey derlei Durchsuchungen deren Cabineteren und Kanzleyen zum grösten Nachtheil des Hochstifts auf die Seite gebracht werden, auch verschiedenes von der Verlassenschaft verlohren gehet, und distrahiret wird.

2do. Werden die Protocolla durchsuchet, um zu sehen, welcher Rath in dieser oder jener Sache referens, und in Sachen des Domkapituls etwa contrarii voti gewesen ist, wornach alsdann

3tio. Die Räthe und Bediente misshandlet, auf das äuserste prostituiret, und öfters ohne das mindeste Verschulden und blos aus der Ursache, weil dieselbe bey Lebzeiten deren Hochstifts Regenten nicht nach des Domkapituls Intention mit Hindansetzung ihrer dem Hochstift geleisteten theuren Pflichten handlen und geleben wollen, mit schimpflichen Arresten beleget werden.

4to. Werden die Hochstiftische Räthe und Bediente auch noch bey Lebzeiten deren Bischöfen und Landesregenten mit Cassationen, ja sogar bedrohet, daß dieselbe samt ihren Kinderen bis auf mehrere Generationes von allen Bedienungen und Gnaden ausgeschlossen werden sollen, wie dann unter anderen dem sicheren verlaut nach würklich ein dergleichen Capitular-Conclusum gegen einen gewissen Advocatum (welcher sich gegen mein Domkapitul gebrauchen lassen) abgefaßet seyn solle.

5to. Werden tempore Sedisvacantis von dem Domkapitul verschiedene neue Räthe und Bediente nicht ohne besondere Beschwehrung der Cameral Cassæ mit Bestallungen angenommen, und die Dicasteria übersetzet, und zwar öfters mit solchen subjectis, welche ganz unfähig und nicht zu gebrauchen seind.

6to. Werden gegen die abgelebte Bischöffe und Hochstifts Regenten Untersuchungen angestellet, und öfters die so sauer erworbene Verlassenschaften, mit Arrest beleget, nicht anderst als wann das Domkapitul judex Competens über einen Bischof und Landesherrn sein könnte.

7mo. Thut sich das Domkapitul nebst denen gewöhnlichen Trauergelderen a Mensa episcopali gewisse Geldsummen ganz eigenmächtig zueignen, so daß öfters einem jeden Capitularen drey auch vier und mehrere tausend Gulden von der Hochstiftischen Kammer ausbezahlet werden müssen.

8vo. Wird durchgehends eine so verschwenderische Haushaltung geführet, daß öfters und gemeiniglich die kurze Zeit der Sedisvacanz mehr verthan und durchgebracht wird, als das Hochstift in einem ganzen und auch mehreren Jahren ertragen kann, mithin (wann auch der verstorbene Bischof und Landesregent noch so gut Hauß gehalten hat) das Cameral ærarium nothwendig erschöpfet werden muß, wordurch dann erfolget, daß bei alsdann sich jezuweilen ereignenden Nothfällen die Cameral- und Landschaftscassen, wie auch das Land selbsten so erschöpfet und erarmet ist, daß ein zeitlicher Hochstiftsregent nicht im stand ist, Euer Kaiserl. Maj. und dem Reich den schuldigen Societätsmäßigen Beytrag zu thun.

9no. Wird die Wildfuhr auf viele Jahre ruiniret und zu Grund gerichtet.

10mo. Werden die zum offenbaren Nutzen des Landes und der Kammer errichtete Fabriquen aufgehoben und die Entrepreneurs ganz ohnverantwortlicher Dingen chiquaniret.

11mo. Werden die bey Lebzeiten deren Landesregenten ergangene auch heilsamste allgemeine Landesverordnungen ganz eigenmächtig und ohne einmal bey denen Dicasteriis um die wahre Bewegursachen derley Verordnungen sich zu erkundigen, aufgehoben, und dargegen allerley Neuerungen eingeführet.

Hieraus nun werden Euer Kaiserl. Maj. von selbsten allergnädigst zu erkennen geruhen, wie nothwendig es seye, allerhöchst Dero Kaiserl. und obristrichterliche Authorität ohne weitere Rucksicht zu interponiren, und mein Domkapitul zu Speier zumalen nach Anleitung des bekanntesten principii juris Canonici: quod nempe sede vacante nihil innovandum sit, in die behörige Schranken zu weisen, damit mein Hochstift von dem dereinstigen ganz sicherlich erfolgen- müssenden totalen Ruin und Untergang bei Zeiten sicher gestellet, sofort in dem Stand erhalten werden möge, Euer

Kaiserl.

Kaiserl. Maj. und dem Reich fernerhin die schuldige Diensten leisten zu können. Die Pflichten (womit Euer Kaiserl. Maj. wie auch dem Reich und meinem Hochstift ich verbunden bin) haben mich veranlasset, gegenwärtige allerunterthänigste Anzeige zu thun, um dadurch mein Gewissen dereinst von allem Vorwurf frey zu machen, wogegen Euer Kaiserl. Maj. tragendes allerhöchstes Richter- und Advokatenamt über alle deutsche Erz- und Bisthümer mich an gerechtest und aller gnädigster remedur (als wohin ich sothane Sache andurch lediglich und alleinig erlasse) keineswegs zweiflen lasset, der ich mich und mein Hochstift zu allerhöchst Kaiserlichen Huld und Gnaden allerunterthänigst empfehlend mit tiefester Submission Zeit Lebens beharre.

Euer Kaiserlichen Königlichen Majestät.

Bruchsal den 9ten Dezember 1758.

Allerunterthänigster
getreuest- devotester Caplan und Fürst
Franz Christoph.

Præs. 8. Jan. 1759.

Rubrum:
An Kaiserliche Majestät
Allerunterthänigste Anzeige
Abseiten
des Herrn Bischoffen und Fürsten zu Speier
In Sachen
zu Speier Domkapitul
contra
den Herrn Bischofen und Fürsten daselbst
puncto
prætensorum diversorum
Gravaminum.

Q.

Auszug aus dem Fürstlich- Speierischen Impresso de anno 1760.

Domkapitularisches Impressum.

Alldieweilen aber unter allen diesen remissive berührten Hochfürstlichen Vorspiegelungen und gefährlichen *Moliminibus* jenes adversantische Exhibitum vom 8ten Januarii dieses lauffenden 1759sten Jahrs sich auf eine ganz besondere und recht ausserordentliche Art distinguiret, Gestalten in demselben solche Dinge angebracht werden, welche *in rerum natura* nicht einmal erfindlich seind, sondern Ihro Hochfürstliche Gnaden aus unzeitiger Besorgniß sich allzufrühzeitig beigehen lassen wollen, ob dörfte dergleichen bei einem künftigen Interregno sich etwa zutragen; als finden unterzeichneten Anwalds gnädige Herren Principales Dombechant und Capitul des Kayserlichen hohen Domstifts zu Speier,

Hochfürstlich- Speierische Anmerkungen.

Es seind Ihro Hochfürstliche Gnaden zu Speier sowohl bei denen Vergleichstractaten, als nachhero allezeit offenherzig hervorgangen; Solches zeigen Dero geschriebene Resolutiones und Declarationes, welche allemal schriftlich verfasset worden, damit sie nicht in Abrede gestellet werden, und die Domkapitularische Herrn Deputati solche, wie sie ertheilet worden, getreulich wieder referiren könnten; Man hat niergendwo eine Gefährde oder gefährliches *molimen* darbey gebraucht, wohingegen die Domkapitularische Intimidirungen derer Hochfürstlichen Räthen nicht anderst anzusehen seind, als gefährliche molimina, um einen ehrlichen Mann Pflicht- und Eidbrüchig zu machen. Man reserviert

Domkapitularisches Impressum.	Hochfürstlich-Speierische Anmerkungen.
Speier, um Ew. Kaiserlichen Majestät auch jenes Domkapitularische in letzterem Interregno bezeigte denen Reichsverfassungen und deren deutschen Stifteren uralthergebrachten Befugnissen gemäße durchaus ganz untadelhafte Betragen und Verfahren allergehorsamst zu hinterbringen, anbei zugleich dem Hochfürstlichen Gegentheil allenthalben die volle Maaß zu geben, nicht undienlich zu sein, ermeldtes adversantisches Exhibitum etwas näher und umständlicher zu beleuchten und zu beantworten.	virt sich sonsten noch, Casu quo opus erit, die gefährlichste und unerlaubteste *molimina* der jenseitigen Proceßführeren vor Augen zu legen.
Der Hochfürstliche Antrag gehet in Ingressu dieses Scripti dahin, es möchten Ew. Kais. Maj. vor das künftige, und in Casum Sedisvacantiæ solche Verfügungen zu machen allergnädigst geruhen, die welche hinreichend seien, das Hochstift vor Schaden, und die Hochfürstliche Speierische Ministros, Räthe und Bediente vor allerhand Vexationen und Prostitutionen sicher zustellen.	Es ist bereits hieroben gemeldet worden, was Celsissimo Spirensi zu dieser Besorgniß Anlaß gegeben habe; hierunter wird das weitere noch folgen; kein anderes hohes Domkapitul, bei welchem Recht und Billigkeit herrschet, kann dargegen etwas Rechtserhebliches einwenden, es seind auch solche von einer solchen Æquanimitæt, daß man zuvertrauen darf, daß sie in der kurzen Zeit, da sie die Administration haben, niemanden zu beleidigen, sondern alles futuro Domino Successori denen Rechten nach zu überlassen gesinnet sein werden.
Was Ihro Hochfürstliche Gnaden zu derlei Besorgniß veranlasset haben möge, stehet diesseits nicht zu begreiffen, um so weniger, als nicht zu präsumiren, vielweniger Rechtsbegründet contra Capitulum dargethan werden kann, daß dieses, welches doch *Sede non vacante*, als die Grundherren und innerste Gliedere des Hochstifts, aus wessen *Gremio* ein künftiger Regent und Bischof erwählet wird, in allen wichtigeren, das Hochstift betreffenden Dingen und Angelegenheiten nach deutlicher Vorschrift der Canonischen Satz- und Ordnungen um Rath gefraget, auch ohne wessen ausdrücklichen Consens und Einwilligung ab Episcopo in gravioribus nichts verbindliches geschlossen werden kann, noch soll, und welches *sede vacante* in gewisser Maas das sowol geist- als weltliche Regiment zum Besten der Kirche und des Hochstifts zu übernehmen, und zu führen berechtiget ist, dem Hochstift zum Schaden	Es stunde solches freilich nicht zu präsumiren; wann man aber von Seiten des Gegentheils sich noch bei Lebzeiten des Landesregenten unterstehet, getreue aufrichtige, und dem Hochstift mit wahrem Nutzen dienende Räthe und Bediente mit dem sogenannten INTERREGNO zu bedrohen, was können sich dann selbige wohl anders vorstellen, als daß die MINÆ bey sich ereignenden Fall zum Vollzug kommen werden. *Hæc si fiunt in viridi, quid fiet in arido?* Was sonsten hier und im folgenden von denen Juribus Capitulorum sede vacante in genere &c. so operose angeführet wird, dieses lasset man, in so weit es denen Rechten conform, bey seinem Werth; es gedenken auch Celsissimus Dero Domcapitul nichts zu benehmen, was ihme auf diesem sich ereignenden Fall zukommet; jedoch wird sich das Hochwürdige Domkapitul auch nicht entschlagen können, diejenige Schranken beyzubehalten,

Domkapitularisches Impressum.

zum Schaden jemals etwas unternehmen oder diejenige Räthe und Bediente, welche dem Hochstift getreu, aufrichtig, und mit wahrem Nutzen gedienet, unbilliger Weiß divexiren, prostituiren, und verjagen werde; wohl aber ist jedes Cathedralcapitul nach eben erwähnten Canonischen Satzungen und *Universal*-Gewohnheit des Heil. Röm. Reichs befugt, berechtiget, und gehalten, eben so, wie ein zeitlicher Bischof sede plena also eodem e vivis decedente, & sic sede vacante dasjenige, was dem Hochstift schädlich zu sein gefunden wird, respective abzustellen, und abzuwenden, dessen Nutzen quovis modo zu beförderen, unnöthige, oder gar untaugliche Räthe, Beamten, und Dienere abzuschaffen, und in so weit es nöthig, andere taugliche und getreue Subjecta anzunehmen, nach einmüthigem Zeugniß deren Canonisten ad

Tit. *ne sede vacante:*

Ubi unanimi ore concludunt, Capitulum posse 1) condere statuta perpetua etiam super competentibus Episcopo ratione jurisdictionis ordinariæ, & pertinentibus ad gubernationem Diœcesis, 2) de Causis quibuscunque cognoscere, verbo: posse regulariter ea omnia, quæ competunt Episcopo sede plena jure ordinario, sive deinde sint jurisdictionis contentiosæ, sive voluntariæ.

Gutierez *Can. quæst.* Lit. I. cap. 11. n. 10.
Barbosa ad *Cap. illa* 2. *ne Sede vacant. n.* 3.
Engel. *ad eund.* tit. n. 2.
Thomassin P. I. Lib. 3. C. 7.
Schmier *Jurisprud. Canon. civil.* lib. 3. Tractat 1. P. 1. cap. 4. Sect. 2. §. 2. & 3.

Mit welchen dann auch die Interpretes juris publici vollkommen übereinstimmen, per textum expressum in

Instrum. P. W. art. 5. §. 17. & 21.
Vid. de Bassis Disput. Jurid. *de jurisdict.* th. 4. n. 1.
Bernhard Mulzius in *represent. Majest.* p. 3. c. 16.
Hermes *Fascic jur pub.* cap. 6.

Hochfürstlich-Speierische Anmerkungen.

behalten, welche die bekannte päbstliche Bullæ & Sanctiones, bevorab jene Innocentii XII.

Vid. FABRI Staats-Canzley Tom. 2. pag. 13. & sequent.

Ueberhaupt und das sub Lit. K. anverwahrte *Breve Apostolicum* INNOCENTII VI. Pontificis in Ansehung des Hochstifts Speier in *specie* vorschreiben, und welche respective von Weyland Ihro Kaiserlichen Majestät Leopoldo Magno glorwürdigster Gedächtniß cum plenaria Causæ cognitione approbirt und bestättiget worden. Es ist nicht weniger der Titulus Decretalium X. *ne Sede vacante aliquid innovetur*, und das Cap. *quia sæpe* DE ELECT. Clement. *Statutum.* eod. tit. add. Pavin. *de Officio & potest. capit. Sede vacante* Q. 8. 2. P. princ. n. 15. 16. & 17 Decis. 539. Rotæ Romanæ coram M. *Buratti*, wie auch hierbei vor Augen zu behalten; daß unter einer *Continuation* der Landesadministration, und unter einer Neuerung, und Abänderung dessen, was vor der Sedisvacanz schon eingeführet gewesen, ein großer Unterschied zu machen seye, in dem ohnehin in Jure omnis *Novatio* odiosa ist, die Erfahrung zu Speier auch gelehret hat, daß noch bei Lebzeiten deren Landesregenten wackere und in Hochstiftischen Angelegenheiten bewanderte Männer, aus Besorgniß angedroheten Ungemachs, sich um anderwärtige Bedienungen umgesehen, und somit des Hochstifts Diensten vieles entgangen, dergleichen dermalen auch noch wohl passiren könnte; ist das aber Sede vacante pro Ecclesia, quæ LEGITIMO DEFENSORE tum caret,

Cap. fin. X. ne Sede vacante.

gesorgt? Was die allegirte Authores anbelangt, so machen solche keine Einmüthigkeit derer Canonisten und Publicisten aus;

FERMOSINUS selbst *de potestate Capitul.* Tract. 1. cap. 1. n. 9.

Führet viele dissentientes an; unter denen Publicisten aber könnte man CONRINGIUM, HEROLDUM, HERTIUM &c. &c. nennen, wann es darmit ausgemacht wäre. Vid interim

Domkapitularisches Impressum.

Dieser allenthalben bestättigten Rechtsbefügniß gemäß wurde sofort bey letzterer Sedisvacanz das *Regimen Vicarium* des Hochstifts Speier von dem Domkapitul übernommen, und dergestalt vorsichtig, untadelhaft und vor das Hochstift erspriesßlichst geführet, daß Ihro Hochfürstliche Gnaden NB. bey angetrettener Regierung alle *acta & facta Capituli* Höchstselbst belobt, approbirt, und solche bis anhero ohnwidersprochen belassen haben. Es muß dannenhero jedem ohnbefangenen Gemüthe um da befremdlicher vorkommen, wie Ihro Hochfürstliche Gnaden über Dinge, die sie selbst, als damals mitverordnet gewesener Statthalter in Oeconomicis und Kammerpräsidenr nach Zeugniß des super actis Interregni geführten Capitularprotocolls haupesächlich veranlasset und verfüget, und die sie von Zeit Dero Regierungsantritt bis anhero, nemlich binnen sechszehen ganzer Jahren, gut geheissen haben, nunmehro erst Dero Domkapitul, welches inzwischen fast auf die Helfte ausgestorben, und woran denen successive neu-eingetrettenen Capitularen nicht der mindeste Antheil beyzulegen ist, dergleichen Vorwürfe und Ausstellungen machen wollen, oder mit gutem Fug und Grund machen können.

Hochfürstlich-Speierische Anmerkungen.

M. BURATTI L. C. *Decis.* 539. num. 4. seq.

Was CELSISSIMUS Spirensis bey der Sedisvacanz für Innovationen wahrgenommen, darüber werden sie hierunter nähere Erläuterung geben; man gehet aber weit von der Wahrheit ab, daß Ihro Hochfürstliche Gnaden zu Speier bey angetrettener Landesregierung alle *Acta & Facta Capituli* höchstselbst belobt und approbirt hätten; massen höchstdieselbe sich derley Belob- und Approbirung nicht zu entsinnen wissen, es müßte dann etwa solche Approbation darinn bestehen, daß zu End der Wahlkapitulation, somit vor dem Antritt der Regierung sie sich eidlich haben reversiren und verbinden müssen, alle *tempore Interregni* geführte *Protocolla, Acta & Acitata* vest zu halten; da aber die Capitulation in denen wenigsten Puncten, ja keinem, eine Verbindungskraft hat, so ist dieser letztere Punct von noch weniger Verbindlichkeit, inmassen die Protocolla Capitularia weit ärgere Proben des Eigennutzes des Domkapituls, und dessen Officianten, wie auch mehrere Eigenmächtigkeiten, Neuerungen, und Innovationen, als die Capitulation selbst, in sich begreiffen; daß höchstdieselbe aber all-dieses bis anhero ohnwidersprochen belassen haben sollen, daraus mag keine Guthheissung ad introducendam observantiam vel possessionem legalem binnen 16. Jahren gefolgert werden; zu geschehenen Dingen, die schwerlich oder gar nicht mehr wieder zu recht gebracht werden können, ist ein Stillschweigen nicht zu mißrathen: und dannoch ist es hiermit so leer nicht abgegangen, sondern, wann sich das Domkapitul zuruck erinneren will, so wird dasselbe bekennen müssen, daß Ihro Hochfürstl. Gnaden gleich nach angetrettener Landesregierung demselben unterm 23sten *Maji* 1744. einen ausführlichen Statum überschickt und darinnen demonstrirt haben, daß die Kösten der *Sedisvacanz* sich über ein hundert tausend Reichsthaler und zwarn NB. nicht einmal in 3. Monathen beloffen hätten, mi:

dem

dem Anfügen, daß solche Communication in der Absicht geschehete, damit alle und jede Herren Capitulares nicht glauben möchten, daß der von Celsissimi hohen Herren Vorfahreren Seiner Hochfürstlichen Eminenz p. m. zuruckgelassener, mit so vieler Mühe und Sorgsalt erworbener Vorrath, durch Celsissimum Spirensem so nahmhaft vergeringert worden wäre. Diese Reservatio, wie sie öffentlich declariret worden, wird doch wohl etwas rechtliches, welches man nicht ausdrücklich sagen will, in Recessu gehabt haben. Es hätte solchemnach der gegentheilige Schriftverfasser viel vorsichtiger und vernünftiger gehandelt, wann derselbe entweder diese Saiten nicht berühret, und von alten nach eigener Geständniß ohnwidersprochen geblieben seyn sollenden, pro præterito nicht mehr zu änderen seyenden Sachen gänzlich still geschwiegen, oder aus denen Protocollis bessere Belehrung eingezogen hätte; sonsten ist es zwar an dem, daß Ihro Hochfürstliche Gnaden, als *Capitularis* zur Zeit der Sedisvacanz die Aufsicht über die Cameralia übernommen haben; daß aber solches unter dem Titul eines Kammerpräsidenten, geschehen seye, dabei wird die liebe Wahrheit gespahret, zumalen wo es ohnehin, da vorhero kein Kammerpräsident gewesen ware, in des Domkapituls Mächten nicht gestanden wäre, dergleichen neuerlich zu benennen und zu bestellen. Man hat auch damals von einem dritten Statthalteren *in Oeconomicis* nichts gewußt. Wem sonsten die Historie sothaner Sedisvacanz bekannt ist, solcher wird nicht in Abred stellen können, daß, wie die Administration, und das Regimen Vicarium des Hochstifts Speier zu führen wäre, vorhin durch eine besondere Parthey schon abgekartet, die beede Statthaltere auch schon ausersehen worden waren, ehe und bevor Ihro Hochfürstliche Gnaden qua Capitularis die Respicirung des Cameralis auf sich genommen hatten; sie würden sich auch hierzu nicht einverstanden haben, wann sie nicht von sicheren Herren Capitularen und

Soll es aber eine blosse Besorgniß vor künftige Zeiten heissen, wie dann auch *effective* der Innhalt dieses Hochfürstlichen Exhibiti vom 8ten Januarii 1759. nicht sowohl de *præteritis*, als vielmehr *de futuris contingentibus* zu handlen scheinet, so ist es eine allbekannte und ausgemachte Wahrheit, quod ad futura contingentia, utpote incerta, Officium Judicis non interponatur,

Card. Tusch. *Pract. Concl.* tom. 4. lit. F. Concl. 568.

wohlgesinnten Chorbrüderen hierzu wären angespornet, und zu dessen Annehmung persuadirt worden, damit nicht auch dieses Departement der Direction jener Parthey anheim fallen, und dardurch die Haushaltung noch verschwenderischer werden möchte; alles nun zu verhüten, waren weder sie, noch andere, zumalen bey dem Uebergewicht der angezogenen Parthey, im Stand. Es müssen dahero jene Herren Capitularen, so damals noch nicht in Capitulo gewesen, sowohl, als jene, so zu der Zeit solche schon waren, nicht glauben, als ob Celsissimus bey der Ueberreichung des Exhibiti vom 8ten Januar. An. 1759. Ihnen einen Vorwurf oder Ausstellung ratione *præteriti* zu machen in Gedanken gehabt hatten, sondern Ihro einzige Absicht ist bloß auf das *Futurum* gegangen, damit nemlich das Hochstift für ferneren Nachtheil sicher gestellt werden möchte.

Dem dahier angebrachten Asserto: quod ad futura contingentia, utpote *incerta*, Officium Judicis non interponatur, setzet man bloshin entgegen, quod in Camera Imperiali decernantur Mandata S. C. super casibus futuris, qui se fundant in facto aliquo, quod metuitur, Juri & Justitiæ adverso, ita ut periculum & damnum per præceptum Judicis caveatur, & res integra servetur.

Ludolf in *Comment. System.* de *Jure Cameral.* Sect. 1. §. 10. n. 50.

Conf. Justi Henning. Bœhmeri Dissert. de *Jure futuro* per totum.

Der so stark in die Augen fallende verschwenderische Aufwand bey letzterer *Sedisvacanz* hätte allein die Pflichtmäßige Sorgfalt Seiner Hochfürstlichen Gnaden aufwecken und anfrischen sollen, den Bedacht in Zeiten dahin zu nehmen, damit derlei verderblichen Haushaltung auf ein oder anderen Art gesteuert werden möchte. Es seynd dieses so wenig, als die ausgelassene *insolente minæ futura contingentia incerta*; man kann sie bescheinigen, und wird es im Fall der Noth zur Rechtsgebühr beschehen.

Domkapitularisches Impressum.	Hochfürstlich-Speierische Anmerkungen.
Es ist weiters unstrittig, daß, gleichwie ein zeitlicher Bischof und Reichs-Fürst, weder von seinem Vorfahrer, noch von seinem Capitul sich die Hände zu künftiger Regierung, in sofern solche von denen Canonischen Satzungen, und Reichsconstitutionen nicht abweicht, niemals binden lasset; Also auch, durch Ihn dem Capitul auf künftige Sedisvacanz die alsdann, vorkommenden Umständen nach, erforderliche Art und Weiß der zu führenden Administration nicht zum voraus vorgeschrieben, vielweniger beschränket werden könne.	Dieses Principium hat noch kein Metropolitan- oder Cathedralcapitul adoptiret. Es wissen selbige, daß sie, zumalen tempore Sedis usque ad Electionem vel postulationem, adeoque ad modicum tantum, imo brevissimum tempus vacantis zu innoviren nicht befugt seyen, adeoque *restrictam* potestatem haben; es begnügen sich auch selbige darmit: will nun aber das Domkapitul zu Speyer hierunter etwas zum voraus haben, so muß es ein besonderes Vorrecht beweisen; ein jeder Bischof und Erzbischof, ja ein jeder Prälat ist befugt und selbst im Gewissen schuldig, dahin zu sorgen, damit nach seinem Ableben alles in Statu quo erhalten, somit der neu erwählte Herr Successor, welcher oben erwiesener massen von dem Administratoren Rechenschaft zu verlangen befugt ist, in Stand gesetzt werden möge, ob sein in Gott ruhender Herr Vorfahrer wie auch der Administrator eine gute Einrichtung und Wirthschaft geführet und beybehalten habe oder nicht, zu beurtheilen.
Nebst diesem veroffenbahret sich ganz handgreiflich, daß, wo zumalen sothane Befugniß sämtlichen Capitulis des Heil. Röm. Reichs durch uralt-hergebrachte allgemeine Observanz und durch die ausdrücklichste Gesätze beygeleget ist, Ihro Hochfürstliche Gnaden einfolglich hierunter, nicht Dero Domkapituls insbesondere, wohl aber der gesamten hohen Erz- und Domstifteren (wovon jedoch Höchstdieselbe ein Mitglied waren, auch verschiedene aus Dero Familie noch seind, und künftig zu werden verlangen) ganz ohnlaugbahr gemeinsame Jura anzutasten, und vor künftige Zeiten, wo nicht gar zu zernichten, doch sehr herunter zu setzen, sich beigehen lassen, dann die sämtliche in mehr berührtem Hochfürstlichen Exhibito recensirt werdende Puncten seind indeterminate ad Capitula gerichtet, und	Es traget der gegenseitige Schriftverfasser gar wenige Achtung gegen sämtliche Capitula der hohen Erz- und Domstifter des heiligen Römischen Reichs, da derselbe vorgiebt, es seyen jene Mißbräuche, die bei der letzteren Speierischen Sedisvacanz merkliches Aufsehen verursachet haben, bei allen eingeführet, und dahero durch das Exhibitum vom 8ten Jan. 1759. aller derenselben vorgeblich ganz ohnlaugbar gemeinsame *Jura* angetastet worden; es seind wohlbelobte Capitula auch allzu erleuchtet, daß sie sich durch diese ungegründete Vorspiegelungen, und leeres Geschrei bereden und bewegen lassen sollten, an dieser faulen Sach Antheil zu nehmen, wie sehr man sich auch bemühet, hierzu allerhand gehäßige Kunstgriffe zu gebrauchen, und gleichsam Himmel und Erden zu bewegen; im Gegentheil werden selbige insgesamt dem Domcapitularischen Schriftverfasser zu Speier wenig Dank haben, daß in diesem Impresso verschiedene Stellen ohnüberlegter aufs Tapet gebracht worden, welche zu behaupten noch keinem Capitul

Domkapitularisches Impressum.	Hochfürstlich-Speierische Anmerkungen.

eingefallen ist. Die vätterliche Wohlmeynung Seiner Hochfürstlichen Gnaden zu Speier gegen Dero Domcapitul, und daß sie an nichts weniger, als an der **Zernicht**- oder **Heruntersetzung** derer Domcapitularischen Zuständigkeiten während ihrer ganzen Landesregierung gedacht haben, muß sich darab handgreiflich zu hellem Tag legen, da Dero Domkapitul zu seiner öffentlichen Entfärbung wird bekennen müssen, daß Höchstdieselbe ihme mehrmalen so schrift- als mündlich wohlmeinend angerathen haben, in vorkommenden Mißhelligkeiten sich bei der **Metropolitankirch** Raths zu erholen, und sich darnach zu richten, wo sodann Höchstdieselbe gleichfalls ihre Maaßregelen darnach zu nehmen nicht entstehen würden. Dieser nach der bekannten großmütigen- und Gemüthsbilligen Gedenkensart Seiner Hochfürstlichen Gnaden zu Speier abgemessener wohlgemeinter Rath und Vorschlag aber hat nichts verfangen, noch Beifall finden wollen, indem man sich einmal vorgenommen hatte, alles nach seinem Kopf einzurichten, und diejenige Vorrechte, welche in etlichen Erz- und Hochstiftern, allwo gewisse **Landstände** seind, die Domkapitula in der Qualität als **erstere Landstände**, gröſten theils auch in Kraft vorhandenen **Landesvereinen** und besonderer von **Kaiserlicher Majestät** bestättigten **Verträgen** (NB. nicht aber **in Kraft der Wahlkapitulationen**) besitzen, wider das alte **Herkommen** und die **Landesverfassung** einzuführen, somit alles in ein neues Model zu giessen. Sollten nun wohl jene **Domstifter**, allwo **Landstände** seind, Ursach haben, oder einen scheinbaren Anlaß nehmen können, des Speierischen Domkapituls Beschwerde, als eine **gemeinsame** Sach anzusehen, somit **causam communem** daraus zu machen? Es lieget denenselben wenig daran, ob das Speierische Domkapitul seinen Rechtshandel gewinne oder verliehre, massen ihnen als **Landständen** ihre **Landständische** und zufolg vorhandener **Landesvereinen**, auch besonderer **Verträgen**

und

Domkapitularisches Impressum. | Hochfürstlich-Speierische Anmerkungen.

und Landesverfassung wohlhergebrachte Rechten und Gerechtigkeit bei Landtägen und sonsten in einem sowohl- als anderem Fall bevor bleiben, somit es denenselben in Corpore gleichgültig sein kann, ob das Domkapitul zu Speier seine weitaussehende Projecten contra Statum possessionis ausführe oder nicht? Jene Capitula deren Erz- und Hochstifter aber, allwo **keine Landstände** seind, auch keine **Landtäge** gehalten werden, haben entweder besondere **Verträge**, Kaiserliche Decisa, oder Privilegia, oder doch einen wohl hergebrachten Statum possessionis vor sich; in einem sowohl als anderen Fall haben sie keine Ursach diese Neuerungsabsichten zu unterstützen, folgsam wird zu denenselben sich versehen, daß sie sich durch die unüberlegte Vorgänge, und hitzige übertriebene Molimina zu einer Antheilnehmung an gegenwärtiger Sach nicht werden verleiten lassen wollen, wo zumalen oben angeführter massen Celsissimus Spirensis sich vorhin allschon zu all demjenigen willig erbotten hatten, was bei dem vornehmsten und ersten Domkapitul im heiligen Römischen Reich, nemlich zu **Mainz**, für recht und billig angesehen würde; nicht zu gedenken, daß in dessen Entstehungsfall Celsissimus Spirensis eine Erklärung gerichtlich anzuverlangen befugt sein würden, in Ansehung welcher Puncten dann eigentlich wohlbelobte Capitula cum Spirensi causam communem zu machen gedächten, damit eingesehen werden könne, ob die rechtliche Exceptio: *tua non interest*, nicht Platz greiflich seie; überhaupt aber wäre sich mit Fug zu bewunderen, daß selbige in hacce Causa sich so willfährig bezeigen, wo doch in der bekannten Hochfürstlich-Eichstädtischen Sache kein solcher Eifer bezeiget worden.

eigentlich ein Extract aus jenem Impresso, welches unter dem Titul: *Disquisitio Canonico Publica de Capitulorum Metropolitanorum & Cathedralium, Archi- & Episcopatuum Germaniæ Origine, progressu, & juribus, Regimine præsertim*

Der adversantischer Concipient sagt zwarn ganz dreist aus, daß das Hochfürstliche Speierische Exhibitum vom 8ten Januarii 1759. ein Extract aus dieser Disquisition seyn solle; man kann ihm aber mit Grund darauf versetzen, daß

 diesem

sessim territoriali interimistico Sede vacante, ejusque usu & abusu &c. im Jahr 1758. zum Vorschein gekommen ist; wessen Author aber, indeme er sich dem Publico zu erkennen zu geben nicht getrauet, allschon zum Voraus sattsam verrathet, daß er vom Geist der Partheilichkeit eingenommen, ex mero Odio contra Capitula geschrieben habe, und seine weder mit der Hierarchia Ecclesiastica, weder mit der Analogia Juris Canonici übereinstimmende irrige Principia ac asserta, ja ganz offenbare selbst eigene Contradictiones vor der unpartheyischen Welt, viel weniger in dem Fall, wo es in facto zur gerichtlichen Discussion Episcopos inter ac Capitula kommen sollte, zu defendiren, wahr zu machen und rechtlich zu behaupten, nimmermehr im Stand seye. Weswegen dann auch ein sicherer tief erleuchtest einsehender geistlicher Reichs Fürst und wahrer Patriot, höchst welchem dieser ungenannte Scriptor die in fine seiner Praefation bemerkte andere disquisitionem de juribus Capitulorum circa Capitulationes &c. zu dediciren, dem sichern Verlaut nach Vorhabens gewesen, sothanes Anerbiethen summa cum indignatione von sich gewiesen, und solcher Gestalt ganz andere Gesinnungen gegen die deutsche Stiftere preißwürdigst geäusseret haben, als Se. Hochfürstliche Gnaden zu Speier gegen Dero und andere Capitula dadurch erproben, da Sie dieses Impressum, wo es kaum an das Tageslicht gekommen, einem hochwürdigen Domkapitul, als eine künftighin, si Diis placet, zu befolgende Normam mittelst einem ganz besonders darnach eingerichteten Hochfürstl. Schreiben, zu communiciren, sich angelegen seyn lassen. Dieser Anonymus nun, und ex illius Ore der Hochfürstlich-Speierische Schriftsteller querulirten pag. 46. contra Capitula.

1mo. Würden gemeiniglich alle Briefschaften in dem Cabinet und denen Canzleien von einer besonderen Domkapitularischen Deputation durchsuchet, ohne jemanden von der Landesregierung darzu zu nehmen, woraus dann zu entstehen pflege

diesem also nicht seye, sondern Celsissimus Spirensis vorhin schon, ehe man noch hätte wissen können, daß einem JCto hätte einfallen sollen, dergleichen, etwas auszuarbeiten, wegen dieser bei der letzteren Sedisvacanz wahrgenommenen, dem Fürstenthum Speier so höchstschädlichen Unordnungen und Mißbräuchen sich vorgenommen hatten, mit Dero Domkapitul sich gütlich zu besprechen, oder aber desfals die kräftige Vorsehung nachzusuchen. Nachdem aber bey jetzigem Domkapitularischen Systemate keine Fuge mehr heben, noch halten wollen, so ware kein anderes Mittel mehr übrig, als letzteres zu erwählen. Die Communication dieser Disquisition an ein hochwürdiges Domkapitul anbelangend, so ist solche aus einer wahren Wohlmeynung geschehen, um dem hochwürdigen Domkapitul, was Rechtsgelehrte von solchen Sachen für Urtheil fällen, und wie unzuläßig und bedenklich derlei Vorgänge seien, zu Gemüt zu führen, mithin dasselbe dahin zu disponiren, damit in Zeiten ein heilsames Mittel ersonnen werden möchte, wie diesem Unheil ein Riegel vorgeschoben werden möge; anderer Ursachen zu geschweigen. Was sonsten *Authore* anticausidico angeführet wird, solches mag, weil es zur Sach nichts dienet, entweder pro suavi Somnio oder pro Commento auf seinem Blatt gelten oder nicht; so viel ist doch gewiß, daß darbey der Tadlergeist die größte Force gehabt. Um diesemnach zur Beantwortung jenseitiger Vorspiegelungen zu schreiten, so hat zwarn

Ad 1mum. Noch niemand von Seiten des Hochstifts in Zweifel gezogen, daß dem Domkapitul zu Speier Sede vacante die Verwaltung des Fürstentums Speier zukomme; gleichwie aber derlei Landesadministration eine Art einer Vormund-

Domkapitularisches Impressum.	Hochfürstlich-Speierische Anmerkungen.
pflege, daß die geheimeste Correspondenzien mit Kaiserlich und anderen Ministris, wie auch die verborgene Familiensachen kund und offenbar gemacht würden, desgleichen geschehe auch mehrmalen, daß allerhand Piecen bei derlei Durchsuchungen deren Cabinetter und Canzleien zum größten Nachtheil des Hochstifts auf die Seite gebracht würden ꝛc. Anwalds gnädige Herren Principales gewärtigen allvorderist von dem Hochfürstlichen Gegentheil rechtlichen Beweiß dieses injuriosen Imputati, mit welchem aber derselbe um da weniger aufzukommen vermag, als die tempore Interregni geführte Protocolla Consilii Ecclesiastici, Regiminis, Cameræ, und andere bei denen Hochstift-Speierischen Dicasteriis und Archiven verwahrlich liegende respective Befehle des damals regierenden Domkapituls, auch vielfältig erstattete Berichtere deren Dicasteriorum, Räthen und Beamten das gerade Gegentheil verificiren; wollte aber mit dergleichen Assertis vagis dahin abgezwecket werden, ob stünde denen Capitulis Sede vacante nicht zu, nach denen Briefschaften in denen Fürstlichen Cabinetteren und Canzleien sich zu erkundigen, solche einzusehen, und das Nöthige darauf zu verfügen, so würde samtlichen Deutschen Erz- und Domstifteren die Besorgung deren Reichs- und Kreißangelegenheiten, die Administrirung der Justiz, in Summa: aller Gewalt, Tempore Interregni das mindeste verfügen zu können, kurz um abgeschnitten, und benommen sein müssen; welches aber ein ganz nagel neues, ausser dem obscuren Authore Anonymo, sonst weder von Canonisten noch Publicisten jemals hazardirtes Systema ist, dann diese seind alle provocando ad Concilium Tridentinum Seſſ. 24. C. 16. C. *cum olim* de *Majorit. & Obedient.* C. 1. & 2. *ne Sede vacante aliquid. innov.* Darinn einig, quod Capitulis Sede vacante pleraque jura Statibus Imperii qua talibus communia, præsertim vero ea, quæ jurisdictionis ordinariæ sunt, nec non Regimen & Administrationem Territorii concernunt, qualia	mundschaft ist; so erforderen es die Rechten, und und die natürliche Billigkeit selbsten, daß das unter der Verwaltung stehende Land von dem Verwalter und Administratoren keinen Schaden leide; keinen grösseren Schaden aber kann ein Land empfinden, als wann die zur Landesregierung erforderliche Documenten und Briefschaften ab Handen, und bei Seiten gebracht werden, dergestalten, als ob solche niemalen in Rerum Natura existiret hätten; wann Ihro Hochfürstliche Gnaden zu Speier selbst aus eigner Erfahrung nicht wahrgenommen hätten, daß bei der letzteren Sedisvacanz dieser Mißbrauch würklich practicirt worden wäre, so würde hiervon gänzlich abstrahiret worden seyn; die schwere Pflichten aber, wormit Ihro Hochfürstliche Gnaden Ihro Kaiserlichen Majestät und dem Land selbsten verwand seind, haben höchstdieselbe nothwendig dahin veranlassen müssen, wo zumalen das Domkapitul zu Speier gegen das Hochstift so sehr animirt ist, und wo man denen Syndicis und Secretariis öffentlich gestattet, in fremder Partheyen Sachen wider das Hochstift zu advociren, ja selbst die Domkapitularische Repositeuren zu Hülf und Rath zu ziehen, hierunter wenigstens *pro futuro* auf eine Abhülf zu gedenken. Man hat dahero in der Anzeige vom 8ten Januarii Anno 1759. und zwarn um gewisse Persohnen zu menagiren und in der Absicht auf das Zukünftige, nur in generalibus davon Anregung gethan, in der Zuversicht, es würde von Seiten des hochwürdigen Domkapituls in sich gegangen, und die Probe hiervon um da weniger verlanget werden, als sich selbiges wohl bescheiden kann, daß man von Seiten des Hochstifts nichts avanciren würde, wordon man den Beweiß nicht machen könnte. In diesem Christlichen Absehen wird auch dermalen von dem so ohnverschämt abverlangt werdenden Beweiß abstrahiret.

qualia sunt: Interesse Comitiis, dare Suffragium, exercere justitiam in Causis civilibus & criminalibus &c. competant, & in his omnibus ea Facultate & potestate gaudeant, qua Princeps Episcopus Sede plena pollebat, prout hanc Thesin per adducta multifaria exempla stabiliunt

Supra allegat. de Bassis Disput. jurid. de *jurisdict.* thes. 44. n. 2.

Gail. *pract. Observ.* lib. 1. Obs. 30. per. tot.

Von der nemlichen dahinfälligen Beschaffenheit ist das Adversantische 2dum und das daraus gefolgert werdende 3tium Imputatum. Dann gleichwie Capitulum Sede vacante jurisdictionem & administrationem justitiæ hat, so muß es auch befugt sein, sich die gerichtliche Protocolla vorlegen zu lassen, und einzusehen, ob die Räthe und Referenten ihrem Amt und Pflichten ein Genügen gethan, und denen ihnen *ad referendum* ausgestellten Sachen fleißig, auch der Justiz gemäß gearbeitet, votirt und judicirt haben, wornach alsdann diejenige, so wider Pflichten und Gesätze gehandelt zu haben befunden werden, von dem Domkapitul eben sowohl, wie von dem Regenten, als dessen Stelle es Sede vacante vertritt, bestraft, oder befindenden wichtigen Umständen nach gar *ab Officio* amovirt werden können; daß aber die Einsicht deren Protocollen zu dem Ende bey letzterer Sedisvacanz genommen worden, um zu wissen, wer etwa in Causa seu Causis Capituli Referens, und eines *Contrarii Voti* gewesen seye, auch daß daraufhin die Hochfürstliche Räthe mißhandlet, und auf das äusserste prostituiret worden, dieses ist wiederum ein blosses aus dem Authore Anonymo pag. 47. & seqq. hergeholtes in facto nicht zu probirendes Assertum, cui ea, qua allegatum, facilitate, contradicitur; auf gleichem nichtigen Schlag heisset es weiters:

Ad 2dum & 3tium. Die Einsicht der Protocollen, und anderer, so Vicariats als Regierungs-und Cameralhandlungen bleibt allemal dem administrirenden Domkapitul bevor, wann solches aus guten und redlichen Absichten, auch mit Zuziehung hochstiftischer in vieljährigen Diensten gestandenen Räthen, nicht aber ex ardore vindictæ geschiehet. In causis Justitiæ aber eine *Revisionem Actorum* EX OFFICIO vorzunehmen, oder eine Syndicatsklage selbsten zu formiren, und sodann Kläger und Richter zugleich zu seyn, um nur einen Schein Rechtens zu haben, einen Rath oder Bedienten zu stürzen, das ist widerrechtlich, und heisset den Zelum Justitiæ übertreiben. Es hat auch noch niemand behauptet, daß ein administrirendes Domkapitul Sede vacante eine Reformation mit denen Räthen und Bedienten vorzunehmen, somit eine wahre *Innovation* zu begehen, sodann über des abgelebten Landesregenten Thun und Lassen, wie auch über die bey dessen Dicasterien abgehandelte Sachen einen Richter abzugeben oder sich dafür darzustellen bemächtiget seye, massen Sede vacante man keine andere Instanzien über die sonst hergebrachte einzuführen vermag. Sonsten werden sich, was den Beweiß ratione præteriti berühret, diejenige Herren Capitularen, welche bei der letzteren Sedisvacanz zugegen und de gremio Capituli waren, sich annoch erinneren, wie hitzig man gleich anfänglich nach dem höchstseeligen Absterben weyl.

Er.

Sr. Hochfürstlichen Eminenz gegen ein- und anderen Rath, ja sogar Livreebedienten verfahren wollen, wovon einer allschon eine Wache vor dem Haus hatte, der andere aber solche noch bekommen sollte; es würde auch hierbei sein Bewenden nicht behalten haben, wann sich nicht redlichdenkende Herren Capitulares ins Mittel geschlagen, und diese Vorgänge abgeändert und hintertrieben, somit vom Domkapitul eine grosse Prostitution abgewendet hätten, indeme man nachgehends hat erkennen müssen, daß es rechtschaffen treue Diener gewesen; daß der adversantischer Schriftsteller dieses so dreist contradiciren will, darüber will man sich nicht aufhalten; es leben zum Theil jene noch, welchen diese Bedrohungen ins Gesicht wiederfahren; desgleichen ist

410. Würden die Hochstiftische Räthe und Bedienten, auch noch bei Lebzeiten deren Bischöfen und Landesregenten mit Cassationen, ja so gar bedrohet, daß dieselbe, samt ihren Kindern, bis auf mehrere Generationes, von allen Bedienungen und Gnaden ausgeschlossen werden sollen; daß einem einzigen Fürstlichen Rath oder Bedienten dergleichen a Capitulo gedrohet worden, wird keiner derselben mit Bestand der Wahrheit darthun können; und was gegen einen gewissen Advocaten, welcher sich mit Worten und Werken gegen ein Hochwürdiges Domkapitul vergangen, in Capitulo concludirt worden, solches ist nach dem Beispiel und Intention Ihro Hochfürstlichen Gnaden geschehen, gestalten Höchstdieselbe eben diesem Advocato das Advociren an denen Hochstiftischen Dicasterien wegen seiner anzüglichen Schreibart und aufrührischen Betragen lang vorhero untersagt und niedergelegt hatten.

Ad 4tum. Sich nicht zu verwunderen, daß jenseitiger Schriftsteller ignoriren, oder in Abrede stellen will, daß etlichen Fürstlichen Räthen mit Cassationen würklich bedrohet worden; si fecilli, nega. Hierwider will man aber nur kürzlich versetzen, wie nöthigen Falls hierüber mehr, als ex adverso vergnüglich sein dörfte, durch Zeugen die standhafteste Prob gemachet werden kann. Man bedarf auch in der Stadt Speier sich hierum nur obenhin erkundigen; so wird man diejenige nahmentlich ohne viele Mühe in Erfahrung bringen, auf welche sothane Bedrohungen gezielet; wie befugt nun diese wären; gegen sothane *Minas* ein Mandatum de non offendendo &c. &c. nachzusuchen; so befugt seind auch Ihro Hochfürstliche Gnaden zu Speier, dieselbe gerichtlich zu vertretten, somit bei Ihro Kaiserlichen Majestät um Schutz wider derlei anbedroheten Gewalt anzuruffen; ganz ohne, daß anderen *Capitulis* hierdurch an ihren Befugnissen zu nahe getretten worden wäre. Was sonsten von einem gewissen Advocaten jenseits angereget wird, da will man zwarn solchen gar nicht defendiren, indem derselbe sich dieses Landesfürstlichen Vorspruchs unwürdig

Domkapitularisches Impressum.

510. Wird Domkapitularischer Seits nicht verabredet, daß bei letzterem Interregno verschiedene Räthe und Bediente angenommen worden, als worzu dieses (es mag auch der Author Anonymus pag. 54. 55. & 56. dargegen nach seiner corrumpirten Einbildungskraft zu Papier bringen, was er will) auf alle Weiß befugt, und gleichsam necessitirt wäre, gestalten bei Regiernng Weil. Sr. Hochfürstlichen Eminenz, die Regierung und Cammer nur in zwei bis drei Räthen bestunde, zu welchen zu Beförderung der Geschäften, besonders in Justizsachen bei der Regierung noch einige währendem Interregno a Capitulo regnante ausersehen und bestellet wurden, die, welche Ihro Hochfürstliche Gnaden wegen ihrer besitzenden Fähigkeit, Fleiß und Diensteifer nicht nur mit ganz besonderen Gnaden angesehen, sondern nebst diesem in manifestum Signum, daß die Dicasteria tempore ultimi Interregni nicht übersetzt, oder die Kameralkassa ohnnötiger Dingen mit mehreren Bestallungen beschwert worden, noch viele sowohl Hof- als Kammerräthe, auch andere viele Landbeamte, Hof- und sonstige Bediente weiters recipirt, und mit guten Bestallungen versehen

Hochfürstlich-Speierische Anmerkungen.

würdig gemacht, man muß jedoch dahin gestellt sein lassen, wie weit sich selbiger vergangen, und ob nicht der Vorgang auf dem Otterstadter Feld und der *Modus procendi* daselbst hierzu Anlaß geben haben möge. So viel ist indessen gewiß, daß eben dieses Conclusum Capitulare, Innhalts wessen gedachtem Advocato und seiner Descendenz bis zur dritten *Generation* alle Hoffnung zu einiger Domkapitularischen Bedienstung abgeschnitten worden, von darum zu weit gegangen, und eine einem geistlichen Corpori unanständige Vindictam an Tage lege, weilen sonsten denen Rechten nach die Strafen, (das *Crimen læsæ Majestatis* ausgenommen) nur ihre Authores belegen sollen, dahier aber die unschuldige Descendenz die Ungnade usque ad tertiam generationem mitfühlen solle.

Ad 5tum. Ob die Annahme neuer Räthen und Bedienten keine wahre INNOVATION seye, darüber will man die ganze Welt judiciren lassen. Es würde auch bey letzterer Sedisvacanz die JUSTITZ nicht viel verzögert haben, wann mit der Annahm die 2. oder 3. Monaten der Sedisvacanz an sich gehalten, und dem künftigen Landesregenten die Besetzung seiner Dicasterien überlassen worden wäre; es haben auch, die Zeit sothaner Sedisvacanz über, die vorhanden gewesene Räthe die Obvia allein noch zu bestreiten gehabt, also, daß es keine solche Noth gewesen, wie vorgegeben wird, neue anzunehmen, und dem künftigen Successori gleichsam aufzudringen. Cætera transeant suis de causis, sed ut ut non contradicta, confessata dici non poterunt. Daß Ihro Hochfürstliche Gnaden aber währender Ihrer Landesregierung mehrere Räthe und Bediente angenommen, darum hat sich das Domkapitul so wenig zu bekümmeren, als, wie ein zeitlicher Bischof seinen Hofstaat einzurichten für gut befinde; welchem übrigens der Fürstlich-Speierische Hof bekannt ist, der wird ohne Vorurtheil bekennen müssen, daß die auf eine moquante und tadelsüchtige Art gemachte Gleichstellung dieses mit denen größeren und

Domkapitularisches Impressum.	Hochfürstlich-Speierische Anmerkungen.
sehen und begnädiget haben, dergestalt, daß dieses kleine Hochstift auch dem grösten und weitläuftigstem geistlichen Fürstenthum an der Zahl hierunter nichts nachgiebt. Das	und weitläuftigsten geistlichen Fürstenthümern in Teutschland durch ein Vergrösserungsglaß des Concipienten geschehen seie; freilich, wo das Domkapitul seinem Herrn Ordinario und Landesfürsten nur Unruhen zu stiften, und so viel Beschäftigungen zu verursachen, sich eine Angelegenheit sein lasset, daß man fast eigene Räthe und Leuthe darauf halten müßte; so ist nicht zu verwunderen, daß, zumalen bey der bekannten Lage des Hochstifts Speier, Vermehrung der Geschäften, Kräftenabnahme ausgeschafter Leuthen rc. rc. die Zahl derer Räthen in etwas hat vermehret werden müssen, welche jedoch die Hände voll zu arbeiten haben, und zum müßiggehen nicht angewöhnet werden.
6to. Imputatum ist nicht einmal nach denen, Hochfürstlicher Seits zeithero pro norma genommenen Principiis des Authoris Anonymi eingerichtet, gestalten dieser pag. 32. ad mentem Concilii Tridentini ganz recht allegirt: Fructus atque Reditus ex bonis mensæ Episcopalis aut aliunde ex territorio provenientes ad unum omnes in futuri Episcopi Usum, Ecclesiæ, ac territorii emolumentum a Capitulo custodiendos esse; folglich thut Capitulum nicht nur befugt, sondern nach der ihm *a Sacris Canonibus* auferlegten Schuldigkeit verfahren, wann selbiges nach Ableben des Bischöfs und Hochstiftischen Regentens die Verlassenschaft in Verwahr nimmt, damit solche der Kirche, und Episcopo Successori ohnverletzt und ohngeschmälert beybehalten bleibe; Gestalten dann auch ihme Capitulo allerdings Sede vacante die actus jurisdictionis, quales sunt Obsignatio post obitum Episcopi, Inventarisatio, publicatio Testamenti, Compulsio Executorum in Testamento nominatorum ad exequenda pia Legata, und andere dahin einschlagende Dinge mehr zu verhängen, zukommt: Siquidem Capitulum in omnibus illis, quæ sunt Contentiosæ jurisdictionis, aut ubi instante necessitate vel justitia procedendum.	Ad 6tum. Muß endlich der jenseitiger Schriftsteller eingestehen, daß er sich selbsten contradicire, indem er vorgegeben, daß die vermeintliche Imputata aus dem Authore Anonymo adoptirt worden, dahier aber bekennet, daß man dessen Principia nicht pro norma genommen; von seiten Ihro Hochfürstlichen Gnaden zu Speier wird dem Speierischen nicht, noch weniger aber denen übrigen Domkapitulis in Contestation gezogen, daß ihnen die *Custodia & Guardia*, samt denen daraus fliessenden Effectibus, nemlich der Obsignirung, Inventarisirung der Verlassenschaft eines in Gott entschlaffenen hohen Landesregenten, und Publicirung der hinterlassenen letzteren Willensmeinung competiren möge; die COMPULSIO Executorum testamentariorum ad EXEQUENDA pia Legata aber dörfte (weilen die Executores überhaupt ehender nicht, als intra Annum & diem ad reddendas Rationes denen Rechten nach verbunden seind, und die Sedisvacanz nicht länger als etwa drei Monaten zu dauren hat) so keck solche asserirt worden, noch grossem Zweifel unterworfen seyn, zumalen wann die PIA LEGATA, wie oben recensirter massen von Weiland Ihro Hochfürstlichen Eminenz in Ansehung der Dombau und Präbenden-Vermehrungsgeldern
Beilagen omni	L gesche-

Domkapitularisches Impressum.

omni procul dubio succedit in jurisdictionem, quam exercere potuit ipse Episcopus. Fermosinus de potest. Capit. tract. 1. q. 1. n. 6. & 11. Item q. 14. per. tot.

Den 7ten und 8ten Punct betreffend; dergleichen Vorwürfe, wann solche in der That geschehen zu sein erfindlich, würden hauptsächlich auf Ihro Hochfürstliche Gnaden als tempore Interregni verordneten Statthaltern in Oeconomicis, und Kammerpräsidenten retundiren, wenigstens ist denenjenigen Capitularen, welche nachhero ad Capitulum gekommen, von dergleichen angeblichen Emolumentis nichts zugeflossen; noch weniger haben sie desfalls Rede und Antwort zu geben; daß aber das Cameral-ärarium damals so erschöpft worden sein solle, daß der neo-electus ausser Stand gesetzt worden,

Ew.

Hochfürstlich-Speierische Anmerkungen.

geschehen, von denen Bischöflichen Tafelgefällen bestritten werden sollen, und solche blos den FAVOREM Capituli Cathedralis concerniren: dem seie aber, wie ihm wolle, so hat man nichts gegen die Obsignation, Inventarisation, und Publikation des Testaments, wann solche denen Rechten gemäß und wie Capitulum Cathedrale selbst eingestehet, zu dem Ziel und End nur vorgenommen wird, damit die Verlassenschaft des verstorbenen Herrn Bischofen und Landesfürsten dem Hochstift, der Bischöflichen Tafel und dem hohen Herrn Successoren, auch respective denen Erben secundum Tabulas Testamenti valide erecti ohnverlegt und ohngeschmälert beybehalten bleibe; wer getrauete sich aber wohl zu behaupten, daß der vom 19ten August bis den 14. November 1743. gemachte Aufwand von hundert tausend Reichsthaler keine Verlez- und Schmählerung der Verlassenschaft weiland Seiner Hochfürstlichen Eminenz p. m. seye. Von denen wider weiland Ihro Hochfürstlichen Eminenz preißwürdigster Gedächtniß vorgehabten Untersuchungen wird ex adverso stillgeschwiegen, indem man wohl begreift, daß es eine allzusehr ins Aug fallende Arroganz gewesen sein würde, sich hierin zum Richter aufzuwerfen. Die allegata Fermosini wollen zwarn dieses verblümlen, allein ein Blinder erkennet die Schwäche dieses Asserti.

Ad 7mum & 8vum. Ist anvorderist zu widerholen, daß Ihro Hochfürstliche Gnaden zu Speier währender letzteren Sedisvacanz kein Statthalter gewesen, wie jedoch wider alle Wahrheit vorgegeben werden will; zum anderen ist diesseits von keiner Verantwortung wegen des vergangenen Anregnung geschehen, mithin ist das hiervon angebrachte eine *Excusatio non petita*; daß aber drittens Seiner Hochfürstlichen Gnaden als so betitulten Kammerpräsidenten die Schuld des grossen Aufwands beygemessen werden will, das ist wohl ein theils frecher, theils barmherziger Behelf; wem die Um-

stände

Domkapitularisches Impressum.

Ew. Kaiserlichen Majestät und dem Reich den schuldigen Societätsmäßigen Beytrag zu thun, stehet um da weniger zu begreiffen, als Ihro Hochfürstlichen Gnaden bey Dero Regierungsantritt, wie Landeskündig, alle Herrschaftliche Keller und Speicher voller Wein und Früchten, auch das Aerarium in solch vermögenden Stand angetroffen haben, daß sie damals nicht nur ansehnliche Kapitalsummen ausgeliehen, sondern anbei die von Weil. Sr. Hochfürstlichen Eminenz angefangene Gebäude ausgeführt, solchen noch fast kostbahrere hinzugefügt, wegen so reichlichen Cameralintraden auf eine Augmentation der Fürstlichen Spielgeldern bey Capitulo angetragen, und solche respectu ihrer Herren Vorfahreren um etliche tausend Gulden jährlich verbesserter erwürkt, aus denen Hochstiftischen Waldungen durch Verkauffung des vielen Brenn- und Bauholzes alljährlich sehr erkleckliche Summen bis anhero gezogen, auch Dero Hofstaat in allen Stücken herrlicher und prächtiger, als die vormalige, eingerichtet haben; folglich, wann bei ereignenden allgemeinen Nothfall das Hochstift Ew. Kaiserlichen Majestät und dem Reich die schuldige Præstanda nicht prästiren könnte, der Mangel nicht de tempore Interregni herzuleiten, sonderen demselben eine ganz andere Ursach beizumessen sein würde. Wenigstens hoffet und wünschet ein Hochwürdiges Domkapitul, daß alles in solch florisanten und Gott gesegneten Stand bei dem Hochstift Speier conservirt bleibe, wie es Ihro Hochfürstlichen Gnaden bei Dero Regierungsantritt gefunden haben, wesfalls, ob man zwar nicht zweiflen will, dannoch aber wegen abgehender Communication nichts zuverläßiges wissen kann. Das

Hochfürstlich-Speierische Anmerkungen.

stände in derley Sedisvacantien bekannt seind, dem wird es leicht begreiflich fallen, daß ein Capitularherr alsdann so wenig im Stand seye, die MAJORA zu hintertreiben, als dermalen, wo es keine Sedisvacanz ist.: indessen mag sich der Anti-Patronus noch so fremd stellen, als er will, daß ihm von dem excessiven Aufwand der Sedisvacanz nichts wissend seye: so hat es doch darmit oben angezogener massen seine Richtigkeit, und wann die Protocolla Capitularia aufgeschlagen werden wollen, so wird sich finden, daß der allegirte *Status Summarius* von allem dem, was *Sede vacante Anno* 1743. an Geld, Frucht, Wein und anderen Consumptibilien ausgegangen, und ausgezahlet worden, mittelst eines Hochfürstlichen Schreibens de dato Bruchsal den 23ten May 1744. dem hochwürdigen Domkapitul communiciret worden seye. Ob es nun eines Landesregenten Pflichten und Schuldigkeit nicht seye, für das künftige zu sorgen, damit dem Land sowohl als der Bischöflichen Tafel zum Besten derlei übermäßiger Aufwand hinterstellig gemacht und untersaget werden möge, darüber will man einen jeden ohnpartheyischen urtheilen lassen, und möchte wohl diese Vorsicht bey dermaliger Verfassung des Domkapituls noch einmal so nöthig seyn. Der Behelf, daß das Cameralärarium nach der Sedisvacanz just nicht ganz erschöpft worden sein solle, patrociniret jenseits nicht; es bleibet einmal nicht recht, daß die Kösten der Sedisvacanz wider die canonischen Rechten, und selbst wider die Hochstiftische Privilegia Cæsarea in solcher Uebermaaß übertrieben, und der Vorrath dem neo-eligendo nicht aufbewahret worden; Gott mag durch seinen Seegen, und die bei Lebzeiten nie verdankte Sorgfalt Seiner Hochfürstlichen Eminenz p. m. das Fürstliche Hochstift damals in noch so guten Wohlstand gesetzt haben, als es wolle; so können doch andere Zeiten (die Gott zwarn mildiglich abwenden wolle) kommen, und deswegen ist ein Regulativum höchst nöthig, damit auch in Landesnothfällen

fällen die Hochfürstliche Hofkammer (wie bis dato hat geschehen müssen, und selbiger nicht genugsam zu verdanken stehet) der Landschaftungskassa unter denen Armen zu greiffen bastant bleibe. Daß Ihro Hochfürstliche Gnaden das Hochstift mit ein und anderen Gebäuden gezieret, und Dero Hofstaat herrlicher und prächtiger, als die vormalige, gemacht haben, dieses muß dem beneidenden und alles beschnarchenden MOMO selbsten, als etwas, so mehr zu beloben, als zu verachten wäre, vorkommen. Nur ist es dem gegentheiligen Schriftverfasser nicht recht, weil derselbe den Flor des Hochstifts Speier nur zu dem ohnverantwortlichen Ziel und End ohnbesonnener oder heimlich boßhafter Weiß aufmutzet und erhebet, um demselben Neid zu erwecken, und Seiner Hochfürstlichen Gnaden, nach dem Sprichwort: *Non minor est Virtus, quam quærere, parta tueri*, den Ruhm der Erhaltung zu entziehen. Celsissimus Spirensis glauben vielmehr, nur allein dardurch von Dero Domkapitul unterthänigsten Dank, als dergleichen unglimpfliche ja Respects vergessene Vorwürfe verdienet zu haben, da sie bei dem Königlich-Französischen Hof durch kostbare Verschickungen und Sollicitaturen in jenen Aemteren oberhalb dem Queich Fluß, worinn die Cron Frankreich bereits in vorigem Säculo die Souverainität eingeführet gehabt, diese verlohrne Rechten und Einkünften bekanntlich wider herbei und in Gang gebracht, und somit die Cameraleinkünften jährlich mit vielen tausenden vermehret, ja selbsten für das Domkapitul ohnentgeltlich, und ohne Concurrenz zu denen Kösten gesorgt haben. Es sollte sich der Schaamlose jenseitige Schriftsteller billig in sein Herz schämen, darbei noch vorzugeben, als ob einem Hochwürdigen Domkapitul hievon, und von anderen sorgsamen Einrichtungen Seiner Hochfürstlichen Gnaden nicht ein Wörtlein bekannt wäre. Werden dann die Kammer- und Hof-Zahlamts Rechnungen, worinnen die samtliche Kameralgefälle und Ausgaben enthalten, citra

debitum,

debitum, nondum hucusque demonstratum, nicht in Gegenwart Domkapitularischer Herren Deputirten abgenommen? Zuversichtlich werden dieselbe eingesehen haben, daß Celsissimus Spirensis, wie schlecht auch die Regierungsjahren, in Ansehung gar vieler beträchtlichen Einkünften gewesen (der vielen Miß- und Kriegsjahren nicht zu gedenken) so gewissenhaft gewirthschaftet, als einem rechtschaffenen Landesfürsten eigen ist; und deswegen es eine unzeitige Sache und übel angebrachter Wunsch wegen der Conservation des florisanten Zustands des Hochstifts gewesen seye; was für Holz auch aus denen Hochstiftischen Waldungen verkauft, und was für Summen darab erlöset werden, dieses gehet den Gegentheil nichts an; so viel kann man doch versicheren, daß die Hochstiftische Waldungen bey dem mäßigen Verkauf an die Unterthanen (massen ausserhalb Landes sehr wenig verkaufet wird) länger ausdauren werden, als bei der dermaligen Einrichtung die Domkapitularische. Schließlichen ist zu dem Personalvorwurf, daß Seine Hochfürstliche Gnaden zu Speier wegen angeblich so reichlichen Cameralintraden auf eine Augmentation der Fürstlichen Spielgeldern bei Capitulo angetragen und solche Respectu ihrer Herrn Vorfahrern um etliche tausend Gulden jährlich verbesserter erwürket hätten, niemand capabel, als Leuthe von sicherem Character. Nun ist es zwarn an dem, daß Celsissimus wegen Fixirung deren sogenannten Spielgeldern, oder so betitulten PRIVATI auf ein gewisses Quantum bei dem hochwürdigen Domkapitul selbst den Anwurf gethan; es ist aber so wenig hierbey eine eigennützige Absicht gewesen, als mit Bestand nicht dargethan werden kann, daß die anjetzo bestimmte Summa die vorige alljährlich übersteige. Nebst anderen Bewegursachen, welche Celsissimum Spirensem zu dergleichen Antrag bewogen, ware dieses die vorzüglichste wohl mit, daß, weilen die ganze Judenschaft, die davon fallende Schutz- und Schirmgelder und andere derlei ad monopolia degenerirende Gefälle ad privatum Principis gehörig waren, es leicht hätte geschehen können, daß das Land mit Juden rc. rc. über kurz oder lang übersetzt worden wäre; anderer ad privatum gehöriger Rubricken für diesesmal zu geschweigen, welche gar leicht mißbrauchet und zu Vermehrung des *privati* hätten extendiret werden können. Diese Bewegursachen nun hat ein hochwürdiges Domkapitul einmal für erheblich anerkannt, und Celsissimus Spirensis gewinnen sonsten nichts hierbei, als daß sie dermalen ein gewisses haben, und dem gehäßigen Vorwurf nicht exponirt seind, daß die ihrige, das ist, die Receptores des sogenannten Privati, derlei Einkünften etwa über ihre Schranken übertreiben dörften; der Nutzen von dieser neuen Einrichtung erkläre sich auch darab, daß nunmehro in der Kammer Zahlamtsrechnung der ganze Ertrag der Hochstiftischen Renten und Gefällen ordentlich verrechnet, somit in dem Hochstiftischen Hauptarchiv von denen Einkünften des sogenannten Privati der Posterität beglaubte Nachrichten hinterlassen werden, wo vorhin über das Privatum auch durch Privatreceptoren Privatrechnungen geführet worden, welche denen Erben derer höchstseeligst verstorbenen hohen Landesregenten in Handen belassen worden: Celsissimus Spirensis haben aus Erfahrung sonderlich bei vorgewesener Negotiation am Königlichen Französischen Hof, was es höchst deroselben bey Abgang derlei Privatrechnungen für Mühe gekostet, die possessionem perceptionis derer ad Privatum gezogenen Gefällen, der gegebenen Vorschrift gemäß, zu beurkunden, und zu documentiren; billig sollte dahero nur um dieser einzigen Ursach willen diese zum Landesbesten abgezielte Vorsorg vielmehr verdanket und belobet, als so indiscret vorgeworfen und getadlet werden.

9te Imputatum, ob würden die Wildfuhren auf viele Jahren ruinirt, und zu Grund gerichtet, ist wiederum nicht erwiesen; wer das Hoch-

Ad 9num. Wann man mittelst der Anzeige de praesentato den 8ten Januarii 1759. auf die Genugthuung wegen des verursachten Schadens

Domkapitularisches Impressum.

Hochstift Speier kennet, wird bezeugen müssen, daß sehr wenige Chur- und Fürsten des Reichs eine solche vortrefliche Wildfuhr, besonders an schwarz Wildpret, haben; nur wird von denen Hochstiftischen Unterthanen geseufzet und geklaget, daß durch das in dem Bißthum Speier allzusehr geheget werdende Wild die mit vieler Mühe und saurem Schweiß angepflanzte liebe Feldfrüchten so gar sehr verdorben, der arme Landmann durch dergleichen Beschädigungen, auch die viele Jagdfrohnden, wo zwei drei auch mehrere hundert Unterthanen jung und alt manchmalen zu 3. und mehreren Wochen mit Verabsäumung ihrer Feldarbeit und Haushaltung, auch zumalen bei austrettendem Rhein und gefährlichen Wässer zu Sommerszeiten, im Winter aber bei heftigster Kälte und Schnee öfters mit größter Lebensgefahr bei denen Fürstlichen Jagden im Ausfangen, im Einrichten, im Zeuchtransportiren, auch Zeuchhüten, im Treiben und sonsten adhibiret werden, fast durchgehends im Hochstift in Unvermögends-Stande gesetzt ist. Ueber dieses wird das *Ærarium Cameræ* durch die mit reichlichen Besoldungen unterhaltende viele Jagd- auch Forstbediente merklich geschwächet, auch die Waldungen, besonders die junge Schläge, durch das unmäßig geheegt werdende Wild sehr ruiniret, daß es folglich dem Land und der Kammer erspießlicher sein würde, wann die Wildfuhr in dem Hochstift nicht in solch allzu florisantem Stande sich befinden thäte. Daß aber dem Sede vacante regierenden Domkapitul gar nicht erlaubt sein solle, ohne merkliche Beschädigung einer im Land mit Moderation etablirten Wildfuhr zu jagen; diesen Satz getrauet sich der öfters bemerkte Author Anonymus selbst nicht zu behaupten, indeme er pag. 59. nur unter die Abusus setzet: Venationum districtuum devastationes adeo ut futuro Successori nec ad necessitatem, nec ad innocentem animi Recreationem feras investigandi campus relinquatur.

Hochfürstlich-Speierische Anmerkungen.

Schadens pro præterito eine Klage angestellet hätte, so würde sich schon satter Stof zur Beweißführung, daß bei letzterer Sedisvacanz die Hochstiftische Wildfuhr wider allen Weidmannsgebrauch hergenommen worden, vorfinden; da aber Ihro Hochfürstliche Gnaden so wenig daran gedacht, als sie etwas dargegen haben, wann Sede vacante die Herren Capitulares sich nach Weidmannsgebrauch mit der Jagd belustigen und divertiren; so lasset man es blos bei dem Innhalt der Anzeige bewenden. Anbelangend aber jenes, so der indiscreter Tadler aus Gelegenheit dieses Puncts ohnbesonnener und unbefugter Weiß anwiederum criticirt und nicht per modum *reconventionis*, neque *exceptionis*, aut *defensionis*, sondern *diffamationis*, *criminationis* ac *maledictionis* causa vorbringt, so könnte man wohl solches ex causis allegatis generoso animo verachten; um jedannoch Celsissimi Spirensis in Publico angezapfte Ehre zu retten rc. und dem Gegnerischen Schriftsteller nichts eingebildetes, noch erdichtetes passiren zu lassen, wie auch das Publicum eines wahren Vorgangs halber zu überzeugen, so ist zwarn nicht zu laugnen, daß die Wildfuhr im Fürstenthum Speier, wie klein auch der District davon ist, an und für sich gut seye, gestalten die Lage der Waldungen und der sich dardurch ergebende Wechsel des Wildprets aus denen benachbarten Chur- und Fürstlichen Landen hierzu das mehreste beitragt. Es ist aber auch notorisch und landkündig, wenigstens Ihro Hochfürstliche Gnaden anderst nicht bewust, als daß alljährlich zu behöriger Zeit, und nach Weidmannsgebrauch fast in allen Revieren, ohne was wochentlich geschossen und zur Hofhaltung geliefert, auch sonsten gepürschet wird, Hirsch- und Schweinsjagen gemacht werden, also daß sowohl an roth- und schwarzen Wildpret darinnen nichts in Ueberfluß gezogen werde, indem hierunter höchstdieselbe sich auf die pflichtmäßige Berichter und Anzeigen Dero Oberjägermeistereiamts zu verlassen pflegen; ausser der

Domkapitularisches Impressum.

quatur. Sogleich den *moderatum* Usum tacite anerkennet, imo sibimet ipsi non constans, pag. 18. explicite fatetur, Imperatores abdicato juxta eum *Spolii* Regali quoque jure tutelam atque provisionem, nec non Regimen Episcopatuum interimisticum penes eos esse voluisse, queis designandi Episcopum in feudis & Regalibus Successorem facultas competeret; Accedere & aliam Rationem: Quod scilicet Regalia jura & reliqua temporalia Bona ipsis Ecclesiis magis, quam Episcoporum personis data censerentur &c. Bei dem

Hochfürstlich-Speierische Anmerkungen.

der Zeit aber wider allen Weidmannsgebrauch das wechselende Wildpret tod zu schiessen, würde nicht nur zum gänzlichen Ruin der Wildfuhr gereichen, sondern auch das gute Vernehmen mit der Nachbarschaft stöhren, und zu billigen Beschwehrführungen Anlaß geben, gleichwie dann während Celsissimi Spirensis Landesregierung von Seiten Churpfalz mehrmalige Beschwerde darüber geführet, und dem Hochstift vieler Verdruß und Kösten verursachet worden, daß von Seiten des hochwürdigen Domkapituls zu Speier in denen auf dem Hochstiftischen Territorio vergünstigten Jagddistricten auf keine Heegzeit oder Weidmannsgebrauch reflectiret, vielweniger auf eine gute Nachbarschaft Rucksicht genommen werden wollen, dahero dann entsprungen, daß würklich dem Hochstift auf seinem eigenen Territorio verschiedene Jagddistricten disputiret werden wollen, woran wohl nicht gedacht worden seyn würde, wann die Excessus derer Domkapitularischen Jägeren unterblieben wären. Es ist also ein allzu kecker und respectsloser Vorwurf, als wann ohne Ursach und vorsetzlich in dem Hochstift Speier das Wild allzusehr geheegt werde; daß nun dieser Wechsel des Wildprets hier und da einen Schaden an denen Feldfrüchten verursache, dieses kann wohl sein, gestalten einem jeden vernünftigen Menschen bekannt sein muß, daß an Ort und Enden, wo sich auch nur ein oder das andere Stuck Wildpret aufhaltet, es ohne Schaden der Feldfrüchten nicht hergehe, und das Wildpret in denen Waldungen ganz und gar sich nicht einschränken lasse; auch der Unterthan gemeiniglich (wann zumalen interessirte Gemüter darunter befindlich seind, oder auch wohl heimlich dieselbe aufgestiftet werden) den Schaden grösser zu machen pflege, als derselbe in der That ist. Es hätte aber auch von Seiten des hochwürdigen Domkapituls hierbei angeführet werden sollen, daß denen Unterthanen in denen Waldortschaften nicht nur nicht verwähret werde, de, Wildzäune aufzurichten, sondern auch in Ansehung des Weidgangs denenselben verschiedenes vergünstiget werde, worzu sie sonsten nicht berechtiget seind. Es hätte ebenfalls nicht vergessen werden sollen, daß Ihro Hochfürstliche Gnaden zu Speier nach dem rühmlichen Beispiel vieler anderen Landesregenten den etwa wider Dero Willensmeinung hier und da causirten Schaden nach eingezogenen Commissarischen Bericht taxiren und demnächst dem Befund nach, einen billigen Ersatz thun lassen, ohne daß das Domkapitul hierzu den mindesten Beitrag gethan, folglich sich hierüber aufzuhalten keinen gegründeten Anlaß hat. Concernirend den angeblichen Schaden an denen jungen Schlägen, so wird solcher nicht sowohl durch das Wildpret, als vielmehr durch das verbottene allzu frequente Grasen ued Waidlen deren Hochstiftischen und anderer benachbarten Unterthanen nach Ausweiß deren vorhandenen Waldrug-Registern verursachet, und ist solcher ohnehin so groß nicht, daß davon so viel Aufhebens zu machen gewesen wäre; so viel weiters die Jagdfrohnden anbetrift, so ist bekannt, daß man ohne Unterthanen weder jagen, noch Zeug aufrichten könne; daß aber die Leute 3. bis 4. Wochen auf der Jagd aufgehalten und gebrauchet, auch daß das Wildpret aufgefangen werde, dieses ist ein grundfalsches Angeben, gestalten landkündiger massen in dem Hochstift keine solche Jagen eingerichtet zu werden pflegen, mit welchen man 3. oder 4. Wochen umgebet, vielweniger aber das Wildpret ausfanget und zusammen führet, sondern es werden die Jagen höchstens in 4. 6. oder 8. Tägen verfertiget, die Unterthanen alle 3. bis 4. Täge abgelöset und sodann das Abschiessen gehalten. Die Bestimmung des Wetters aber dependirt so wenig von denen Jagenden, als von dem hochwürdigen Domkapitul. Was ferners die vorgebliche Schwächung des Hochfürstlichen Cameralärarii durch unterhaltende Jagd- und Forstbediente berühret; so hat sich anvorderist das hochwürdige Domkapitul nichts darum zu bekümmeren, wie viele Jäger ein zeitlicher Landesregent zu halten, und was für Besoldung derselbe solchen reichen zu lassen für nöthig und gut befinde; jedannoch muß demselben ohnverborgen sein, daß die Hochstiftsjäger bei weitem nicht so reichlich, wie in anderen Länderen, besoldet zu werden pflegen, sondern ihnen bekanntlich nicht mehr gereichet werde, als zu ihrem Lebensunterhalt ohnumgänglich nöthig ist; daß aber *Celsissimus Spirensis* hier und da an denen Gränzen, wo die Wild- und Holz Diebereyen am stärkesten in Schwang gekommen, einen eigenen Jagd- und Forstbedienten zu setzen bewogen worden, dazu haben Ihro aufhabende Landesregenten Pflichten höchstdieselbe gleichsam necessitirt; und derenselben Obsicht über das Forstweesen allein bringet der Rentkammer das geringe Salarium reichlich wieder ein. Die Hauptursach sothaner Bestellungen aber hat wohl darinn bestanden, daß samtliche Revierjäger nicht nur auf die Jagd und Forst sondern auch auf die Territorialgränzen die Mitaufsicht aufgetragen bekommen und desfalls in besonderes Gelübd und Eidsflichten genommen werden. Für des Hochstifts Besten wäre nur zu wünschen, daß vor älteren Zeiten die Revieren mit verpflichteten Forstbedienten besser besetzt gewesen wären, es würden gewißlich alsdann viele ansehnliche Waldungs Districten dies und jenseits Rheins dem Fürstlichen Hochstift nicht entrissen oder bezweiflet worden sein, worüber dermalen so kostspielige Processen geführet werden müssen; es würden auch verschiedene Eingriffe in die Hochstiftische Wildbann- und Jagd-Gerechtsame (wobei man von Seiten des hochwürdigen Domkapituls wohl selbsten seinen Conto gefunden haben, mithin aus eben dieser Ursach die Ansetzung mehrerer Hochstiftischen Jägeren verabscheuen mag) sowohl, als auch mannigfaltige Verrückungen derer Gränzzeichen unterblieben, oder doch wenigstens bei guter Zeit wieder ergänzet, sofort die Territorial- und Jurisdictionalbefug-

nussen

Domkapitularisches Impressum.	Hochfürstlich-Speierische Anmerkungen.

nussen dem Hochstift besser verwahret worden sein. Schließlichen ist es wohl lächerlich, und großmütig zu verachten, daß der Domkapitularische Schriftsteller die Ohnvermögenheit vieler Hochstiftischen Unterthanen denen Jagdfrohnden zuschreiben will. Bekanntlich werden die Einwohner deren Domkapitularischen Vogtey=Ortschaften zu derlei Hochstiftischen Frohnden nicht angezogen; stossen auch nicht auf die Hochstiftische ganz ohnbesonnen so hoch depradicirte und ad invidiam usque vergrösserte Wildfuhr; selbige seind gleichwohlen eben so, und wenn man es beim Licht besiehet, vielleicht noch mehr erarmet, und unvermögend, als die Hochstiftische Unterthanen. Wann solchemnach man so dreist dahin schreiben will, was Verbitterung, angewohntes Tadlen; Haß und Neid in die Feder dictirt; so trette jenseitiger Schriftsteller hervor und sage die Ursach, wo dann diese Verarmung deren Domkapitularischen Einwohneren herkomme? Man kann es sonsten auf die Probe ankommen lassen, ob in denen angränzenden Landen die Unterthanen so sehr, als im Hochstift mit denen Frohnden menagirt werden; Werden nicht alle Materialien zu dem Bau=Wesen; samt denen in die Hofkellerei, und Hofkuchen gehörigen Waaren durch die Hoffuhren herbeigeführet? Haben nicht schon vor mehreren Jahren Celsissimus Spirensis denen Unterthanen im Bruchrein etliche 1000. Klafter Holz, welche dieselbe besag ihrer dankbarlichst ausgestellten eigenhändigen Reversalien in vorigen Zeiten in der Frohnd zu machen verbunden gewesen, abgenommen, wo sie dermalen durch ordentliche a Camera mittelst einer beträchtlichen Summe belohnt werdende Holzmacher aus dem Land gemacht werden? Mehr anderer Gnadenbezeigungen zu geschweigen, so höchst dieselbe ihren Unterthanen zur Erleichterung des Frohndweesens alljährlich angedeien lassen. Es hätte solches von dem Domkapitularischen Schriftverfasser auch angeführet, oder wann er es etwa nicht gewußt, vorhero darüber Erkundigung eingezogen werden sollen, ehe man so keck darüber raisonirt, kritisirt und getadelt hätte; Mit unbesonnenen (man will nicht sagen, boßhaftigen) Schwänereien ist es nicht ausgemacht; Wann solche unterblieben, und viele Unwahrheiten nicht vor wahr ausgeschrien worden wären, so würde es so weit, als wie dermalen, nicht gediehen sein. Noteiur hoc.

10ten Punct, ob würden die zum offenbahren Nutzen des Landes errichtete Fabriquen aufgehoben, und die Entrepreneurs ganz ohnverantwortlicher Dingen chicanirt, hat ein hochwürdiges Domkapitul zu Speier bloß jenes Axioma philosophicum entgegen zu stellen, *non entis nullas esse qualitates*; bei Regierungszeiten Sr. Hochfürstlichen Eminenz des Herrn Cardinalen von Schönborn seind keine Fabriquen im Land gewesen, folglich hat auch nach deroselben Absterben Capitulum sede vacante keine abstellen und aufheben, noch die Entrepreneurs, deren keine in rerum natura waren, ohnverantwortlich chicaniren können. Es kann zwar nicht verabredet werden, daß Weil. Ihro Hochfürstliche Eminenz aus Veranlassen deren nächst an der Stadt Bruchsal entdeckten Salzquellen anfänglich Vorhabens gewesen, eine Saline zu etabliren; da sie aber, als ein kluger Regent und guter *Oeconome* in der Folge wahrnahmen, daß diese Saline dem Land mehr Schaden als Nutzen bringen würde, so haben sie das Werk auf sich ersitzen lassen, und mehr auf die Menagirung des Landes und Unterthanens, auch auf gute *Oeconomie* Dero Hofstaats, als auf manchmal sehr unsicher und mißliche Projecten von Fabriquen den vorsichtigen Bedacht genommen. Nachhero, als Ihro Hochfürstliche Gnaden die Regierung angetretten, wurde das von Dero Herrn Vorfahrer abgewiesene Project reassumirt, erst ausgeführet, und mit einer sogenannten Salinen-Societät der Akord geschlossen; nebst dieser Saline wurden auch Spitzen-Tabacks- und andere Fabriquen successive unter jetziger Regierung

Ad 10mum Es ist zwar an dem, daß keine Fabriquen und Manufakturen von voriger Landesregierung vorgefunden worden; Es haben aber Celsissimus Spirensis deren etwelche errichtet; Auf diese hat also, wie überhaupt die Anzeige vom 8ten Jen. 1759. auf das FUTURUM, gedithen, damit dieselbe bei etwaiger Sedisvacanz unverantwortlicher Dingen, und zwar blos darum (weilen alle höchst derselben Handlungen nicht recht, sonderen tadelhaft sein sollen, und müssen) nicht wieder aufgehoben werden möchten: daß Chicanen zu besorgen seien, lieget nicht nur darab am Tag, daß man unter allerhand nichtig- und schändlichen Vorwendungen der Salinen-Societät einige Freijahren verweigert, sonderen auch beschehene Bedrohungen, und nunmehro der Innhalt des schmähvollen Impressi selbsten geben zu erkennen, daß das Domkapitul mit der Einrichtung sothaner Fabriquen und Manufacturen übel zufrieden seie, und dahero selbige zu seiner Zeit von demselben sich nicht viel gedeihliches zu versprechen haben; die Ursachen, warum weyland Ihro Hochfürstlichen Eminenz p. m. derlei Fabriquen nicht angestellet haben sollen, seind zwar nach Anleitung der zur Mode gewordenen Tadelsucht leicht darnieder geschrieben, aber so leicht nicht bewiesen; Celsissimus Spirensis haben bei denen ihrigen noch nicht gefunden, daß es Dero Rentkammer, und Landen schadhaft gewesen wäre, solche angerichtet zu haben; ganz Bruchsal und viele benachbarte Dörfer werden bekennen müssen, daß die Spitzenfabrique, ohne den Taglohn zu rechnen, verschiedene sonsten zum bettlen gebohrne Mägdlein in solchen Stand

Domkapitularisches Impressum.

girung errichtet, die welche aber zum Theil bereits wiederum eingegangen, die Salinen- und Tabacksfabriquen hingegen noch wirklich subsistiren; ob aber solche in einem kleinen mit mancherlei anderer Herrschaften Territoriis untermischten Land, wie das Hochstift Speier notorie ist, dem Ærario Cameræ, und dem Land Nutzen oder Schaden bringen werden, muß sich *Tractu Temporis* ergeben. Wenigstens haben benachbarte hohe Stände dergleichen wohl ein und anderem Entrepreneur, keineswegs aber dem Publico Vortheilbringende Einrichtungen, besonders die Tabacksfabriquen disapprobiret, und die ihnen desfalls beschehene Offerta nicht angenommen; auch halten mehrere tief einsehende *Politici* und cordati *Juris-Consulti* darvor, *Monopolia* referenda esse inter Causas Morborum Civilium, & tanquam Reipublicæ nociva non esse toleranda

Struv. *Syntag. Jur. publ.* Cap. 12. §. 1.

Wannenhero auch in Ew. Kaiserlichen Majestät Wahlkapitulation Artic. 7. davon Meldung geschiehet. Betreffend schließlichen das

Beilagen

Hochfürstlich-Speierische Anmerkungen.

Stand gesetzet, daß sie nunmehro ihr Stück Brod ehrlich verdienen können, somit die Residenz von vielen Bettleren, diese Mägdlein aber vom Bettelstab befreyet und errettet worden. Die Spinnfabrique, obgleich solche eingegangen, hat manchem Armen, so lang sie gedauret, seine reichliche Nahrung verschaft, der Hochfürstlichen Rentkammer auch keinen Schaden zugefügt. Die Tabacks-Fabrique, deren Einrichtung mittelst eines Domkapitularischen Erlasses vom 22ten Januarii 1752. belobt, und verdanket worden, gegenwärtig aber, als eine Landverderbliche Sache auf eine widersprechende Art und Weise critisirt und getadelt werden will, hat dem Cameral-ærario noch keinen Schaden beygebracht; wohl aber ist das hieraus resultirende Interesse *pro Camera* darab handgreiflich zu entnehmen, da für dieselbe die Fabrique alljährlich eine beträchtliche Intrade und Profit abwirft. Der Nutzen für das Land, die Unterthanen, und Handwerksleuthe, fort gesamte Bürgerschaft der Residenzstadt Bruchsal erbricht sich darab, daß a) sehr viele zu keinem Handwerk und Profession von Jugend auf angewohnte, mithin nur zum Bettlen taugliche, und dem Publico zum Ueberlast fallende Burgerskinder durch das Tabackspinnen und andere in der Fabrique vorfallende Arbeiten ihren ehrlichen Verdienst und Nahrung erwerben, somit die Gassen in der Residenz von Bettleren sauber gehalten werden können. b) Die Professionisten mittelst Verfertigung deren in der Fabrique erforderlichen Instrumenten, Ustensils und anderen Effecten, c) Der Bauersmann mittelst der in- und aus der Fabrique, in- und aus dem Land thuenden nahmhaften Tabackfuhren, d) Wirthe, Becker, Metzger und andere Handwerker wegen der bei solchen Fabriquen aufgehenden Consumption, und Verfertigung deren Nothwendigkeiten alljährlich ein baares Stück Geldes und gute Losung gewinnen, und somit e) anstatt deren im Land wachsenden Crescentien, Baarschaften ins Land kommen, überhaupt aber f) von der Landesherrschaft de-

nen

nen Unterthanen, welche nahrhaft sein wollen, Gelegenheit an Handen gegeben wird, sich selbst, der Herrschaft und dem Land nützlich zu sein, ja wohl über Standes Verhoffen sich zu bereicheren. Diese jetzt erzehlte von der Tabacks-Fabrique dem Unterthanen ohnverneinlich zuwachsende Vortheilen seind zwarn von dem Domkapitularischen Schriftsteller entweder aus Abgang nöthiger Information, oder als viel zu geringschätzig übergangen oder übersehen worden; man ist aber erforderlichen Falls im Stand, darzulegen, daß selbige alljährlich etliche tausend Gulden ausmachen. Wann nun gesetzten jedoch uneingestandenen Falls auch das Cameral-ärarium (wie solches jenseits getauft wird) gar keinen Nutzen von der Tabacksfabrique zu ziehen hätte, so wären doch die jetzt angezogene Utilitäten für das Land allein nach aller Staatsklugen Meinung dessen wohl werth, daß der Landesregent sothaner Manufactur gewisse Privilegia ertheile, damit selbige auch dabei bestehen könne; und stehet übrigens nicht zu ergründen, mit was Fug solche Manufactur mit dem gehäßigen Namen eines *Monopolii* dermalen beleget werden könne. Mit der Bruchsaler-Saline hat es gleiche Bewandsame; es füget solche der Hochfürstl. Rentkammer den geringsten Schaden nicht zu; dieselbe bedarf zu deren Erhaltung keinen Heller beyzutragen, und hat auch bei etwa sich ereignenden Unglück (wovor jedoch Gott sein wolle) kein Risico oder Gefahr zu besorgen; und dannoch ihr gewisses Antheil des Profits davon zu erheben; ohnzählige Unterthanen, Professionisten, Handwerker, Burger, Bauren, Taglöhnere rc. können, wann sie wollen, baares Geld und ihr ehrliches Stück Brod darbei gewinnen; es hat selbige bereits so viel Geld im Land rouliren gemacht, daß man es in der Residenzstadt Gott Lob! genugsam verspühret. Verdienet solchemnach diese Salinenfabrique wohl den verhaßten Namen eines *Monopolii*? Ist solche wohl *inter Causas Morborum Civilium & tanquam Reipublicæ nociva* anzusehen, mithin nicht zu toleriren? Hätte

man

man mit gutem Gewissen, da der gütigste Gott das Hochstift Speier mit reichen Salzquellen versehen und geseegnet hatte, wohl verantworten können, wann dieser Schatz nicht benutzet worden wäre? dem höchstseeligsten Herrn weiland Seiner Hochfürstlichen Eminenz von Schönborn wird es wohl vielmehr an vermöglichen Entrepreneurs und geschickten in Mechanicis wohl versirten *Directeurs*, als an dem guten Willen der Ausführung gefehlet haben. Nachdem sichs nun unter Seiner Hochfürstlichen Gnaden zu Speier Regierung gefüget, daß nebst vielen anderen derlei taugliche Männer sich der Saline halber gemeldet; so haben höchstdieselbe, nicht aus einer Eigennützigkeit (wie solches, und daß andere Competenten mittelst angebottenen Schankungen zur Chatouille etwas auszuwürken gesucht hätten, dem hochwürdigen Domkapitul mehrmalen declarirt worden) sondern in der ohninteressirten Absicht, dero Bischöflichen Tafel und Rentkammer hierdurch einen Vortheil zu verschaffen, und Gottes Seegen sich zu Nutze zu machen, sich mit denenselben unterredet, und darauf die bekannte Salinen Convention abgeschlossen. Diese ist zwarn, obgleich in solchen zur Verbesserung und Benutzung der von Ihro Kaiserlichen Majestät zu Lehen tragenden Regalien gedeihenden Meliorationen kein Consensus Capitularis erforderlich, noch nöthig gewesen wäre, endlich vom Domkapitul consentiret worden; die desfalls gewechselte Schreiben aber, besonders da es auf eine Extension der Freyjahren für die Societät wegen gehabter Unfällen angekommen, enthalten solche Gesinnungen, daß entweder der von Ihro Kaiserlichen Majestät investirte Landesregent, und die Bischöfliche Tafel den von der Saline sich vorbehaltenen Antheil hätte theilen, oder aber die Societät sothanen Consensum theuer genug hätte erkauffen müssen. Da nun aber ex præmissis sich zur Gnüge darthut, daß Celsissimus Spirensis bei dieser Sach keine ALIENATION derer zur Bischöflichen Tafel oder zu denen Reichslehen gehörigen Gütern oder Regalien, sondern vielmehr eine nahmhafte Melioration Dero Hochstift beizubringen gesucht, und dannoch hiergegen in dem famosen Impresso sehr wundersame Ausdruckungen und gleichsam Bedrohungen enthalten seynd, daß es allerdings das Ansehen gewinnet, man werde bei der in Gottes Händen stehenden nächsteren Sedisvacanz unter allerhand vom Zaun leicht hierunter zu reissen stehenden Prätexten diese a Celsissimo Spirensi gemachte heilsame Einrichtung wieder aufheben; so wird der Innhalt der Anzeige vom 8ten Januarii 1759. nicht ohne Ursach anhero wiederhohlet; wo im übrigen ausser Contestation ist, daß, wann dem hochwürdigen Domkapitul PRO CONSENSU CAPITULARI ein Antheil an der Saline oder ein reichliches Laudemium eingestanden, und aufgeopferet worden sein würde, an einen Widerspruch oder Dissensum gar nicht gedacht worden wäre, sollte gleich die Bischöfliche Tafel oder Rentkammer des Hochstifts den größten Schaden dabei empfunden haben, als worum sich wenig bekümmert wird, wann es nur eintraget.

11te Imputatum; desfalls provocirt ein Hochwürdiges Domkapitul nochmalen, wie oben bei dem Imputato 1mo. auf die tempore interregni geführte Regierungs- und Cammerprotocolle, auch andere bei denen Hochstiftischen Archiven und Registraturen verwahrlich liegende respective Befehle Capituli tunc temporis regnantis; worab sich im Gegentheil ergeben wird, wie man allen denen von Weil. Sr. Hochfürstlichen Eminenz während Deroselben Regierung erlassenen Verordnungen genauest insistirt, und in vorgefallenen Regierungsgeschäften, auch Justizsachen jedesmalen auf vorhero eingeholte Berichtere von demjenigen Dicasterio, wohin die Sachen eingeschlagen, darnach verfahren habe; sollte aber ein oder andere in der Execution nicht räthlich oder nützlich zu appliciren gewesene Verordnung aufgehoben und eine mehr *convenable* und ersprießlichere dargegen eingeführet

Ad 11mum. Daß bei der letzteren Sedisvacanz die von weiland Ihro Hochfürstlichen Eminenz dem Herrn Cardinalen von Schönborn NB. nur erneuerte allgemeine Landesverordnung: „ daß kein Domkapitularischer Beamter „ oder Bedienter ohne vorgängig nachgesucht „ und erhaltene Landesfürstliche Erlaubniß un„ bewegliche bürgerliche Güter anzukaufen er„ mächtiget sein solle „ vom hochwürdigen Domkapitul authoritative aufgehoben und cassirt worden seie, solches ist Landkündig, mithin brauchet es keines näheren Beweises, wie fremd sich desfalls der jenseitige Schriftsteller auch stellen will. Ob dieses keine innovirende Ermächtigung gewesen? Darüber werden Ihro Kaiserlichen Majestät allergerechtest zu sprechen geruhen; daß solches beginnen aber dem Hochstift nicht verträglich gewesen, solches ist vorhin oben allschon gründlich dargethan worden. Betreffend das

Domkapitularisches Impressum.	Hochfürstlich-Speierische Anmerkungen.

tet worden sein, so haben ja Ihro Hochfürstliche Gnaden diese des regierenden Domkapituls billigmäsige Verfügung, gestalten sie es bei denen Actis Interegni völlig belassen, und all solches begnehmet hatten, gar wohl anerkennt, auch den darob erwachsenen Nutzen überzeugend verspühret; daß man aber Domkapitularischer Seits allerlei schädliche Neuerungen aufgebracht, und eingeführet habe, ist nimmermehr erweislich. Es ist halt hierbei wiederum, wie in all übrigen Punctis dem Authori Anonymo, von Seiten des Hochfürstlichen Schriftstellers gefolgt und was jener in seinem impresso pag. 44. & 45. contra Capitula widrig disseriret, extrahiret worden; jedoch muß es eben dieser Author pag. 46. invitis licet dentibus eingestehen; Capitulis, flagitantibus ita circumstantiis, Statuta & Leges *interimisticas* condendi facultatem denegari haud posse, addita ratione: Quia Capitulis Metropolitanis & Cathedralibus interea temporis incumbit, ut, quæ Salus, tum Ecclesiæ tum territorii & imperii, postulat, provida cura ordinent, ideo proficuas in hunc finem constitutiones promulgare possint &c. Noch besser erkläret diesen Punkt der oben allschon angezogene

Fermosin Tract. 1. q. 17. num. 1. & seq.

Folglich kann, noch mag einem hochwürdigen Domkapitul an diesem seinem sowohl hierinn, als in all übrigen Punctis denen Canonischen, auch Reichs-Satz- und Ordnungen durch gegenwärtige Beleuchtung der adversantischen unbegründeten Vorwürfen zur Genüge an das helle gestellten Betragen und Verfahren mit Bestand nicht das mindeste reprochirt oder sonst zur Verantwortung gelegt und ausgestellet werden.

das ex Authore Anonymo und sonsten herleithen wollende *Jus condendi Leges* INTERIMISTICAS tempore Sedisvacantis; Transeat, so weit es die Nothdurft des Status *interimistici* Principatus erforderet; von dem Jure ABROGANDI Leges salutares, jam ante sæculum conditas & receptas schweigen die allegirte Authores ganz still, wie die Abrogatio selbst dem Namen nach eine *innovationem* bedeutet. Daß aber Celsissimus Spirensis in Kraft einer der Bischöflichen Wahlkapitulation annectirten und vim Juramenti Episcopalis haben sollender Clausul es bei allen Domkapitularischen Actis & Actitatis des sogenannten *Interregni* belassen haben sollen; dieses möchte wohl in der Bischöflichen Wahlkapitulation enthalten seyn. Allein da die Prætensa *abrogatio Statuti* quæstionis einen offenbaren Favorem (nicht des Hochstifts, sondern) des Capitulirenden Domkapituls und dessen Officianten concerniret, quo Jure kann wohl dieselbe, als rechtmäßig und Canonisch deprädicirt werden, und wie vermag solche wohl, da es juxta propria asserta höchstens nur Lex *interimistica* hat sein können, als ein Lex *in perpetuum valitura*, & Dominos Successores obligans ausgegeben oder angesehen werden?

Gleichwie mehrmalen oben erkläret worden, daß Celsissimi Spirensis Absicht bei Ueberreichung der Anzeige vom 8ten Januarii 1759. gar nicht zum Ziel gehabt, Dero Domkapitul das Vergangene zu reprochiren, oder demselben zur Verantwortung zu legen, sondern Höchstdieselbe nach der Erheischung des Ihro obliegenden Regentenamts zu sorgen sich verbunden erachtet haben, damit in Zukunft derlei für das Fürstenthum Speier so höchstschädlichen nunmehro zur Genügen angezeigten und erforderlichen Falls zu documentiren stehenden Mißbräuchen ein Riegel vorgeschoben werden möchte; so hätte man von Seiten des Domkapituls nicht nöthig gehabt, solche so sehr, (wie mit größter Dreistigkeit geschehen) in Abrede zu stellen, oder wider allen

Rechtsbestand zu rechtfertigen; am allerwenigsten aber lasset es sich mit denen Celsissimo Spirensi qua Ordinario geleisteten Domkapitularischen Pflichten, mit dem Höchstderoselben als Landesfürsten schuldigsten Respect, mit der Ihro qua Bischofen und Reichsfürsten gebührenden Ehrerbietung und Decoro, ja mit der Wohlanständigkeit selbsten conciliiren, daß bei einer solchen vermeintlichen Rechtfertigung, mit Untermischung allerhand ohnerfindlichen anzüglichsten und empfindlichsten Personalien gegen die höchste Person Sr. Hochfürstlichen Gnaden zu Speier, gegen Dero Regierungsart, gegen Ihre *Dicasteria*, Minister, Räthe und Bediente, alle Dero Thun und Lassen und zwar mittelst eines zum öffentlichen Denck gediehenen, nicht nur an alle und jede Capitulares des hochwürdigen Domkapituls zu Speier, sondern auch verschiedentlich im Heil. Röm. Reich sonsten communicirten, ja selbst vor den allerhöchsten Kaiserlichen Thron gelangten Abdrucks von Dero eigenen Domkapitul mit denen gehäßigsten, bößartigsten, lästerlichsten und ärgerlichsten Farben abgeschildert, ohnverschämtest diffamirt, und unschuldigster Weiß dergestalten traducirt, und maledicirt worden seind, als würklich geschehen ist. Ob hieran ein- oder anderes hohes Domkapitul im Heil. Römischen Reich Antheil oder von diesem Abdruck zur Nachfolg ein Muster nehmen werde, solches will man noch zur Zeit ein Probleme sein lassen; man glaubt aber, daß selbige dem Authori des Abdrucks wenig Dank sagen werden.

Wobei man es dann auch dermalen bewenden lasset; und nur noch in Kürze wegen der Ew. Kaiserlichen Majestät von Sr. Hochfürstlichen Gnaden zur allerhöchsten Einsicht vorgelegten, in der Anlage sub Num. 4. mit denen nöthigen Erläuterungen extractive angebogenen Bischöflichen Wahlkapitulation anzumerken nöthig erachtet, welcher Gestalt diese, weder Sr. Hochfürstlichen Gnaden aufgedrungen, weder von derjenigen ver-

So viel die Bischöfliche Wahlkapitulation Sr. Hochfürstlichen Gnaden zu Speier angehet; so ist solche nach dem Exempel Sr. Hochfürstlichen Gnaden des Herrn Bischofen zu Eichstädt, ohne Anmerkungen und Erläuterungen, allerhöchsten Orts eingereichet worden, und hätten Celsissimus Spirensis nicht gezweiflet, es würden Ihro Kaiserlichen Majestät und Dero Höchstpreißlicher Reichshofrath nach Ihro aller-

Domkapitularisches Impressum.

verwürflichen Gattung seie, wovon die ex adverso Päbstliche Bullen und Kaiserliche Rescripta sprechen, sondern es haben Celsissimus vor Dero Wahlactu, als Capitular, eben diese Wahlkapitulation in allen ihren Punkten und Clausulen denen Hochstift Speierischen Verfassungen, und denen Domkapitularischen Gerechtsamen gemäß zu sein befunden, und *stipulata manu*, gleich jeder deren Domkapitularen, darauf zu halten versprochen; Auch nach der auf Höchst Deroselben Person ausgefallene Wahl solche mittelst körperlichen Juraments feierlichst beschworen. Anlangend aber die Bischöfliche Wahlkapitulationen überhaupt; werden derer von denen Canonisten dreierlei Gattungen ganz billigst und vernünftigst voneinander unterschieden und nicht cum Vulgo Scholasticorum alle ohne Ausnahm schlechterdings vor ungültig und unverbindlich gehalten. Sunt enim aliæ, per quas *illicita, impossibilia, damnosa*, vel *libertati Ecclesiasticæ*, aut *Decretis Concilii Tridentini obviantia* stipulantur, quæ pro reprobatis & irritis unanimi ore reputantur; altera vero Species est, si dubium fundatum supersit, an uni & soli Ecclesiæ saluti, & Episcopatus bono pastora revera conducant, quo Casu earundem valor in vim pacti tamdiu in suspenso est, donec Confirmatio Superioris accedat; Tertia demum Species, quæ *certo & irrefragabiliter in favorem Commodumque Ecclesiæ & boni Regiminis* collineat, atque S. Canonibus & Sanctionibus Imperii conformiter initur, hanc & ante & post Electionem etiam in vim pacti, & per modum concordati subsistere, ipsæ Constitutiones Apostolicæ, tanquam ab Innocentiana non correctæ, innuunt, nimirum

PII P. V. de anno 1570. 31. May.
GREGORII P. XIII. de anno 1584. 5. Sept.

prout latius demonstratum reperitur in Resolutione quæstionis inauguralis: *An & quatenus Capitulationes, quæ condi solent sede vacante, hodie subsistant?* Sub Præsidio D. Caspari

Hochfürstlich-Speierische Anmerkungen.

allertiefesten Penetration aus dem dörren Innhalt eines jeden Articuls von selbsten allergerechtest eingesehen haben, was für Articul davon in politicis zuläßig, und Bestand haltend anzusehen gewesen wären. Weilen aber nunmehro das hochwürdige Domkapitul mittels der Anlage des scandalosen Impressi sub Num. 4. vermeintlich zu behaupten, und den allerobristen Richter zu präveniren suchet, als ob sothane Capitulation von einer ganz unverwerflichen Gattung seie; so wird sich auf allen jedoch wider Verhoffen etwa nöthigen Fall eine Gegen-Erläuterung hiermit feyerlichst vorbehalten, in welcher man ohne viele Mühe darthun wird, daß fast kein einziger Articul sothaner Wahlkapitulation mit denen Päbstlichen Bullis, Sanctionibus Imperii, und selbst denen in Ansehung der Bischöflich-Speierischen Wahlkapitulationen specialiter emanirten Päbstlichen Bullen bestehen könne; ja selbst das Domkapitul die mehreste Contradiction machen würde, wann einem oder anderen Articul nach seinen buchstablichen Innhalt die Erfüllung gegeben werden wollte. Was ferners die angerühmte Respects- und Submissionsbezeugung des hochwürdigen Domkapituls anbelangt, so erhellet solche genugsam aus der groben und anzüglichen Schreibart des famosen *Impressi*; es geben davon vielfältige insolente Schreiben an Ihro Hochfürstliche Gnaden ganz andere Proben, der Ehrenrührischen mehrmals ausgestossenen und gleichsam zur Mode und Gewohnheit wordenen Reden zu geschweigen. Die jactitirende Nachgiebigkeit angehend, so leuchtet aus der dem jenseitigen Agenten ertheilten, und bei dem Impresso sub Num. 3. anverwahrten Instruction klar hervor, daß es dem Domkapitul niemalen ein Ernst gewesen, und noch seye, per amicabilem die Irrungen hinlegen zu lassen, immassen in dieser Instruction wiederum alles negirt wird, was schon vorhin eingestanden und für billig erkannt ware; der Leider! einmal eingerissene Tadel und Contradictionsgeist lasset auch nicht zu, daß

Domkapitularisches Impressum.	Hochfürstlich-Speierische Anmerkungen.
pari Barthel An. 1749. Wirceburgi Typis edita. Von dieser letzteren Gattung nun befindet sich durch ihro Hochfürstl. Gnaden beschworne Wahlkapitulation in denen mehresten Punkten, und wann etwa ein oder andere Clausul in die zweite Gattung einschlagend darunter begriffen sein möchte, so wird doch kein einziger contra S. Canones ac pragmaticas Imperii Constitutiones impingirender Artikel darinn anzutreffen, folglich diese *Concordia* keinesweegs inter *reprobatas* zu referiren sein.	Haupt und Glieder harmoniren sollen, es seie dann, daß Ihro Kaiserlichen Majestät als allerhöchster Richter einen Entscheid ertheilen, oder durch die allergnädigst erkannte Hofkommission ein-nothwehdig zu halten seyendes NORMATIVUM zu Stand bringen lassen.
Es würde dahier allzuweitläufig fallen, mehrgedachte Wahlkapitulation Artikul von Artikul, und Clausul von Clausul zu dismembriren, und bei jedem derselben die justifikation umständlich anzuweisen; sondern, da dieses occasione deren von der allerhöchst ernannten Kaiserlichen Kommission gegeneinander zu machenden Propositionen und Deklarationen, auch sonstigen münd- oder schriftlichen Verhandlungen sich gleichsam consecutive von selbst aufklären und vertifiziren wird; also bewerfen sich Anwalds gnädige Herren principales Dombechant und Kapitul lediglich dorthin, können anbei ohnangezeigt nicht lassen, wie daß sie, um seiner Hochfürstlichen Gnaden als ihrem hohen Herrn Ordinario alle schuldige Submission und Mensch- mögliche Nachgiebigkeit in allen nur immer thunlichen Stücken gehorsamst zu bezeigen, noch erst kurzhin durch reiterirten Entgegengang die Hände zu amikablen Traktaten nochmalen dargebotten, Höchst Dieselbe aber solche unter dem unerfindlichen Prätext, ob sei es nunmehro zu spat, platterdings ab- und von sich gewiesen haben; vid Adjunctum sub Num. 5. worgegen aber Domkapitularischer Seits per supra deducta alberits in Antecessum gezeigt und erwiesen ist, wie man Anno 1757. ganz sicher gehoffet, in der Güte aus der Sach zu kommen; Unter der Hand aber ganz unvermerkter ex adverso zu Prozeßweiterungen gezwungen worden seie, wie oben aus der Beilage Num 2. fürnehmlich circa finem zu ersehen, wo zumalen Hoch-	Nachdem nun solcher gestalten in præmissis gezeigt worden, daß dieienige Mißbräuche des Speierischen Domkapituls, welche bei der letzteren Sedisvacanz überhand genommen, an und für sich selbst mehr, als zu wahr seien, und zum offenbahren Nachtheil des Hochstifts gereichen, auch mit keinem Bestand Rechtens sich entschuldigen lassen, im geringsten aber bei deren Anzeige daran nicht gedacht worden, nunmehro erst diesertwegen dem Domkapitul etwas zu Last legen, eine Verantwortung oder Rechenschaft PRO PRÆTERITO anzuverlangen, oder auch dasselbe coram Throno Cæsareo zu denigriren, und dergestalten gehäßig zu machen, damit ihm in Verfolgung seiner vermeintlichen Beschwerden der Weeg Rechtens abgeschnitten oder erschweret werden möchte, sondern vielmehr die Anzeige vom 8ten Januar 1759. ausdrücklich im Mund führet, daß nur *pro futuro* gesorgt worden, damit ein künftiger hoher Landesregent, als ein allergetreuester Reichsmitstand und Vasall in Gefolg der bekannten Rechten, auch sonderbaren des Hochstifts Speier Privilegien bei Kräften und Vermögen erhalten werde, die Reichs- und Kreiß- auch sonstige Landesprästanda (welche von sich und seinen Angehörigen abzuschieben und zur grösten ungebühr blos auf die Hochstiftische immediat Unterthanen zu welzen, das Domkapitel dichtet und trachtet, somit einen Ihro Kaiserlichen Majestät und dem heiligen Reich unnützlichen besonderen Stande

Hochfürstlicher. Seits bei dißseitiger Nachgiebigkeit die Prætensiones jedesmal höher gespannt worden seind. Es gelanget solchemnach an Ew. Kaiserl. Maiestät Anwalds gnädiger Herren Principalen allersubmissestes Anflehen und Bitten; Ew Kaiserlichen Majestät geruhen in allermildester Beherzigung, daß die von Sr. Hochfürstlichen Gnaden zu Speier contra Capitulum vorgespiegelte samtliche imputata durchaus unbegründet, und lediglich in der gefährlichen Absicht angebracht seind, um das Domkapitel auf solche Art coram Throno Cæsareo zu denigriren und dergestalt gehässig zu machen, damit diesem in rechtlichem Verfolg contra Celsissimum eingeklagter sehr vieler das Domkapitularische Eigenthum, Ortschaften, Unterthanen, Immunitäten, jura, und Gerechtigkeiten betreffender Gravaminum der Weeg abgeschnitten oder doch erschwehret werden möchte, auf derlei weder erwiesen weder zur gerichtlichen Discussion als *Vaga*, & *de incertis ac futuris contingentibus imaginata Asserta*, gehörig oder admissible adversantische Insinuationen allergerechtest nicht zu reflektiren, auch nicht zu gestatten, daß ein Ew. Kaiserlichen Majestät allergetreuest und devotestes von Allerhöchst Dero Vorfahreren am Reich fundirtes Kaiserl. Domstift von dem Hochfürstl. Gegentheil um alle seine Prärogativen, Rechten, Eigenthum, Privilegien und Immunitäten ganz und gar gebracht, und gleichsam in die letzte Class eines blossen Hochstift-Speierischen Unterthanens herunter gesetzt werde, sondern aus Allerhöchster Kaiserlicher Authorität, als Supremus Advocatus & Protector aller deutschen Stiftreren im ganzen Heil. Römischen Reich Anwalds gnädige Herren Principales Domdechant, und Capitul des Domstifts Speier bei ihren wohlhergebrachten Gewohnheiten, Gerechtsamen, und Freiheiten, auch deren possessione vel quasi kräftigst zu schützen, und zu handhaben, besonders aber in gegenwärtigen Umständen, wo des Hochfürstlichen Gegentheils MOLIMINA nicht nur gegen das Speierische sondern in der Folge gegen alle

de abgeben will) nach obhabenden Reichs-patriotischen, und Landesfürstlichen Pflichten fortshin zu prästiren; sodann des Domkapituls Molimina mit seinem gravaminiren blos dahin gerichtet seind, einem Statum in Statu zu formiren, sich vollkommen und dergestalten, daß selbiges, weder als ein immediater Stand denen höchsten Reichsgerichten, noch als ein mediater dem Hochfürstlichen Foro unterwürfig, somit ganz souverain und indepedent, wie auch seine oder vielmehr des Syndikatsurtheilen inappellabel sein möchten, zu eximiren, unter Anstellung allerhand Neuerungen einem zeitlichen Landesregenten nur Verdruß und den ohnehin schweren Regierungslast zum Schaden Ihro Kaiserlichen Majestät und des heiligen Reichs nur beschwerlicher zu machen, Ihro Hochfürstlichen Gnaden sonsten auch aus eigener Erfahrung zum voraus versichert seind, daß andere *Capitula* deren hohen Erz und Hochstifteren des heiligen Römischen Reichs dieienige Mißbräuche, welche zu Speier bei der letzteren Sedisvacanz vorgegangen seind, selbsten verabscheuen, und dahero gegen den Domkapitularischen Schriftverfasser, welcher denenselben eben dergleichen anzudichten und solche zu rechtfertigen sich erfrechet, derlei Ungebühr zu ressentiren nicht entstehen, am allerwenigsten aber an gegenseitiger faulen Sach Antheil nehmen, und Causam communem daraus machen, ja die würklich verleithere ihre Intercessionalien zuruckziehen und revociren werden, die in dem famosen Impresso gegen die hohe Person Seiner Hochfürstlichen Gnaden zu Speier ꝛc. ꝛc. mit vollem Hals evomirte Läster- und Schmähungen aber von solcher Atrocität und Abscheulichkeit seind, daß allerhöchsten Orts solche ohngeahndet nicht belassen werden können, sondern hierunter gegen die allzufreche und im heiligen Römischen Reich nie erhörte Schmähe-Sucht ein nachdrucksames Exempel zu statuiren sein will; Kaiserl. Majestät auch, vermög allerhöchst Dero Kaiserlichen Wahlkapitulation und als Oberhaupt des Reichs, Churfürsten, Fürsten und Stände

Domkapitularisches Impressum.	Hochfürstlich-Speierische Anmerkungen.
andere hohe Erz-und Domstiftere in öfters bemerkter jenseitiger Anzeige vom 8ten Januarii a. c. gerichtet seind, das gemeinschädliche Uebel in Zeiten allergnädigst abzuwenden, und aus Reichsvätterlicher Vorsorge die nachdrucksamste Rettungsmittel allergerechtest vorzukehren. Hierüber ꝛc. **Ew. Kaiserlichen Majestät.** allerunterthänigster	desselben bei Ihrer Authoritát gegen ihre Unterthanen und Untergebene (worunter die Capitula derer hohen Erz-und Hochstifter überall *primum Statum & Classem* ausmachen) zu conserviren, und zu handhaben so verbunden, als bereit seind; Als wird allerhöchst deroselben, was bei allen jetzterwehnten Puncten denen Rechten und der Sachen Wichtigkeit nach erforderlich sein mag, allerunterthänigst überlassen, und schliesslichen überhaupt aufrichtigst contestirt, daß Celsissimus Spirensis, wie sie noch bei allen Gelegenheiten thätlich erprobet, und ohngebettener erwiesen, Dero Domkapituls Wohlfahrt jederzeit gesehnet, und solche zu beförderen sich haben angelegen sein lassen, gegenwärtig auch desselben so genannte Gewohnheiten, Gerechtsamen und Freiheiten, in so weit solche wohlhergebracht seind, im mindesten Stuck nicht zu imminuiren gedenken; unter der Vorschützung sothaner Gewohnheiten, Gerechtsamen und Freiheiten aber dem hochwürdigen Domkapitul alle **Willkühr** zu gestatten, und einen Spectatorem deren unter dieser Rubrick und Prätext begehenden **Eigenmächtigkeiten** abzugeben, weder bei Gott, noch Ihro **Päbstlichen Heiligkeit**, oder **Kaiserlichen Majestät**, und dem heiligen Römischen Reich, noch bei Dero hohen Herren Nachkommen am Hochstift, noch auch bei Ihro eigenen Unterthanen verantwortlich sein würde.

R.

Extractus Interregnums Protocolli de dato Spiræ 18. Maji 1770.

§. 6.

Des Herrn Domsängers von Hutten, Hochw. eröfnen Rmo. Capitulo, daß Ihnen die Summe von 3333. fl. 20. kr. als Interregnumsgelder von dem Kammerzahlmeister vor einigen Tagen ausbezahlet werden wollen, Sie aber ein solches anzunehmen, groses Bedenken getragen und dahero wiederum zurückgegeben hätten, besonders da Ihnen diese Summe allzugroß und übermäßig vorkommen, und ob zwarn nicht unbillig, daß denen Hochwürdigen Herren Capitularen für ihre durante interregno habende mehrere Bemühung etwas weniges verreichet werde, so glaubten sie doch, daß diese Abgab viel zu enorm seie, zumalen bei dem lezteren interregno zu Mainz, ohnerachtet die Churmainzische Landen ein weit mehreres, als des Hochstift Speier, betrageten, ein jeder Capitular nur 500. fl. für Interregnums-Trauer und sonstige Gelder empfangen habe, wobei

noch

noch ferner in Consideration zu ziehen wäre, daß bei der Hofkammer, falls dieselbe die laufende Ausgaben, große Trauerkosten, präsenten, die Kaiserl. und andere Gesandschafts und derlei mehrere annoch vorkommende nöthige Abgaben bestritten haben werde, nichts übrig bleibe, und also der zukünftige Herr die Regierung, wann seine Gesinnungen noch so löblich, mit Schulden anzutretten genöthiget seie; zu dem Statuirten sie dem hohen Domkapitul *sede vacante* keine andere Jurisdiction, als jene, welche ein Vormunder über seinen Pupillen hat, wie nun der tutor das Vermögen des Pupillen keineswegs zu eigen machen, vielweniger sich damit bereichern könne. Auch wäre in Erwägung zu ziehen, daß, wann das Hochstift, welches Gott abwenden wolle, mit öftern Sedisvacanzen heimgesuchet werden sollte, aus dergleichen unerhörten Theilungen der ganze Umsturz erfolgen müsse. Es seye auf diese Art auch vielmehr einem zeitlichen Hochstifts Regenten zu verübelen, wann er auf eine gute Wirthschaft beflissen sein wollte, wann Sede vacante das Hochwürdige Domkapitul seine pro Successore zuruckgelassene Baarschaften sich zueignen wollte; in welchem Betracht sie obige Summe dem Kammerzahlmeister zuruck gegeben, petendo desuper extractum protocolli.

Conclusum

Detur

S.

Extractus Interregnums protocolli de dato Spiræ 20. Aprilis 1770.

§. 11.

Passus concernens.

Seind die Herren Statthaltere ersuchet worden, sobald als möglich, bei der Hofkammer nachsehen zu lassen, was bei voriger Sedisvakanz denen Herren Capitularen zugekommen.

2) Woher solches genommen worden, und aus welchem Fond solches

3). Dermalen bestritten werden könne, vordersamst aber seie billig, daß denen Hochwürdigen Herren, welche währendem Interregno stark bemühet, ein billig gebührendes zugestellet werde, wozu hauptsächlich das Emo zukommende Quartal Judenschatzung und dergleichen zu rechnen seien.

T.

Extractus Interregnums protocolli de dato Spiræ 25. Aprilis 1770.

§. 2.

Passus concernens.

Beide Herren Statthaltere zu Bruchsal überschicken die zeithero abgehaltene Protokollen &c.

sonsten

5) Wären in Anno 1743. einem jeden Capitularen a Camera unter der Rubrique Spoliengelder 2500.fl. ausbezahlet worden, welcher Terminus hart in das Ohr falle, auch deren Hochwürdigen Herren Geburt und Stand nicht conform seie, zumalen man zu diesem Ende honorablere, und in der Billigkeit selbst gegründete Prætensiones und Abgaben an die Hofkammer machen könne, dann

a) Seie bekannt, daß Emus defunctus nach klarem Buchstaben der Kapitulation einem jeden Kapitularen drei Klafter Brennholz zu geben schuldig gewesen, die Abgabe aber ereist nach ohngefehr 12. jährigen Regierungsjahren ohne Indemnisation den Anfang genommen habe.

b) Würden die Kapitularprotokollen belehren, daß bei Errichtung deren Salinen Rdmum Capitulum darab ein Laudemium aber ohne Erfolg anverlanget, bei welcher Einrichtung incontestabiliter Grund, und Boden ja die beste Aecker nnd Wießen zu Grund gegangen, ohne die merckliche Abgaben des dazu erfoderlichen jährlichen Holzes, wodurch der Grundherren Grund und Boden verringert worden, zu gedenken, auch blos amore Pacis die freie Jahren prolongirt worden, mithin darab eine Abgabe zu forderen billig anzusehen seie, über dieses thäten

c) Die erwählte Regenten die Regierungsbemühungen nicht umsonst, wobei sie nebst dem Glanz der Ehre, soviel Gelegenheiten hätten, Gnaden und gutes auszutheilen, warum also sollte Rdmum Capitulum nichts davon haben, ohne zu erwehnen

d) Die gebührende Tafelgelder, Judenschuz, Windschlage und den verderblichen Kauf des Holländerholzes, und des durch dessen Fällung denen Waldungen zugefügten Schadens, welche Rubriquen vielmehr, oder wenigstens soviel als Capitulum davor forderen werde, eintrageten, 2c.

Worauf des Herrn Dombechants Hochwürden votirten, daß vordersamst 2c. und glaubten sie

4) Daß in Anbetracht deren Beschränkungen, und besonders wegen karirten Novalien der Antrag deren Hochwürdigen Herren Statthalteren ad punctum 5tum ganz billig seie, besonders die Tafelgelder und sonstig übrige Anfoderungen hinwegfalleten, welches sie Rdmo Capitulo und denen Herrn Statthalteren, die am besten hiervon informiret seien, überliesen, und dessen Gutbefinden nicht aber per modum voti alles anheimstelleten und lediglich darauf kompromitirten.

Diesem nach ergienge das Conclusum

7) Werde in Anbetracht von den Herrn Statthalteren und sonstig vorkommenden Ursachen per majora für billig erkannt, daß unter die Hochwürdige Herren überhaupt, und ohne einige Anforderungen zu machen, a Camera 50000. fl. zu gleichen Theilen um so mehr ausbezahlet werden sollen, als die Gelder bei der Kammer vorräthig wären und man hierzu keinen Kreuzer aufnehmen dörfte, welche Willensmeinung der majorum denen Herrn Statthalteren bekannt zu machen, und ihre darüber Meinung abzuwarten wäre

U.

Extractus Interregnums-protocolli de dato 27. Aprilis 1770.

§. 3.

Des Herrn Dombechanten Hochwürden proponiren, ob nicht des Herrn Capitularen Grafen von Stadion Hochw. die zeitherige Interregnums-protocolla zur Einsicht zuzustellen wären? Worauf des Herrn Capitularen Grafen von Stadion Hochw. declarirten, daß sie diese protocolla nicht in ihrem Hauß, sondern auf der Capitulsstube einsehen wollten, und bis solches geschehen, wegen abgängiger Notiz der anteriorum ihre Gedanken nicht eröfnen könnten.

Conclusum.

Secretarius habe also Sr. Hochwürden in der Kapitulsstube diese protocolla vorzulegen.

X.

Extractus Interregnums-protocolli de dato 30. Aprilis 1770.

§. 4.

Passus Concernens.

Se. Hochwürden Herr Capitular Graf von Stadion erinneren ad protocollum; Sie hätten Gestern in Beiseyn des Secretarii die zeitherige Interregnums-protocolla gelesen und gefunden,

funden, daß die von einem Hochwürdigen Domkapitul getroffene Maasreglen zu beloben wären, nur allein wollten sie sich in Betreff des Wildprets und Austheilung deren 50000 fl. dem voto des Herrn Domdechanten Hochwürden conformiret haben.

Y.

Extractus Interregnums-protocolli de dato 3. Maji 1770.

§. 1.

Passus Concernens.

Beide Herren Statthalter berichten, daß rc.

8) wegen den ex Camera pro DD. Capitularibus auszuzahlenden 5000.0 fl. wären sie genöthiget ihr votum zu suspendiren, erachteten aber ihrer Schuldigkeit gemäß zu erinneren, daß bei der dermaligen Lage der Kammer Sie diese Abgaben sehr stark findeten.

Conclusum

ad 8) Werde es, um willen D. Decanus & D. Comes de Stadion ihren vorigen votis, die übrige Hochwürdige Herren aber dem vorigen Concluso inhärirt, lediglich bei dem resoluto vom 25. vorigen Monats belassen.

Z.

Auszug aus Herrn Hofraths Reuß Deutscher Staatskanzley 11. Theil. Seite 130.

Dritter Abschnitt.

Von den Streitigkeiten zwischen dem Fürstbischof zu Speier und seinem Domkapitel, besonders über die Rechte des leztern bey erledigtem Stuhl.

In diesen wichtigen Streitigkeiten, wovon ich die älteren Reichshofrathserkenntnisse einigen vorhergehenden Bänden eingerückt habe, ist den 11. Aug. 1785. wieder ein Conclusum ergangen, welches ich daher mit einigen Bemerkungen des Einsenders hier beyfüge.

Reichshofrathsconclusum.

Jovis 11. Augusti 1785.

Zu Speier Herr Bischof und Fürst, contra das Domkapitul daselbst, die anfechten wollende landesherrliche und bischöfliche Gerechtsame betreffend.

Absolvitur Relatio & Conclusum.

Ponantur des Herrn Fürstbischoffen zu Speier anderweite allerunterthänigste Berichte de datis 31. Julii, 18. Augusti & 10. Decembris, & praes. 10. & 26. Aug. & 16. Decemb. anni elapsi, ad acta, und ergehet sowohl auf die von dem impetrant. Herrn Fürsten in denenselben enthaltene Parition ad Conclusa de 28. Aug. 1781. & 30. Aprilis 1784. und respective gegen dieselbe gemachte Vorstellungen, dann weitere neuerliche Anzeigen, als auch auf die von dem impetratischen Domkapitel eingereichte Exhibita nachstehender Bescheid, und zwar

Imo) Wird in puncto restitutionis Spolii die von demselben in eigenen und im Namen des itzigen Domdechant von Hutten gemachte Anzeige, daß diese beide ratæ bereits ad Cameram restituiret worden seien, jedoch mit Verwerfung der beider Gegenständen halber gemachten Vorstellungen, und des diesfalls formirten Erklärungsgesuchs, pro sufficiente paritione angenommen, und bleibet im übrigen des Herrn Fürstbischoffen Landesherrlicher Willkühr nunmehr lediglich unbenommen, besagtem von Hutten, dessen pflichtschuldiges Betragen in Befolgung der bisherigen Kaiserlichen Verordnungen Kaiserl. Majestät zum allergnädigsten Wohlgefallen gereichet, den diesfallsigen Ersatz leisten zu lassen.

IIdo) Nachdem

A) der in dem Concluso de 28. Aug. 1781. membro 3. Lit. D. erwehnte Umstand, daß das unerlaubte Spolium unter dem Vorsitz des Herren Fürsten als Domdechanten von dem Domkapitel beschlossen worden seie, sich durch die von dem Herrn Impetranten in dem Bericht de dato 31. Julii & præs. 10. Aug. a. p. angeführte Gründe keineswegs beseitiget findet, sondern vielmehr durch den diesem Bericht sub Num 96. beigelegten Sedisvacanz Protokollar-Extrakt vom 25. April 1770. neuerdings bestättigt, somit die von dem Herrn Fürstbischofen in seinem ersten Bericht de præs. 30. Maji 1778. zur angeblichen Entschuldigung fürgebrachte, und in dem unterm 4. Decemb. 1781. erstatteten weiteren Berichte wiederholte Ursache, „ daß er als damaliger Domdechant dieser „ Domkapitlischen Anmassung, wie er ansonsten gethan haben würde, derowegen nicht habe vorbeugen können, weilen er zur Zeit, als wegen Auszahlung der 50000. fl. der Kapitular-Schluß abgefasset worden seie, nicht gegenwärtig gewesen, sondern an dem nämlichen Tag durch einen Kapitular-Auftrag die zween Statthaltere in Bruchsal der Dienerschaft vorgestellt hätte. “ in dem Membro IX. n. 1. Conclusi de 30. Aprilis 1784. billigermasen als ein wiederholtes Aktenwidriges Angeben verworfen worden ist. *)

B) Herr

---

*) Ich habe Gelegenheit gefunden, die Aktenstücke einzusehen, und vermeine aus Ueberzeugung behaupten zu können, daß mir dieses aktenwidrige Angeben nicht zu ersehen gewesen. Meines Erachtens wird jedem unpartheyischen Leser ein gleiches einleuchten, wann er die von mir aus den Akten gezogenen Bemerkungen überdacht hat. Ein in möglichster Kürze gefaßter Auszug soll dieses ausser Zweifel stellen.

a) Der Herr Fürstbischof zu Speier stunde zur Zeit seines ersten Berichts de præsentato 30 Maji 1778. in der vollkommenen Muthmassung, daß er bei Fassung des Kapitularschlusses wegen Auszahlung der 50000 fl. nicht gegenwärtig gewesen, sondern nämlichen Tags die zween Statthalter zu Bruchsal der Dienerschaft vorgestellt hätte, berufte sich aber zu gleicher Zeit auf das Interregnumsprotokoll vom Jahr 1770. (Das Wort Interregnum ist die Sprache der Domkapitel) welches dies bezeugen müste. Als aber

b) in dem darauf am 28. Aug. 1781. erlassenen höchstpreißlichen Reichshofrath Concluso Membro III. Lit. D. der Ausdruck vorkam: daß Capitulum unter dem Vorsitze des Herrn Fürstbischofs, als Domdechants die Austheilung der beträchtlichen Summe von 50000 fl. beschlossen habe, gab der Herr Fürstbischof in seinem weitern Berichte vom 4ten Decemb. 1781. zu erkennen: daß ihm bei diesem Punkt das Sedisvakanzprotokoll vom Jahre 1770. zur Einsicht ganz unentbehrlich sei, um den Beweiß vorzulegen, daß er als damaliger Domdechant mit seiner Stimme zu der übermäsigen Summe der sogenannten Spoliengelder eben so wenig, als zu anderen Eingriffen mitgewirket habe, in seinen Kräften auch nicht gestanden wäre, besonders bei seiner Abwesenheit, wie die Protocolla bezeugen müsten, die Majora abzuwenden. Begehrte daher zu Rettung seiner Ehre, wegen dieses sowohl, als sonstigen Gegenständen die Mittheilung der Sedisvakanzprotokollen von gedachtem Jahre 1770.

Hierab wird ersichtlich, und muß als eine aktenmäsige Wahrheit unterstellet werden, daß der Herr Fürstbischof zu Speier bei Ueberreichung seiner Berichten de annis 1778. und 1781. weder die Sedisvakanzprotokollen, noch den aus solchen gezogenen Extrakt vom 25ten April 1770. davon in Concluso Cæsareo de 28. Aug. 1781. Meldung geschiehet, in Handen gehabt hatte, mithin auch deren Innhalt, aus Abgang einiger Communication nicht wissen konnte.

B) Herr Fürst Bischof auch, so viel die Gräflich Stadionische Ratam belanget, nur das in dem Bericht de dato 24. Nov. & præs. 4. Decembris 1781. auf den Kaiserlichen Beistand zur

All dieses blieb Ihm also so lang verborgen, bis endlich das Domkapitel gemäs des am 30ten April 1784. erfolgten anderweiten Reichshofraths-Conclusi, den 8ten Junius darauf die Sedisvakanzprotokollen dem Herrn Fürstbischof zur selbstigen Einsicht vorlegte, und gegen das Ende erwehnten Monats die verlangten Protokollarauszüge einschickte.

Nun zeigte sich zwar, daß

1) der Herr Fürstbischof sich wegen des Umstands: daß er bey Fassung des Kapitular Schlusses vom 25. April 1770. wo die Auszahlung der 50000 fl. beschlossen worden, nicht gegenwärtig gewesen, geirret, doch aber bestättigte sich in Wahrheit, daß Er

2) zu dieser übermäßigen Summe mit seiner Stimme keineswegs mitgewirket hatte, und in seinen Kräften nicht gestanden war, die majora abzuwenden. Dem Herrn Fürstbischof konnte mithin nicht gleichgültig sein, daß er in Concluso Cæsareo vom 30. April 1784. Membro IX. n. I. eines wiederholten aktenwidrigen Angeben, an der Domkapitularischen Einwilligung keinen Theil gehabt zu haben, beschuldiget wurde, welchen Vorwurf zu beseitigen seine Ehre erforderte, und auch ein solches in seinem Berichte vom 31ten Julii & præsentato 10. Aug. 1784. bewirket zu haben, aus nachfolgenden Gründen sich allerdings für überzeugt hielt.

Meines Orts sehe ich den

ad 1) beregten Irrthum für allzu unerheblich an, als daß dieser mit einem aktenwidrigen Angeben benannt werden könne: anerwogen der Herr Fürstbischof den Extractum Protocolli Capitularis vom 25. April. 1770. nicht vor dem Reichshofraths-Conclusum de 30. Aprilis 1784. sondern erst am Ende des Monats Junius besagten Jahrs zur Einsicht erhielte, folglich auch dessen Innhalt nicht wissen, und contra Acta nichts angeben konnte. Vielweniger kann ich mich überreden, daß bei Fassung des Conclusi vom 11. Aug. 1785. ein solches aktenwidriges Angeben noch bestehen möchte, da in dem angeführten Berichte vom 31ten Julii 1784. und also nach erhaltener Wissenschaft von dem Innhalte der Sedisvakanz-Protokollen, auf der in den Jahren 1778. und 1781. geäusserten Meinung nicht bestanden, vielmehr durch die Beilagen unter den Ziffern 93. und 94. bemerklich wurde, daß der Irrthum in Absicht auf die Spoliengelder daher entstanden, weil in Abwesenheit des Herrn Fürstbischofs, als damaligen Domdechantes den 21. April. 1770. (dann an diesem Tage war die Vorstellung der Statthalterschaft zu Bruchsal) in Capitulo beschlossen worden, goldene und silberne Interregnumsmünzen prägen zu lassen, auch Kapitularzeichen sumtibus Cameræ Spirensis anzuschaffen.

Hiedurch war doch hergestellt, daß in Abwesenheit des damaligen Herrn Domdechantes das Domkapitel der Fürstlichen Hofkammer eine grose Ausgabe aufgebürdet hatte, unerachtet es nicht jene gewesen, die man sich anfangs vorstellte, und sich nach Verlauf von 8. Jahren nicht mehr des eigentlichen Vorgangs erinnern konnte, und daher auch auf die Mittheilung der Sedisvakanzprotokollen so vielfach antrug.

Indessen ist mir zu vernehmen gewesen, daß am 21. April 1770. wo der Herr Domdechant abwesend war, von den gegenwärtigen Kapitularen die Verabredung wegen des Spoliums mündlich getroffen, und nach der Hand am 25ten darauf per majora contra votum D. Decani das Spolium auf 50000 fl. bestimmt worden, welche vorherige Verabredung um so mehr muthmaßlich wird, als nach der Hand die Maiora am 3. Mai 1770. so hartnäckig auf ihrem vorigen Abschluß beharret haben, wie sich bald darlegen wird.

Nach meinen Begriffen ist dieser Umstand ohnehin von gar keiner Erheblichkeit, besonders wann

2) der Beweis vorliegt, daß der Herr Fürstbischof, als ehemaliger Domdechant seine Einwilligung zu Auszahlung der übermäßigen Summe ad 50000 fl. aus den Einkünften der Fürstlich-Speierischen Hofkammer nicht gegeben habe, und daß dem also sei, bin ich aus den Akten überführt worden, dann

die

Aufhebung eines Klosters zu Speier gerichtete petitum in dem spätern Berichte de dato 12. Maji & præsentato 17. Junii 1783. wiederrufen, ausserdem aber von der erst nunmehr geäusserten Absicht, den Spolien-Betrag zu milden Stiftungen nicht verwenden zu wollen, keine Erwähnung gemacht hat, folgsam das ersterwähnte Membrum IX. n. 3. conclusi de 30. Aprilis 1784 in der Maaß, wie es abgefaßt worden, der Lage der Sache allwegs gemäß, und der von dem Grafen von Stadion von seiner Rata gemachte Gebrauch an sich selbst löblich ist, **) auch dem Herrn impetranten übrigens gänzlich anheim gestellet bleibet, was er statt der vormals geäußerten guten Absicht von der Summa restituenda der übrigen Domkapitularen für einen Gebrauch machen wolle; ferner

C) In

---

die dem Fürstlichen Berichte vom 31ten Julii & præsentato 10ten Augusti 1784. beigefügten Auszüge aus den Sedisvakanzprotokollen bestättigten zur vollkommen Ueberzeugung, daß

a) am 25. April 1770. gegen des Herrn Fürstbischofs als damaligen Domdechants Stimme, welche die einzige widersprechende war, durch die Mehrheit der Stimmen die Auszahluug der 50000 fl. concludirt wurde.

b) Den 27. April 1770. der bei Fassung des Conclusi vom 25ten ejusdem nicht anwesende Herrn Kapitular Graf von Stadion, sich mit dem voto D. Decani de dicta 25. Aprilis conformirte, sohin beide an dem per majora gefaßten Schluß keinen Theil genommen hatten, welches

c) am 3ten Mai 1770. wo die beide Herren Statthalter in Betref des in Frage stehenden Spolium, ihre vota suspendirten, und worauf D. Decanus schon am 25ten des vorhergehenden Monats compromittirt hatte, noch sichtbarer wurde, masen das Conclusum dahin ausfiel:

„ werde es, um Willen D. Decanus & D. Comes de Stadion ihren vorigen votis, die übrige hoch„ würdige Herren aber dem vorigen Concluso inhärirt, lediglich bei dem Resoluto vom 25ten „ vorigen Monats belassen.

Jeder Leser wird sich hiedurch mit mir überzeugt finden, daß belobter Herr Fürstbischof als ehemaliger Domdechant an diesem Abschluß keinen Theil gehabt habe, und solchen, unangesehen der Herr Kapitular Graf von Stadion ihm noch beigetretten, die Mehrheit der Stimmen nicht habe hintertreiben können. Dies ist durch die angeführten drei Protokollar-Auszüge zur Evidenz hergestellt, und läßt sich meines Dafürhaltens aus dem vorgelegten wahrhaften Hergang der Sache nicht denken, woher ein aktenwidriges Angeben zu leiten sey. Wenigstens läßt sich solches auf den zweiten Gegenstand nicht anwenden, und in Rucksicht auf den ersten getraute ich mich auch nicht, es zu sagen, weil ich nicht gegen Akten sprechen kann, deren Innhalt mir nicht bewußt ist, gleich es vor Mittheilung der Sedisvakanzprotokollen wahrhaft ein Geheimniß war. Sollten vielleicht andere Umstände hiezu den Anlaß gegeben haben? Ich weiß es nicht, und die Akten gaben mir auch keinen Aufschluß.

Der Einsender

**) Ich sollte doch glauben daß der im Jahre 1783. unterm 12ten May & præsentato 17 Junii beschehene Wiederruf den Beweggrund zu dem lang darnach ad Membrum IX. num. 3. erfolgten conclusum vom 30. April. 1784. nicht mehr hätte geben können, und das dem Fürstlich-Speierischen Cameral-Aerario nicht gleichgültig sei, wann ein Speierscher Domkapitular eine aus dem Beutel des Fürstenthum Speier nicht mit Recht erhobene beträchtliche Geldsumme, ohne Einwilligung des Landesherrn, zu milden Stiftungen verwenden wolle. Die mir zu Gesicht gekommenen Akten geben wenigstens nicht, daß solche im Fürstenthum Speier also verwendet worden, ja es ist aus solchen gar nicht zu entnehmen, wie die Verwendung geschehen. Das Fürstlich-Speierische Ærarium würde zu bedauren sein, wenn es den übrigen Domkapitularen, die ihre ratas noch ersetzen sollen, einfiel, auch milde Stiftungen, in oder ausser den Fürstlich-Speierischen Landen zu machen, und sich dadurch von der Ruckgabe zu befreien. Freilich ist ein Unterschied, wann der Landesherr (wie ausweiß der Akten von dem Herrn Fürstbischof zu Speier geschehen, welcher ein stärkere als dreissigfache Summe einer Spoliums-Ratæ theils seiner Hofkammer und theils seinen milden Stiftungen, ohne sich des Ausdrucks eines Spolien-Ersatzes zu bedienen, ex propriis geschenkt hat,) in solchen Dingen einen nützlichen Gebrauch macht, doch kann ich mich nicht überreden, daß ein Domkapitular in eine Gleichniß mit demselben zu stellen sei.

Der Einsender.

C) In dem Membro III. Lit. B. conclusi de 28. Augusti 1781. bereits von Kaiserl. Majestät dem Domkapitel ausdrücklich untersagt worden ist, bei denen nachgelassenen Fürstlichen Ministern, Räthen, oder Dienern, ausser in Casibus imminentis damni irreparabilis die mindeste Aenderung zu treffen, denenselben an ihrer Besoldung, Gnadengehalt oder sonstigen Prärogativen etwas zu mindern oder zu mehren, oder solche gar abzuschaffen, oder neue aufzunehmen, auch die von dem impetratischen Domkapitel in der sogenannten Paritionsanzeige sowohl dieserwegen, als sonsten aufgestellte Principia samt denen daraus anmaßlich hergeleiteten respective Auslegungen, Erweiterungen, und Einschränkungen per membrum VIII. Conclusi de 30. Aprilis 1784. verworfen worden sind, pars impetrata zu buchstäblicher Befolgung des obgesagten membri III. Conclusi de 28. Aug. 1781. angewiesen, und die fernerweit angesuchte Restitutio in integrum per membrum VI. gegenwärtigen Conclusi abgeschlagen wird, und sich solchergestalt von selbsten verstehet, daß dem Domkapitel eben so wenig gebühre, seinen eigenen Domkapitlischen Bedienten neue Prädikate beizulegen, oder diesem zuwider dereinst gegen die Fürstliche Dienerschaft mit einigen Fürstlicher Seits besorgenden widerrechtlichen Bedrückungen fürzugehen, und endlich

D) die impetrantische Petita, in sofern solche für gegründet zu halten sind, durch die nachfolgende Kaiserliche Verfügungen ihre Erledigung erhalten;

Als hat des Herrn Fürstbischofen wiederholtes Gesuch um ein Protectorium als der Zeit überflüßig nicht statt, sondern lassen es Kaiserliche Majestät durchgehends und ein für allemal mit Verwerfung der sämtlichen übrigen Petitorum, bei dem wörtlichen Innhalt der ofterwehnten obristrichterlichen Erkänntnissen vom 28. Aug. 1781 & 30. April. 1784. bewenden.

IIItio) Bleibt die Kaiserliche Resolution auf den von dem Herrn Impetranten ad membrum X. Conclusi de 30. April anni præteriti erstatteten Bericht bis zur Befolgung der dem impetratischen Theil per subsequens membrum VIII. geschehenen Aufflage ausgesetzt.

IVto) Hat Herr Fürstbischof wegen des in dem Bericht de dato 7. & præs. 16. Decembris anni elapsi angezeigten, den Reibsheimer Kirchenbau betreffenden Facti, wenn das Domkapitel auf seine an dasselbe bereits erlassene Ahndung keine zu Salvirung seiner Landesherrlichen Gerechtsame genügliche Antwort oder Erklärung geben sollte, das weitere sub separato rubro bei Kaiserlicher Majestät vorzustellen.

Diesemnach wird quoad partem impetratam

Vto) dessen allerunterthänigste Paritionsanzeige, sich in Zukunft nach Maaßgab der Kaiserlichen Vorschrift, auch allen Bezugs an Naturalien oder sonstiger Zuwendung einiger Utilitäten enthalten zu wollen, für hinreichend angenommen.

VIto) Die von demselben nachgesuchte Restitutio in integrum aber, ob omnimodam irrelevantiam novorum hiemit abgeschlagen.

VIImo) Detur eidem ex officio terminus duorum mensium, um denen beiden Conclusis de 28. Augusti 1781. & 30. Aprilis 1784. in allen und jeden Punkten, sowohl durch wirkliche Restitution des Spolii, als auch durch eine unumschränkte Paritions-Erklärung vollständiges Genügen zu leisten, sub comminationibus in dictis conclusis contentis.

VIIIvo) Hat sich impetratisches Domkapitel in Ansehung der Cameral- und Landschaftsrechnungen mit dem, in dem vom Herrn Fürstbischofen unterm 21ten Julius 1784. an dasselbe erlassenen Schreiben, enthaltenen Erbieten, dann der von dem Herrn Impetranten in dem Bericht de præ-

Kararo 10. Aug. 1784. bei Kaiserlichen Majestät gethanen Erklärung, welchergestalt Herr Fürstbischof bereit seie, auch alle, impetratischer Seits davon zu verlangende Auszüge in Abschrift mittheilen zu lassen, zu begnügen, und nach solchergestalt genommenen Einsicht und respective Erhaltung der nöthig scheinenden Abschriften, sodann also fort und längstens in termino duorum mensium den ihm per membrum X. Conclusi de 30. Aprilis anni præt. abgefoderten Bericht zu erstatten.

IXno) Nehmen Kaiserliche Majestät die impetratische Auskunft ad Membrum 3. n. 2. ejusdem Conclusi in der allergnädigsten Zuversicht für hinreichend an, daß Capitulum im übrigen nicht entstehen werde, denjenigen Kapitularen, deren Geschlecht nach ihrer Aufschwörung in einen höheren Grad des Adels erhoben worden ist, auf derselben Verlangen den erhaltenen Adelsgrad auch in allen negotiis capitularibus ohne Nachforderung einer höhern Taxe, als warum der receptus bereits aufgeschworen hat, beizulegen.

Ignaz von Hofmann.

Aa.

Extractus Protocolli Cameralis de dato Bruchsal den 7. Augusti 1770.

§. 12.

Herr geheime Rath und Kammerdirektor Christinet meldet ad protocollum: Celsissimi Hochfürstliche Gnaden hätten gnädigst befohlen, daß nunmehro Höchst dero meubles, und Effekten in billigen Werth abgeschätzt, und hierzu ex gremio Cameræ beeden Herren Kammerräthe Hartmann und Weizel deputirt werden sollen: Höchstdieselbe hätten ihres Orts den Herrn Cammerath Stahl, und Dero Privatsecretarium und Hofkaplan dazu Gnädigst ernannt.

Conclusum.

Fiat Commissorium für beede Herren Hofkammerräthe Hartmann und Weizel per Extractum hujus Protocolli.

Extractus Protocolli Cameralis de dato Bruchsal den 7ten December 1770.

§. 6.

Ferner legebatur gnädigstes rescriptum Celsissimi ad Cameram de dato 5. currentis sequentis Tenoris.

P. P.

Denenselben und euch ist ohne weiteres bereits bekannt, wie durch eine Cameralcommission unsere mit nach Bruchsal verbrachte alte Ringauer, und Mosler, nebst ausserlesenen dito Gebürgs- und extra fremden Weinen, sodann Meubles, Kutschen, Pferd, und Chaisen, und sonstigen Effecten, an Unser Fürstliches Hochstift, nach vorgängiger Pflichtmäsiger Abschätzung in anbefohlnen Mittelpreiß gnädigst übernommen, und respective überlassen worden. Obwolen nun, wie Unser vorhinig gnädigster Befehl die Weisung bereits bestimmet, alles und jedes in einem leidentlichen Preis angeschlagen worden, daß auch die Summa totalis nur 62500 fl. abwerfe; so beherzigen wir jedannoch weiters die geringe Umstände Unsers dermaligen Cameral Ærarii, worinn dasselbe durch den seeligen Hintritt Unsers Herrn Vorfahrers Liebden, die erfolgte Trauer, das Interregnum und sofort versezt worden, und wollen anmit aus purer Lieb vor Unser Fürstliches Hochstift, ein fünftel an obiger Hauptsumme der 62500 fl. wie würklich hiemit beschieht, freymüthig gnädigst erlassen, und schenken, also und dergestalten, daß Unsere Cameral-Cassa Uns an den solchergestalten noch schuldigen 50000 fl. 2000 fl. zu der auf unsere Fürstliche Anordnung neu errichtet werdenden Wittibcassa, als wozu wir sotane 2000 fl. anmit gnädigst schenken, respective bezahlt, statt der baaren Zah-

lung

lung aber von Unserer Kammer als ein ad pias causas gehöriges Capital mit 4. per centum verzinnslich übernommenen, die zu Unserer Chatouille aber noch verbleibende 48000 fl. in sofern wir es ehender nicht nöthig, und Camera mehrere baare Mittel, als dermalen nicht erobert haben werde, in nachfolgenden Terminen, als zu Ende laufenden Jahrs 1/4 mit 12000 fl. und also 3. nächstfolgende Jahre jedesmalen mit 12000 fl. die Zahlung prästirt, nicht minder von den, Cameræ gnädigst erlassenen 12500 fl. auf Unseren nächst erfolgenden gnädigsten Befehl Uns ad manus zu Unserer gnädigsten Disposition 500 fl. geliefert werden sollen. Derselbe und ihr habt diesen ganzen Innhalt eurem Protocollo gehörig einzuverleiben, und alles darin begriffene schuldigst zu befolgen.

Conclusum.

Celsissimo wäre nochmalen die vormals gnädigst anbefolne leidentliche Taxation im Mittelpreis, nebst der, ohneractet derselben noch mit 1/5tel an dem Totalbetrag Dero Fürstlichen Cammer, recht mildest beschehenen Schankung andurch in tiefster Ehrerbietigkeit schuldigst zu verdanken, in Gemäsheit vorstehenden gnädigsten Rescripti aber dem Cammerzalamt die Weisung zu ertheilen; daß selbiges den ganzen Vorgang in Rechnung wohl pränotiren, und nach innhalt desselben die Zahlungen ad manus Celsissimi mit Ende dieses Jahrs anfangend, und mit 1 — 2 und 1773. zu nämlicher Zeit continuirend jedesmal mit 12000 fl. mithin in diesen 4. Terminen mit 48000 fl. unterthänigst prästiren, auch die weitere 500 fl. zur gnädigsten Disposition auf ersteres mildestes Befehlen Höchsten Orts übergeben solle. Wo im übrigem den dahiesigen Geistlichen Rath von [illegible] zur neu errichtet werden sollenden Wittwen-Casse gnädigst geschenkten 2000 fl. und daß Camera solche als ein verzinnsliches Capital ad 4. per centum zu übernehmen hätte, Nachricht zu erteilen, dem Cammerzalamt aber die weitere Weisung zu geben seyn wird, vom 1. laufenden Monats an die Interesse mit 80 fl. bei der jedesmaligen Verfallzeit zur Wittibcassa gegen Quittung zu beliefern, und ausgeblich zu verrechnen.

Bb.

Jovis 11. Martz 1762.

Zu Freisingen Herr Bischof und Fürst contra das Domkapitul daselbst ꝛc.

Cum inclusione des Impetrantischen Exhibiti de præs. 8. Martii a. c. rescribatur dem Domkapitul zu Freisingen:

Es hätten Ihro Kaiserlichen Majestät, aus der von dem Herrn Cardinalen Bischofen und Fürsten übergebenen beigeschlossenen Vorstellung mißfällig ersehen, wie das Domkapitul, wider die dem Herrn Bischofen zuständige Gerechtsamen, sich denen von ihm getroffenen Veranstaltungen, zu Untersuchung und Verbesserung des Status Oeconomici, auf eine widerrechtliche Weise widersetzt, sich nebst dem Herrn Bischofen eines Consortii Regiminis anzumassen gesuchet, ja sogar an die dasige Regierung, Hofkammer, und übrige Stellen, zu Behinderung der von dem Herrn Bischofen angeordneten Untersuchungs-Kommission unbefugte Dekrete, zu Abbruch der dem Herrn Bischofen durch die Kaiserliche Investitur allein competirenden Jurisdiction und Regalien, erlassen habe; über welches unzuläßige Betragen des Domkapituls sich Ihro Kaiserlichen Majestät um so mehr befremden müsten, nachdem der Herr Bischof sich in dem an das Domkapitul erlassenen Schreiben gegen dieselbe deutlich erkläret, wie diese dem Freiherrn von Franken aufgetragene Kommission lediglich die Untersuchung und bessere Einrichtung des Status Oeconomici, keinesweges aber eine Alienation oder Oppignoration der Stiftsgüter zum Vorwurf habe, der geschickte Kommissarius Freiherr von Franken, auch noch über das von dem Herrn Bischofen angewiesen seie, über seine Anordnunordnungen und Vorschläge mit der, unter Vorsitz zweier Domkapitularen, daselbst befindlichen Hofkammer vertrauliche Communication zu pflegen.

Ihro Kaiserlichen Majestät wollten daher nicht nur alles dasjenige, so das Domkapitel an die Landesfürstliche Regierung, Hofkammer, und übrige Stellen, auch Beamte, zu Behinderung der vom Herrn Impetranten angeordneten Untersuchungskommission anmaßlich erlassen, hiemit, als an sich null nnd nichtig kassiren, sondern auch dem Domkapitel alles Ernstes anbefehlen, sich aller Eingriffe in die Landesfürstliche, einem zeitlichen Bischofen allein zustehende, Hoheits und andere dazu gehörige Gerechtsame, gänzlich zu enthalten, denselben in deren Ausübung nicht zu turbiren und zu beeinträchtigen, Ihm an Untersuchung des Finanzweesens und Status Oeconomici seines Bistums, wie auch an denen zu dessen Verbesserung dienenden Veranstaltungen auf die vorhabende Maaß nicht hinderlich zu fallen, in Verfolg dessen der hierzu angeordneten Kommission nichts in Weeg zu legen, am wenigsten aber sich eines unbefugten Consortii Regiminis anzumasen, sondern alles dessen sich gänzlich zu entäussern, und wie das Domkapitel diese allerhöchste Kaiserliche Verordnungen schuldigster massen befolget, in Termino duorum mensium allergehorsamst anzuzeigen.

Cc.

Martis 24ta December 1776.

Zu Freisingen Herr Bischof und Fürst contra das Domkapitel daselbst Mdti.

Absolvitur Relatio & Conclusum.

1mo) Cum Inclusione Exhibitorum de præs. 29. Nov. & 12. Septembris finiti anni rescribatur dem Domkapitel zu Freisingen: Kaiserliche Majestät hätten aus deren bescheinigten Innhalt misfälligst entnommen, was für theils respectwidrige theils der weesentlichen Verhältniß der andurch bezielten Gegenständen gar nicht angemessene Ausdrücke dasselbe in die an seinen Herrn Fürsten und Bischofen gerichtete, besonders sub Nro. 13. & 18. beigefügte Schreiben einfliesen zu lassen, sich nicht entblödet habe: obschon nun ihme Domkapitel unbenommen bleibe, seine zum wahren Besten des Hochstifts abzweckende Entschliesungen und Anträge seinem Herrn Bischofen jedesmal in wohlmeinender Vertraulichkeit zu eröfnen, auch bewandten Umständen nach, in gütlich oder, bei dessen Entstehung, in ordentlich-rechtlichem Weeg geltend zu machen; so könnten jedoch Kaiserliche Majestät in keiner Maaß geschehen lassen, daß dasselbe hierunter die mit den Pflichten seiner Unterwürfigkeit verbundene Ehrerbietung ausser Augen sezen, und in solche allem Ansehen nach, zum Theil aus blosser Leidenschaft und persönlicher Verbitterung herrührende Verunglimpfungen directe oder indirecte wider erstgedachten Herrn Bischofen ausbrechen dürfe, vielmehr wollten Allerhöchstdieselbe ihme Domkapitel dieses wider denselben sowohl unmittelbar mit ganz unanständiger Heftigkeit, als insbesondere wider seine nachgeordnete Räthe mit schweerer Beleidigung und Unbild geäusserte Betragen hiemit ernstlich verwiesen, und befohlen haben: daß sich dasselbe dergleichen Unfug nicht weiter zu Schulden bringen, sondern seine von Zeit zu Zeit nötig findende Erinnerungen dem Herrn Fürst Bischofen in geziemender Bescheidenheit vortragen, ihme in allen Ereignissen mit schuldiger Verehrung und Submission, desselben nachgesezten Räthen aber mit keinen dergleichen injuriosen und harten Anschuldigungen begegnen, weder dieselbe auf irgend einige Art ferner beleidigen oder intimidiren, nicht minder die von dem Grafen von Lerchenfeld wider den Kammerdirector Degen ad Protocollum Capitulare gegebene Ehrenrührische Erklärung gänzlich ausstreichen, auch endlich seinen Federführer den Syndicus Eberle in die Schranken der gebührenden Achtung für die Fürstl. Räthe alles Ernstes zurückweisen und überhaupt zu einer mehr bescheidenen und mäßigen Schreibart bei Vermeidung schärferen Einsehens anhalten sofort, wie es all solches Theils würklich befolget, Theils zu befolgen gedenke, in Termino duorum Mensium bei Kaiserlicher Majestät allerunterthänigst anzeigen solle.

2do) Communicetur Partis impetrantis mandatum procuratorium Parti impetratæ, altero Exemplari apud acta retento.

Johann Georg Reizer.

Dd.

Auszug aus der in Sachen der vier Stifter zu Speier contra Burgermeister und Rath daselbst, con- & reconventionis, den arretirten Domschreiner betreffend, von Seiten ersterer präsentirten Quadruplickhandlung sammt Bitte *pro clementissime hanc causam tandem retro petito modo decidendo, cæterisque petitis deferendo.*

Domkapitlische Quadruplickschrift.

a) rc. rc. an Euer Kaiserliche Majestät ergehet dahero im Namen der klagenden und wieder beklagten vier Stifter die allerunterthänigste Bitte, in dieser Sache retro gebettener massen dermaleinst allergerechtest zu urteilen.

b) Nur noch eins liegt denenselben hiebei sehr tief am Herzen, welches allerhöchst Dero ferneren Aufmerksamkeit und Vorsehung würdig sein dörfte.

Einsweilige Fürstliche Bemerkungen.

Ad a) Fürstlich Speierischer Seits hat man von den meritis causæ nicht die eigentliche Kenntniß, und dem Vernehmen nach, soll der Gegenstand einen Rachtungspunct betreffen, wesfalls die vier Stiftern eine Klage bei dem Kaiserlichen Reichshofrath angestellet hätten. Man hat von den Streitschriften, ausser nebenstehenden Auszug, nichts weiter zu Gesicht bekommen; mithin kann auch nicht von der Hauptsache — sondern nur von den ausgezogenen — eben so unschicklich als bösartig eingeschalteten, zur Sache selbst nicht gehörigen Sätzen die Rede sein.

Ad b) Seiner Hochfürstlichen Gnaden zu Speier hat der Innhalt des seitwärts bemerkten Auszugs höchst empfindlich fallen müssen, da der Verfasser der schlieslichen Quadruplickhandlung sich erfrechet hat, den in der Folge ersichtlichen, zur Domschreiner Sache gar nicht geeigneten Gegenstand in den beleidigendsten Ausdrücken nicht nur beizuflicken, sondern auch zugleich offenbare Unwahrheiten mit einzustreuen. Der sehr tief am Herzen liegende Vorwurf bestehet kürzlich darin: zwo von Fürstlich-Speierischen Unterthanen nachgelassene Wittwen sind von Bruchsal in die Reichsstadt Speier zu ihrem respective Sohn und Bruder einem Semipräbendarius bei dortiger Domkirche gezogen, und wurden zur schuldigen Nachsteuer angehalten. Sie würden an keinen Wiederspruch gedacht haben, wenn nicht

nicht ein unruhigen Kopf, der das Fürstlich-Speierische Landesherrliche Nachsteuer-Recht in diesem Falle streitig machen will, sie aufgehezet hätte.

e) Bekanntlich haben Seine jeztregierende Hochfürstliche Gnaden zu Speier vor einigen Jahren sich die Erlaubniß gegeben, von der aus ihres Hochstiftslanden nach Speier auf einen ebenwohl unter der Hochstiftischen Landeshoheit gelegenen, gefreyten Platz übergezogenen angeloischen Wittib eine nie erhörte Nachsteuer mit Gewalt abzuforderen, worüber zwischen diesen und dem Fürstlichen Fiscus ein förmlicher Rechtsstreit entstanden, und welcher endlich, da das Fürstliche Hofgericht, wie *Cicerones pro domo* sprechen musten, neben einer von denen ersagten Stiftern eingelegten Intervention an Euer Kaiserl. Majestät nachgeordneten Höchstpreißlichen Reichshofrath per viam appellationis erwachsen ist.

Ad c) Der Urheber dieser Streitsache und Mitverwicklung der vier Stiftern kann nur allein ein übelgesinnter, schwärmerischer, und Prozeßsichtiger Mann gewesen sein.

Zum Beweis, daß man diesseits das Licht gar nicht scheue, will man die kurz angeführte Geschichte nochmals wiederhohlen, nicht mehr verblümter, sondern namentlich hersetzen, und das Resultat nemlich die unpartheiische Entscheidung in erster Justanz bemerken.

Die ruckgelassene Wittwen der Fürstlich Speierischen Unterthanen und verlebten Burger zu Bruchsal Angelo und Venino sind von Bruchsal auf Speier zu dem dortigen Semipräbendarius Engel dem Sohne der Angelo und Bruder der Venino übergezogen, und haben weder um die Beibehaltung ihres Burgerrechts angesucht, noch auch solches erhalten, vielweniger einmal sich erboten, die dem Burgerrechte anklebende gewöhnliche Lästen auf die Zukunft zu tragen.

Diese bode Wittwen hatten vor und nach ihrem Abzug ihre Häußer und sonstige unbewegliche Güter zu Bruchsal verkauft; das Geld größtentheils nach Speier transportirt, sofort ihren Will nimmermehr nach Bruchsal zurück zu kehren durch freiwillige Thathandlungen ganz deutlich erkläret, und sogar durch ihr zu Speier in den Jahren 1780. und 1782. erfolgtes Ableben besieglet. Bereits im Jahre 1773 hielt sich die Fürstliche Hofkammer berechtiget, von diesem in Frage stehenden aus Bruchsal nach Speier verbringenden Angelo und Veninoischen Vermögen die schuldige Nachsteuer und Abzugsgelder zu fordern; so billig und gerecht nun auch dieser Kammeral Ausspruch war, so muste doch der Semipräbendarius Engel im Jahre 1774. mit einer Klage gegen die Fürstliche Hofkammer auftretten. Zu gleicher Zeit liessen sich auch die vier Stifter zu Speier verleiten, an diesem Rechtsstreite

streite als zwischen Kläger, Theil zu nehmen, und unter andern Sätzen auch diesen aufzustellen: die **Freipläze zu Speier, auf den die übergezogene Angelo und Veninoische Wittwen bei ihrem geistlichen Sohn und Bruder wohnten, seien der Fürstlich Speierischen Landeshoheit unterworfen, mithin könne von dem aus Bruchsal dahin verbrachten Vermögen keine Nachsteuer erhoben werden.**

Besondere Rucksichten erlauben es nicht, die unrichtige Angaben, und juristische Schnizzer des ungeschickten Federführers zu berichtigen, und sich auf diese und sonstige falsche postulata dahier einzulassen; deswegen bemerkt man nur, daß die nach richtiger Zahl der Schriften geschlossene Acten auf die Königlich Preusische Universität zu Halle, gegen welche kein Theil etwas eingewendet, abgeschickt und das von dorther eingetrofene Urtel vom Fürstlich Speierischen Hofgerichte den Partheien am 13ten September 1780. seie verkündet worden. Der Innhalt war kurz dieser: **daß die Klage, wie auch die geschehene Intervention nicht statt hätten.**

Jeder unbefangene Leser wird hieraus nicht nur die Rechtmäsigkeit der fürstlichen Cameralforderung erkennen, sondern auch die falsche Angabe: **daß das fürstliche Hofgericht wie Cicerones pro Domo hätte sprechen müssen,** in ihrer schändlichen Blöße erblicken, weil dasselbe die Hallische Fakultätsurtel nur allein verkündet, nicht aber selbst gefället hat.

Auch kann man die schandvolle Aufbürdung: **Seine Hochfürstliche Gnaden hätten sich vor einigen Jahren die Erlaubniß gegeben, diese nie erhörte Nachsteuer mit Gewalt abzufodern,** nicht mit Stillschweigen übergehen.

Zum voraus ist es über alle Widersprüche weit hinausgesetzt, daß die landesherrliche Nachsteuer von undenklichen Jahren her, im Fürstlichen Hochstift hergebracht seie, und daß man, falls es nothwendig werden sollte, durch kürzlich erst vorgefundene Urkunden herstellen könne, daß die Nachsteuer zur Zeit, wo der Fürst-

 bischöfliche

bischöfliche Sitz sowohl, als der Fürstlichen Dikasterien in der Reichsstadt Speier war, also schon in dem 16. und 17ten Jahrhundert von ein- und andern der Speierischen Geistlichkeit, der aus den Fürstlichen Landen Vermögen nach Speier überbracht hat, entweder erhoben oder ex speciali gratia in diesem oder jenem Fall, von dem Landesregenten nachgelassen worden sei: auffallend und sichtbar wird also die Unwahrheit, daß Seine jetzt regierende Hochfürstliche Gnaden erst vor einigen Jahren die Nachsteuer gefodert haben sollen; die vorgebliche Gewalt ist eben so ungegründet; weil nur so viel, als die Nachsteuer Summe beträgt, in Beschlag genommen worden, welches in Gemäßheit der Reichsgesetzen ins besondere des §. 82. Recess. Imperii de 1594. allerdings geschehen konnte.

d) Bereits damals liesen sich in dieser widerrechtlichen Neuerung Folgen endecken, welche frühe oder später, für die auf das Hochstift und die Kirche ursprünglich übertragene Rechte äusserst gefährlich werden dörften; und schon jezt brechen die Folgen, wie ein reisender Strom dermasen aus, daß der neue Last einer schweren Nachsteuer bei dem Handel das allergeringste ist, worüber man sich zu beschweren Ursache hat.

Ad d) Aus vorgehendem ad lit. c) erhellet, daß die Fürstliche Nachsteuer Forderung, äusserst frevelhaft eine widerrechtliche Neuerung benannt werde, besonders da diese von mehreren Jahrhunderten her bestehende landesherrliche Befugniß durch die unpartheiische Urtel sowohl, als auch schon vorher in jüngeren Jahren vom Kaiserlichen Höchstpreislichen Reichshofrath selbst in Sachen von Dürkheim contra die Fürstlich speierische Hofkammer anerkannt worden ist. Die Ungereimtheit muß jedem augenfällig werden, daß gelegentheitlich dieser Nachsteuer der Nebensprung von übertragenen Rechten auf das Hochstift und die Kirche gemacht werden wolle. Diese lächerliche Sprache ist allschon in den Anmerkungen zur Rekursschrift durch die stärkste Gegengründe zernichtet worden, und aus solchen elenden Behelfen können die vier Stifter zu Speier, dem Hochstifte sein uraltes landesherrliche Nachsteuerrecht keineswegs erschütteren, da solches durch vorberegte judicata ohnehin gegen allen Einsturz bevestigt ist.

Die angebliche gefährliche Folgen lassen sich auch nur im Traume von einer verdorbenen Einbildungskraft vorsehen, und die Last der Nachsteuer ist nicht so schwer, weil der Abzug nur in zehn

vom

e) Dem Stadtrath zu Speier sind nämlich diese Neulingsgrundsätze wirklich sehr willkommen, denn ob er gleich §. 63. seiner Triplikhandlung deutlich erkennet, daß die zwischen dem Fürstlichen Hochstift und der Stadt bestehende Abzugsgerechtigkeit in dem Falle, wann an einzelnen Personen der vier Stifter etwas erblich zufällt, erweitert werde; so vernutzet er gleichwohl allda dieses armselige Finanzmittel schon so weit, daß selbst von dem Herrn Fürstbischof die weltliche Oberhand des Magistrats über den ganzen Umfang der Stadt und über alles, was darin gelegen ist, anerkannt werde. **Welch ein klägliche Lage für die Stifter, noch mehr aber für das Hochstift selbst.**

Beilagen

vom Hundert, wie es fast in allen deutschen Landen herkömmlich ist, bestehet.

Ad e) Obwohl man keine Aktenstücke eingesehen hat, und also auch nicht wissen kann, was der Stadtrath zu Speier in seinen triplicis gesagt habe; so wird doch derselbe bei sich überzeugt sein, daß all jenes, was wegen diesem zwischen den vier Stifter und der Stadt Speier am Kaiserl. Reichshofrath rechtshängigen Gegenstand in actis vorgekommen, dem Hochstift eine unbekannte Sach sei, und demselben nicht präjudiziren könne; vorzüglich da das Hochstift nicht in lite versirt, vielweniger den vier Stifter eine Vollmacht gegeben hat, das Hochstiftische Interesse hierinn zu wahren, es bleibt mithin wahr: Hochstiftischer Seits weiß man nichts von den in Frage liegenden Gegenständen, und falls der Stadtrath zu Speier Hochstiftische Gerechtsame anfechten wollte, und solches kundbar wird; so werden auch Se. Hochfürstl. Gnaden ihre Rechte zu vertheidigen wissen.

Wahr ist es, daß zwischen dem Hochstift und der Stadt Speier im Jahr 1588. ein Vertrag errichtet worden, vermöge dessen hinführo, wann **und so oft ein Burger oder andere der Stadt angehörigen Personen zu Speier, im Stift und Fürstenthum Speier, desgleichen ein bischöflich speierischer Unterthan in der Stadt Speier und deren Landwehr und Gebiet etwas an liegenden Gütern und Fahrniß ererben oder sonst in andere Wege überkommen oder verkauffen würde, daß vom hundert sechs Gulden zu Abzng oder Nachsteuer bezahlt werden solle** ꝛc. doch aber stehet im Schluß dieses Vertragsartikels; **daß die Klerisei zu Speier in dießer Vergleichung nit begriffen, noch damit gemeint sein soll.**

Dem Stadtrath zu Speier wird es wahrhaft ganz gleichgiltig sein, ob eine einzelne Person der vier Stifter zu Speier von dem aus dem Fürstenthum Speier nach der Stadt Speier transportirenden Vermögen ein oder zehn vom Hundert zahle? besagter Stadtrath hat aber auch kein anscheinendes Recht zum Widerspruch und dem Hochstif bleibt sein Recht, zehn von hundert zu nehmen, für jetzt und die Zukunft gegen einzelne Stiftspersonen um so mehr begründet, als daselbe schon vor Anfang der 1550er Jahren den Besitzstand für sich hat, die Nachsteuer besagter massen zu erheben.

h) **Eines geringen Vortheils** wegen sollen die Gerechtsame, **die gar nicht ein Eigenthum der zeitlichen Fürstbischöfen, sondern der Kirche sind**, Gerechtsame, die sie lediglich zu verwalten und nicht zu verschwenden haben, die von allen Speierischen Kirchenvorstehern in einer fortwährenden Reihe bisher mit dem rühmlichsten Eifer und Nachdruck an der Spitze der Geistlichkeit verfochten worden seind, Gerechtsame, deren Vertheidigung ein jeder Fürstbischof in Gefolg der uralt errichteten **Union** eidlich zu versichern schuldig ist, Gerechtsame, welche durch die Kaiserliche Machtvollkommenheit gedeckt, und durch so viele nachgefolgte Siegel und Briefe bestättiget sind, Gerechtsame die man mit Recht das Kleinod der Fürstbischöflichen Hoheit nennen kann; **diese Gerechtsame sollen nun über einmal das Opfer eines kleinen Cameralgefälls werden.** Der ganze Bau, dieser Gerechtsamen, wozu selbst mehrere Kaiser in Rücksicht ihrer in **Ecclesia Nemetensi** gewählten Ruhestätten die Grundsteine gelegt, den so viele kluge Fürstbischöfe mittels ihrer um das Reich erworbenen Verdiensten, durch die kräftigste Kaiserliche Versiegelungen bevestiget, den alle ihre Nachfolger bei jeder Gelegenheit, und wo es die Noth erforderet, mit dem Degen in der Faust gegen die stürmende Zudringlichkeiten der Stadt Speier zu erhalten getrachtet haben; dieser Bau, welchen der Speierische Stadtrath in den vordern Zeiten durch das Blut mancher Burger nicht zu erkaufen vermogte, soll nun demselben um den mindesten Preiß von der Welt, und was zum Erstaunen ist, von einem Hochstiftsregenten in die Hände gespielet werden.

Ad f) Bald heißt die Nachsteuer **eine** schwehre Last, bald solle sie **ein armseliges** Finanzmittel und nun **ein geringer Vortheil, ein kleines Cameralgefäll** sein: und wegen dieser Kleinigkeit werden dichterische Ausrufungen, ohne gesunden Menschenverstande, zusammen gestoppelt, die in sich nichts, als Extravagantien sind und bleiben der Kurfürst Friederich der erste von Pfalz (man sehe die 41te Anmerkung zur Rekursschrift) würde mit seinem Fehdebrief übel angekommen sein, wann das Hochwürdige Domkapitel zu Speier im Jahre 1462. solche fürchterliche Rathgeber und Federführer, wie die jetzige sind, gehabt hätte, welche wenigstens auf dem Papier, von Mord und Tode überlaut sprechen.

Zum Besten ihrer Gesundheit wird es gereichen, wenn dieselbe ihre ausserordentliche Hitze dämpfen und mit kaltem Geblüte anhören: daß seine jeztregierende Hochfürstliche Gnaden zu Speier, nach den Beispielen, ihrer Herren Vorfahreren am Hochstift, und zwar 1) des Marquard von Hattstein 1578. und 1580. 2) des Philipp Christoph von Sötern 1614. 3) des Lothar Fridrich von Metternich 1673. und 4) des Johann Hugo von Orsbeck 1707. (diese einsweilige Urkunden haben sich neuerlich bei Einrichtung des Archivs vorgefunden) ihr hochstiftisches Nachsteuerrecht außgeübet haben, und ferner ausüben werden. Unsinnigkeit würde es sein, wenn jemand behaupten wollte, daß diese in Gott ruhende Regenten des Fürstenthum Speier durch die Ausübung ihres landesherrlichen Nachsteuerrechts gegen einzelne Personen aus der Speierer Geistlichkeit, die aus dem Fürstenthum Speier

Domkapitlische Quadruplickschrift. | Einsweilige Fürstliche Bemerkungen.

etwas ererbt oder sonst verbracht haben, die Hochstiftische Gerechtsame verschlaudert, und solche in die Hände des Speierischen Stadtraths gespielet hätten, ist es aber in gegenwärtigem Falle weniger unsinnig? Die Königl. Preusische Universität zu Halle war, unerachtet vieler solchen in den Acten vorgekommenen seichten Schwäzereien von der landesherrlichen Nachsteuer Befugniß zu sehr überzeugt, sonst würde dieselbe den Kläger und die intervenientische vier Stifter mit ihrer Klage und Zwischenklage nicht so schnöde abgewiesen haben. Die Haller Juristen Fakultät hat bei der ganzen vernünftigen Welt (wohin man freilich den schwärmerischen Verfasser und seine Helfers Helfer nicht zehlen darf) alle rechtliche Vermuthung einer den Acten und Gesetzen gemäß ausgesprochenen Urthel für sich, und die Fürstlich Speierische Hofkammer ist durch eben diese Urthel bei ihrem hergebrachten Nachsteuerrecht einsweilen oder wahrscheinlicher Weise auf alle Zukunft gegen alle Anfälle gedeckt. Hiebei hat sich der Quadruplickverfasser noch anzumerken, daß die Nachsteuer-Gefällen keineswegs der Fürstlichen Hofkammer, sondern den milden Stiftungen, zum Beispiel dem **Waisenhauße**, der **Wittwenkasse**, dem **Spital der armen Pfründner**, der **armen Schulmeister Kasse** rc. heimgewiesen und also kein armseeliges Finanzmittel sind, sohin zum besten Zweck verwendet werden.

Endlich will man sich wegen des hier ebenfalls in Anregung gebrachten **Eigenthums der Kirche** auf den Nummer 14. der Anmerkungen zur Rekursschrift kürze halber bezogen haben, und über die Union der Klerisei nichts bestimmtes mehr sagen, sondern auch hiebei den zubereiteten Leser auf diesseitige Anmerkungen zu der Domkapitlischen Rekursschrift pag. 90. zuruckverweißen, wo der Fürstbischof Hartard von Rollingen mit wenigen aber nachdrücklichen Worten die Eigenschaft dieser Union geschilderet hat.

g) Geruhen doch Ew. römisch Kaiserliche Majestät hier nur im Vorbeigehen sich allergnädigst

Ad g) Man muß wiederholen, daß Fürstlich Speierischer Seits nicht das mindeste von der

digst ruckzuerinern, wie schnell es der dermalige Fürstbischof gewagt habe, seine Reichslehnbare Unterthanen mit einem neuen ganz gesetzwidrigen Impot beladen zu wollen, und mit welcher Übereilung Sie eine ähnliche Gattung der von Hettersdorfischen Verlassenschaft aufzudringen, versucht haben; und allerhöchstdieselbe, werden sogleich nach Erwägung der im 4ten Abschnitt dieser Quatriplikhandlung angeführten Momentosen Gründen, auch in solchen neuerlichen Abzugsgelüsten nicht nur den dritten Tem des Ueberdranges, sondern sogar eine wirkliche — aber auch allerdings höchstbedenkliche Veräusserung der nur der Speierischen Kirche eigen gewordenen Landeshoheit über die dortige Geistlichkeit, ihre Besitzungen und Angehörige finden.

Quadruplickschrift ausser nebengehendem Auszuge bekannt geworden, und man also auch nicht wissen könne, worinn die gesetzwidrige Auflagen bestehen sollen; daher die diesseitige Aeusserung bis dahin, wo man von dem Innhalt nähere Nachricht erhaltet, ausgesetzt bleiben muß. Indessen wird abermal das Fürstliche Nachsteuerrecht ganz unwahr für eine Neuerung angegeben, da man doch bewiesen hat, und ferner beweisen kann, daß solches von mehreren Jahrhunderten her von dem ausser dem Fürstenthum Speier verbrachten Vermögen der Unterthanen und sonstigen Personen immerhin erhoben worden, falls sich nicht der jeweilige Landesherr bewogen gefunden hat, in diesem oder jenen Falle *ex speciali gratia & citra consequentiam* zu dispensiren. Der fälschlich vorgespiegelte Ueberdrang müßte durch Thatsachen bewiesen werden; da nun aber der juristische Beweis hierüber unmöglich ist, so bleibt auch diese Angabe ein leeres Geschwätz.

Und zu was soll die Anführung der von Hettersdorfischen Sache dem Gegentheil nützen? Soll vielleicht dem Hochstift Speier auch über jenen Ort, wohin diese aus Bruchsal verbrachte Verlassenschaft gekommen ist, die Landeshoheit zustehen? Und soll vielleicht aus dieser Ursache die Nachsteuer nicht statt finden?

h) Die Gefahr für die Kirche ist mithin augenscheinlich groß, da ihr eigener Vorsteher statt die Rechten derselben seinen tragenden schweren Pflichten gemäß zu vertheidigen, offenbar mitwirkt, solche von dem Hochstiftischen Verband loszureissen.

Ad h) Die angegebene Gefahr bleibt immer lächerlich, weil der durch Urtel und Recht verworfene Klage-Grund noch immer nicht in einer weiteren Instanz ist gerechtfertiget worden.

i) Zwar hat das Domkapitel zu Speier neben den übrigen dasigen Kollegiatstiftern durch die in Causa Angelo contra Fiscum Spirensem eingelegte Intervention jenem traurigen Erfolge soviel an ihnen liegt, allschon vorzubeugen gesucht: allein Sie zweiflen dennoch ob hierdurch allein dem Wohl der Kirche schon hinlänglich vorgesorgt sei.

Ad i) Hier entdeckt sich zwar der Interventionsgrund, der in Wahrheit auf dem verworfenen Senat, und auf der ungültigen Erb- und Grundherrschaft beruhet, besonders da das Hochwürdige Domkapitel oder vielmehr dessen Rathgeber und Federführer vorspiegeln will, daß es die speierische Kirche und also das Hochstift repräsentire.

Allein

Domkapitlische Quadruplickschrift.	Einseweilige Fürstliche Bemerkungen.
	Allein das Mißtrauen auf den obersten Richter wird auch zugleich kenntbar, weil gezweifelt wird, ob durch die eingelegte Intervention dem Fürstenthum Speier sein landesherrliches Nachsteuerrecht werde benommen werden. Hierinn besteht die einzige auf einen faulen Gegenstand sich gründende Vorsorge, da man jenseits schon zum voraus sich überzeugt findet, daß der oberste Richter dem Hochstifte Speier ein Recht ohnmöglich absprechen könne, welches von Jahrhunderten bestehet und in gegenwärtigem Falle durch einen Rechtsspruch ist bekräftiget worden. Diese Vorsorge wäre also von keiner Bedeutung sondern man müste von Seiten des intervenientischen Theils auf ein Mittel denken, welches der Fürstlichen Hofkammer ihr erworbenes Recht entziehen könnte.
k) Bei dem leidigen Hang an einige Steuereinkünfte, wodurch seine Hochfürstliche Gnaden dem Magistrat zu Speier wirklich die Folgerung auf die Zunge gelegt haben, daß die Besitzungen der dortigen Geistlichkeit kein besonderes Hochstiftisches Territorium ausmachen, ist allerdings die speierische Kirche pro Ecclesia quasi viduata zu achten, und in solchen Fällen wollen wenigstens die Canonische Satzungen räthlich halten, daß pro salvandis & tuendis Ecclesiæ juribus von dem obersten Kirchenvorsteher neben den Kapiteln, noch ein besonderer Vertretter der Kirchlichen Rechten beigeordnet werde.	Ad k) Durch diese äusserst frevelhafte und im höchsten Grade beleidigende Ausdrücke, daß die Speierische Kirche pro Ecclesia viduata zu halten sei, stellt sich der Verfasser als der unverschämteste Kalummiant dar. Seine Hochfürstliche Gnaden behalten sich, wo nicht die Brandmarkung mit dem Buchstaben K., doch eine hinreichende Genugthuung bevor, besonders da die Unterstellung ganz unrichtig ist, und Höchstdieselbe während ihrer Regierung die Rechte ihres Fürstenthums auf alle thunliche Weise bei jeden sich ergebenen Fällen aufrecht zu halten, nicht nur getrachtet, sondern sogar ihrem Domkapitel solche vorzügliche Gerechtsame haben angedeihen lassen, welche demselben unter den vorigen Regierungen niemals zugestanden worden. Den äussersten Grad von Unverschämtheit muß ein solcher Federführer doch besitzen, welcher den Landesregenten wegen Verschleuderung seiner Gerechtsame in einem solchen Falle, der für sein Fürstenthum durch ein rechtliches Urtel in erster Instanz entschieden ist, beschuldigen und demselben ganz unerklärbare nachtheiligen Folgerungen aufhalsen will.

Diese und noch mehrere Umständen werden ihn sehr strafbar machen, wie es die Zeit lehren wird.

l) Eine gleiche Vorsorge möchte also auch hier von Seiten des allerhöchsten Lehnhofs um da nöthiger sein, weil der eigene Vorsteher, dem principaliter die thätige Verwesung und Erhaltung der Rechte seines Stifts übertragen ist, solche ganz entgegengesetzter massen zu kränken sucht.

Ad l) Der Kaiserliche Reichshofrath kann auf die Fortsetzung der Ungereimtheiten eben so wenig Rücksicht nehmen, als der Grund, aus dem sie hergeleitet worden, offenbar unrichtig, hingegen unwidersprechlich ist, daß von den Fürstbischöfen zu Speier allschon vor und im 15ten Jahrhundert von den nach Speier übergezogenen Personen, die zu Speier keine Bürger, sondern theils Geistliche waren und theils unterm geistlichen Gerichte stunden (wohin sich der neue Vorfall qualifizirt) die Nachsteuer erhoben worden sei, ohne daß man sich von Seite der Stiftern durch solche Schreckbilder, wie jezt geschiehet, den Kopf habe toll machen lassen. Zuverläßig ist es, daß bereits im Jahre 1580. der Fürstlich Speierische Abzug gewöhnlich war, und in gemeltem Jahre von einem unter dortigem Geistlichen Gerichte gestandenen Diener dem Hochstifte entrichtet, und dadurch nichts weniger als die Fürstliche Gerechtsame zu Speier gekränket worden seien.

m) Der allerhöchsten Vorsehung Ew. Kaiserlichen Majestät überlassen daher die gekränkte Stifter, hierunter in das Mittel zu tretten, und nach Erheischung dieser dringenden Umständen von Amtswegen das erfoderliche allergnädigst zu verordnen.

Ad m) Sollte es wohl die Meinung haben, daß von Amtswegen jene für die Fürstlich Speierische Hofkammer den 13. September 1780. ausgefallene Urtel stehenden Fußes cassirt, und also das Mißtrauen, welches die Speierische vier Stifter in den obersten Richter setzen, auf einmal beseitiget werden möchte.

Diese Zumuthung wäre gar zu stark, auch an- und vor sich selbst unmöglich. Man warte also den oberstrichterlichen Spruch auf die eingelegte Berufung ab, wornach sich das weitere zeigen wird.

n) Schließlich werden die ersagte Stifter weder bei dieser, noch ihrer vordern Bitte, wie der städtische Syndicus §. 20. sich überzwerg einbildet, nöthig haben, zu Verfechtung der in Frage stehenden Gerechtsamen sich näher zu legitimiren.

Ad n) Man kann aus Mangel der Acten, wovon nicht das geringste zu diesseitiger Nachricht gekommen ist, nicht wissen, worinn die Gerechtsame bestehen sollen, welche die vier Stifter auf ihre Faust für das Hochstift verfechten wollen. Seiner Hochfürstlichen Gnaden zu Speier hätte doch wenigstens vorher angezeigt werden sollen,

welche

welche Fürstliche Gerechtsame die Stadt Speier anspreche, um derselben mit Grunde begegnen zu können. Indessen können dem Fürstlichen Hochstifte alle diese unbewußte Vorgänge nicht Schaden, zumalen die vier Stifter nicht sind bevollmächtiget worden Dinge, die das Hochstift betreffen, und demselben noch verborgen sind, für dasselbe zu verfechten.

o) Ihr allerseitiges Interesse, daß die Hochstiftische Landeshoheit und Gerichtbarkeit in der Stadt Speier über sie, ihre angehörige und Besitzungen, nach wie vorhin unverrückt bestehe, ist in der vorliegenden Sache offenbar eingeflochten, und das Domkapitel hat noch insbesondere dieses zum voraus, daß es hier um die Rechte der Kathedralkirche zu thun sei, welche dasselbe neben dem Herrn Fürstbischof mitrepräsentiret ꝛc.

Ad o) Mit seltsamen Begriffen muß der stiftische Sprecher benebelt sein, weil er neben dem Domkapitel auch die Collegiatstifter zu Speier zu unberufenen Verfechter der Fürstlichen Gerechtsamen, und zwar ohne Vorwissen des Hochstifts aufführet. Sollte aber etwa das præcipuum des Hochwürdigen Domkapitels aus der verworfenen Erb- und Grundherrschaft hergeleitet werden können, und soll dasselbe befugt sein, seinen Landesherrn in Fällen, wo es um seine und seines Hochstifts Gerechtsame zu thun ist, gar auszuschließen, und für sich allein den Fürstbischof vorzustellen?

Man weiß wohl, daß sich einige Domkapitularen bei Lebzeiten ihres Landesherrn, gar gerne als Principes in herbis, oder Erbprinzen nach dem Domkapitlischen Staatsrechte aufstellen möchten; allein, dieser Gedank ist eitel und hat auch nach dem deutschen Staatsrechte noch nicht so viel Beifall gefunden, daß ein Domkapitel sich herausnehmen dörfe, seines Regenten landesherrliche Gerechtsame für sich und ohne seines Fürstbischofs vorwissen zu vertretten.

Der Ungrund der Repräsentanten der Speierischen Kirche abseiten des Hochwürdigen Domkapitels ist bereits in den Anmerkungen zur Domkapitlischen Rekursschrift ad Num. 39. ins volle Licht gesetzet, und alldort bewiesen worden, daß der Bischof der alleinige und ausschließliche Repräsentant sei. Uebermuth kann es nur sein, sich solche Regenten Eigenschaften beilegen zu wollen, wenn es nicht Ungeschicklichkeit der Rathgeber und Schriftsteller ist, die solche irrige Sätze gerne einpflanzen möchten, um sich auch dabei zu seiner Zeit nicht zu vergessen.

Ee.

Copia Diplomatis Henrici IV. Romanorum Regis, vigore cujus Einhardo Episcopo Spirensi ejusque Successoribus forestum Lusshart in utraque ripa Rheni cum banno Regio extendit atque concedit. Anno 1063.

In Nomine Sancte & individue Trinitatis. Heinricus divina Clementia Rex. Si loca ab antecessoribus & parentibus nostris divinis cultibus & officiis mancipata aliquibus bonis augemus & Confirmamus, id nobis & in presenti, & in futuro seculo prodesse non dubitamus; qua propter notum esse volumus omnibus Christi, nobisque fidelibus tam futuris, quam presentibus, qualiter nos pro remedio anime Patris nostri pie memorie Heinrici Imperatoris, nec non ob peticionem fidelis *nostri Einhardi Sancte* Spirensis Ecclesie Episcopi, Ceterorumque Regni nostri Principum, Episcoporum, ducum, comitum Consilio atque Interventione, quoddam forestum, Lusshard nuncupatum, a predicto genitore nostro Heinrico imperatore ad Monasterium *Sancte Marie in Spira* quondam traditum & Confirmatum Locis infra sub notatos terminos sitis adauximus, ac melioravimus, scilicet de prenominato foresto Lusshard usque in Waldorff, & inde in oscherrsheim, inde antem in fluvium Suuerzaha, & per decursum ejusdem fluvii usque in Renum; deinde ex ulteriori ripa Reni in Lancwadin flumen, ac sic per ascensum hujus fluminis usque ad aliud antiquum forestum, Rechholz nomine; ex altera autem parte ab eo Loco, ubi Horebach Renum intrat, per ascensum ejusdem annis horebach usque in Lengelfeld, de Lengelfeld vero in Suuebengheim, ubi certis est Widegouuen, inde autem ad flumen Spira dictum, & juxta Spira sursum usque in bosequm: hæc eidem foresti augmenta cum Banno etiam Nostro, prædicte Sancte Spirensi Ecclesie donavimus, & Confirmavimus, ea videlicet ratione, *ut prefatus Episcopus Suique Successores tali deinceps Lege, ac proprietate his additamentis nostris utantur, quali idem Episcopus illo antiquo foresto Lusshard hactenus est usus.* Ut ergo hec nostra regalis tradicio, firma & inconvulsa omni permaneat evo, hanc cartam inde Conscribi, manuque propria, ut inferius cernitur, Corroborantes, Sigilli nostri Impressione jussimus insigniri.

Signum Domini Heinrici IV. Regis.

Fridericus Cancellarius vice Sigifridi Archi Cancellarii recognovi data est 11. Kalend. Febr. Anno Dominice Incarnationis MLXIII. Indict. 1. anno autem ordinac. Domini Heinrici IV. Regis VIII. Regni vero sexto. Actum Wormaice in Dei Nomine feliciter Amen.

Ff.

Formula Juramenti.

Für Herrn Generalfeldmarschallen Freyherrn von Thüngen als Gubernatorn zu Philippsburg. de dato 1698.

Der Kaiserliche Herr Generalfeldmarschall Freyherr von Thüngen, als von Römisch Kais. Maiestät und dem Reich mit Vorwissen und Belieben ihro Kurfürstl. Gnaden zu Trier als Bischoffen zu Speier verordneter Gubernator dero Stadt und Veste zu Philippsburg, hat einen leiblichen Eid zu Gott abzuschwören, daß jetzt Höchstgedachten ihro Kurfürstliche Gnaden als Bischoffen zu Speier Eigenthums und Landesherrn daselbsten, und Dero würdigen Domkapitul treu und hold seie, und gedachte Vestung wie für ihro Kaiserlichen Maiestät und das Römische Reich, also auch für Ihro Kurfürstliche Gnaden und dero Hochstift Speier zu dessen Schutz,

durch

durch sich und die ihme in Commando nachgesetzte und untergebene Garnison der Gebühr nach Beobachten, und wider allen feindlichen Gewalt bestens vertheidigen wolle.

In Konformität obiger Eydsformul hat der Herr Generalfeldmarschal Freyherr von Thüngen, præsentibus, zuvoderist Ihro Kurfürstliche Gnaden unsers gnädigsten Herrn Höchster Person Herrn Statthalter von Rollingen, als Repräsentanten, ein Hochwürdiges Domkapitul zu Speier, sodann Herrn Vicekanzler von Sohlern, Herrn Baron von der Leyen zu Adendorf, Herrn Obristen von Hilgen, Herrn Hofmeistern von Metzenhausen, und Herrn Hoffkavalier von Rollingen, nachdem zuvor wohlgedachter Herr Kanzler von Sohlern des Herrn Feldmarschallen Exzellenzen alle fernere remonstranda mündlich remonstrirt und vorgetragen, die Pflichten ad manus Clementissimas Eminentissimi in Dero gewöhnlichen Audienzzimmer abgelegt, Ehrenbreitstein den 11ten Julii 1698.

Formula juramenti vor die Garnison zu Philippsburg

Die aus ihro Kaiserlichen Majestät allergnädigsten Befehl zur Garnison dieser Vestung bestellte Herren Offiziers und Soldaten, haben zu Gott einen leiblichen Eid auszuschwöhren, daß sie nebst allerhöchstgedachten ihro Kaiserlichen Majestät und dem Römischen Reich dem Hochwürdigen Fürsten und Herrn Herrn Johann Hugo Erzbischoffen und Kurfürsten zu Trier, als Bischoffen zu Speier, **und über diese Vestung Eigenthums und Landsherrn,** sodann desselben Hochwürdigen Domkapitul treu und hold sein, Sr. Kurfürstlichen Gnaden und dero Hochstifts angehörigen Bedienten und Unterthanen keinen Schaden zufügen, sondern vielmehr in zimlichen Dingen beförderlich sein, sodann zu Behuf allerhöchstgedachten Ihro Kaiserlichen Majestät, des römischen Reichs, und Sr. Kurfürstlichen Gnaden wie vorgemelt gedachte Festung fleisig bewahren, und gegen allen gewaltsamen Anfall wie rechtschaffenen Offizier und Soldaten gebühret, vertheidigen und defendiren wollen.

Gg.

Copia Post Scripti ad Eminentissimum Spirensem von Dero Komitialgesanden von Karg de dato Wien den 4ten August 1736.

Auch ersehe aus Ew. Hochfürstl. Eminenz wohlerhaltenen gnädigsten Rescripto vom 29ten elapsi ich die hauptsächliche Bedencklichkeit, welche Höchstdieselbe über den Unterschied der Aydsformul, so nach dem Riswickischen Frieden von dem Kommendanten und Garnison zu Philippsburg, dann respec. von dem zu Kehl an beiderseitige hohe Landsherrschaft abgesprochen worden, höchst vernünftig machen, und die Beibehaltung der ersteren der Ursachen wünschen, weilen darinnen gemeldet: **daß die Annehm- und Bestellung des Gubernatoris und Kommendantens der Hochfürstl. Speyerischen Stadt und Festung Philippsburg mit Vorwissen und Belieben eines zeitlichen Herrn Bischoffens geschehen,** wovon in der Badischen hingegen explicite nicht gemeldet seye.

Wie Ew. Hochfürstl. Eminenz ich 1mo schon gehorsamst berichtet, daß nach des Kaiserlichen Ministerii mir beschehene Versicherung bei der Philippsburgischen Formula wegen der worten: **Treu und Hold,** welche allzusehr nach einem Unterthans Ayd richeten, der alleinige Anstand gewesen, für jetzt auch 2do in Conformität des Conferentialsschlußes die Expeditiones an den Herrn Herzogen von Würtemberg und an gemelde Kommendanten schon ergangen, 3tio auch zu betrachten, daß dermalen zu Philippsburg der Casus wegen Bestellung eines neuen Kommendantens (worzu das Belieben und Vorwissen Ew. Hochfürstl. Eminenz erforderlich wäre:) nicht existire; so wird meines Bedunkens vordersamst nöthig sein, den Inhalt gedachter Expeditionen, bei deren nächst anhoffender

Habhaftwerdung ein- und mit anzusehen, ob und was de præsenti & futuro zu Sicherstellung Ew. Hochfürstl. Eminenz hohen Gerechtsamen ferner zu desideriren und zu erinnern sein möge.

Nachdem ich entzwischen bei dem Herrn Reichsvicekanzlarn um abschriftliche Communikation mehr erwähnter Expeditionen wiederhohlter angesuchet, haben Seine Exzellenz mir geantwortet, daß solche nicht aus der Reichs- sondern aus der Hofkriegskanzlei ergangen, mithin daselbsten zu begehren wären: worüber aber bis hieher mit dem Hrn. Hofkriegsrathspräsidenten und mit dem geheimten Referendario von Koch zu sprechen die Gelegenheit nicht haben können, so jedoch nächster Tägen zu bewürken hoffe. ꝛc.

Hh.

Copia Domkapitularisch-Speierischer Vollmacht zur Huldigungs Einnahm von der Garnison zu Philippsburg de dato Frankfurt den 25ten Februarii 1698.

Demnach vermög des mit der Kron Frankreich den 30ten Oktober nächst verlittenen 1697ten Jahrs zu Rießwick getroffenen Friedens die Stadt und Festung Philippsburg an Ihre Kurfürstliche Gnaden zu Trier, als Bischoffen zu Speier ꝛc. und dero Hochstifft wiederum abzutretten und einzuraumen seynd, und dann die Romisch Kaiserliche Majestät (gleich es in dem heil. Römischen Reich bei dergleichen mehr andern Vestungen, und denen Kaiserlichen, auch Reichsbesatzungen hergebracht, und üblich) allergnädigst verordnet und angewiesen, daß fürohin die daselbstige hohe Kommendanntschaft sowohl, als die gesammte Garnison Höchst gedacht Ihro Kurfürstl Gnaden als Bischoffen zu Speier, und Dero Domkapitul benebens mit Ayd und Pflichten zugethan sein sollen; also haben mehr höchst ermeldte Se. Kurfürstliche Gnaden Dero geheimen Rath und Statthaltern zu Speier Henrich Hartarden von Rollingen. ꝛc. der Erz und hohen Domstifter Trier und Speier respect. Dombechanten und Chorbischofen. ꝛc. ꝛc. zu Ab- und Einnehmung sothaner Pflichten die Kommission und Vollmacht aufgetragen, zu dem Ende von Seiten eines Hochwürdigen Domkapituls zu Speier in gleichem deputirt und bevollmächtiget worden, hiemit in Krafft dieses auch deputirt und bevollmächtiget wird, der Hochwürdig Hochwohlgebohrene Herr Plato Amelung von Schlon genannt Gehlen. ꝛc. des hohen Domstifts Speier Capitularis, im Namen und von wegen eines Domkapituls dieser mit ablegender Pflichten halber, die Domkapitulische behörige Nothdurft zu beobachten mit Versprechen und Versicheren, alles genehm und vest zu halten in Urkund hievor aufgedruckten Kapitularsekretinsiegels, so geschehen Franckfurt den 25ten Februarii 1698.

Senior und Kapitul des hohen Domstifts zu Speier. **L. S.**

Ii.

Extract Philippsburger Garnisonshuldigungs Relation de dato 12ten Februar 1737.

Tenor Juramenti.

Die aus ihro kaiserlicher Majestät allerhöchsten Befehl zur Garnison dahier bestellte Herren Offizier und Soldaten haben zu Gott einen leiblichen Eid zu schwören, daß sie dem Allerdurchleuchtigsten, Großmächtigsten und unüberwindlichsten tot: Tit: Unserm allerseits allergnädigsten Herrn, und dem heiligen Römischen Reich, wie auch dem Hochwürdigsten Fürsten und Herrn Damian Hugo Kardinalen und Bischofe zu Speier, als dies Orts Landsfürsten und Eigenthums Herrn, und dessen Hochwürdigen Domkapitul getreulich dienen, Dero Schaden warnen, und Frommen Bestes fördern, auch sich sonsten in allen Kriegsokkasionen also verhalten sollen, und wollen, wie es rechtschaffenen Offiziers und Soldaten wohl ansteht, und gebühret:

Kk. Auszug

Kk.

Auszug aus Krämers Urkundenbuch zur Geschichte des Kurfürsten Friederichs des ersten von der Pfalz. Seite 276.

LXXXVI.

Fehdbrief des Kurfürsten Friederichs von der Pfalz an das Domkapitul zu Speier, d. d. Heidelberg Dornstag nach des heil. Kreuztag Inventionis 1462.

Wir Fridrich ꝛc lassen uch Dechan ven Capittel des Dumb Stiftes zu Spier wissen, nachdem vnd wie in vergangen Zirten mit etlichen uß uwern Capittel in namen uwer allergerett auch reden vnd fürhalten lassen han, was vnbillichkeit Her Johan Bischoffe zu Spier in Zyt der Einunge gegen vns und den vnsern fürgenommen vnd sych anders gehalten han dan wir meynen er billich gethan habe vnd uch des darumbe herinnern lassen diwile ir Dechan vnd Cappittel des Dumbstieffs sint vnd also mit uch gestalt ist daß ir ein Bischoff zu des Stieffs nutz vnd frumen zu wisen vnd des macht han da han wir mit vernomen das unser gutlich ersuchen ycht verfangen habe dan sither so hat der egenant Her Johan Bischoff vnser offen finde in des Stieffs slossen vnd stette ingelassen vns zu schaden vnd meint sych des gein vns bewart han vnd ist doch nit vnser fyent worden deshalbe wir vnd die vnsern merglich schaden empfangen han das alles ir wol vorkomen hetten vnd mochte han nachdem ir der Stieft vnd daz Haupt sin vnd one uwern zuthun Gunst vnd verhengniß nit gescheen sin mochte darumb so wollen wir uwern und aller der uwern vnd alles des uwern findt syn vnd wie sich das begebe das wollen wir vnßer Fürstliche ere gein uch vnd allen den uwern bewart vnd beduerffen wir eyniches Bewarung mer die wollten wir hiemit auch getan han. Datum Heidelberg vnder vnsern offgedruckten Ingesiegel, off Dornstag nach des heilgen Crutztag inventionis Anno &c. LXII.

Ll.

Extractus Protocolli Cons. Aul. Bruchsal Jurisdict. Martis de 15. Octob. 1743.

§. 3.

Weiters rescribiret unterm 4ten Octob. a. c. ein Hochwürdig gnädigst regierendes hohes Domkapitul: welcher gestalten Regimen unterm 8ten April 1741. an alle des Fürstl. Hochstifts Speier Ober- und Aemtere das Generaledict aus Befehl Ihro Hochfürstlichen Eminenz ausgeschrieben habe, das einem Domkapitulischen Beamten in denen Hochstiftischen Landen eigenthümliche Güter an sich zu Kaufen nicht erlaubt sein solle, und das Hauptsächlich darum, dieweilen dardurch die Gütere denen oneribus communibus entzogen würden; **gestalten aber dergleichen Verordnung nicht allein überhaupt nicht bestehen können, sondern auch dieselbe Hauptsächlich wieder eines Hochwürdigen hohen Domkapituls als des eigentlichen Erb und Grundherrns des Hochstifts Speier recht und Interesse laufet,** da wegen deren von seinen verrechnenden Beamten zu leisten schuldiger Cautionen demselben allzeit daran gelegen ist, eine Caution ehender in dem Hochstift Speier als ausserhalb desselben zu haben, darunter auch dem Hochstift nichts abgehe, da die onera realia ohnehin auf denen Güteren haften bleiben, und prästiret werden müssen, es mag auch dieselbe possidiren wer da will, die personalia aber per alios prästiret werden; als thut ein Hochwürdig gnädigst Regirendes hohes Domkapitul dieses also ausgeschriebene Generaledict nicht allein *ex plenitudine potestatis* **hiemit gänzlichen cassiren, und annulliren,** sondern es ergehet auch ad Reginien der ausdrücklich gnädigste Capitular Befehl, daß dieses rescript vom 8ten April 1741. durch ein anderweitiges Generalausschreiben bei allen ober und Aemtern des Hochstifts Speier eingezogen, und demselben einverleibt werden solle, daß denen Hoch und Domstiftischen

Beamten liegende Gütere in dem Hochstift zu acquiriren frei stehen und erlaubt sein solle, welches, wie es geschehen, Regimen innerhalb 8. Tagen zu berichten habe.

Conclusum

Solle dieser hohe Befehl eines gnädigst Regierenden hohen Domkapituls unterthänigst befolget werden.

Mm.

Extractus Protocolli Conf. Aul. Bruchsal Jurisdict. Jovis de 27. Septemb. 1753.

§. 9.

Ad §. 16. Proto: de 22. curr. haben Celsissimus gnädigst erkläret, wie es einem Hochwürdigen Domkapitul nicht zustehe, tempore Interregni die von denen Landesregenten gemachte Landsverordnungen abzuändern; dahero auch von neuem eine Verordnung erlassen werden solle; Kraft deren sämtlichen Hoch und Domstifts Bedienten die Erkauffung liegender Güter ohne Special gnädigste Erlaubniß untersaget werde.

Conclusum: Fiat Expeditio.

Nn.

Copia Circularis.

An sämtliche Hochfürstliche Ober- und Aemtere dies- und jenseits Rheins unter der Queich d. d. Bruchsal den 27ten September 1753.

Demnach Se. Hochfürstliche Gnaden, unser allerseits gnädigster Fürst und Herr sich gnädigst bewogen gefunden, die Tempore interregni nemlich den 15ten Oktober 1743. ergangene Verordnung, daß denen Hoch- und Domstiftischen Beamten liegenden Gütern in dem Hochstift zu acquiriren frey stehen und erlaubt sein sollte, zu revoziren und wie hiemit beschiehet, dergestalten aufzuheben, daß ins künftige sämtlicher des fürstlichen Hoch- und Domstifts Bedienten die Erkaufung liegender Güthere ohne Spezial gnädigste Erlaubnuß nicht gestattet sein solle; Als haben Wir die gnädigste Entschließung demselben und euch hiermit zur unterthänigsten Nachricht und nöthigen Bekanntmachung ohnverhalten wollen und sein annebst zu freundlicher Willensbezeugung wohl beigethan.

Oo.

Extractus Capitulationis Episcopi Herbipolensis de anno 1684. *ex Impresso: jus & Factum Juramenti Episcopalis, sive Capitulationum Herbipolensium a Capitulo Cathedrali hucusque adauctarum &c. de anno* 1697. *pag.* 141. *desumtus.*

§. 85. Quodsi accideret (quod deus avertat) ut contra hanc Capitulationem quid susciperemus Impetrationis, aut ab eadem absolveremur, ex tunc nullus de nostra Familia, spatio centum annorum assumatur in Canonicum hujus Ecclesiæ Cathedralis, sed propterea incurrendo quasi notam Infamiæ, pro exclusa habenda erit.

Pp.

Martis 29. *Augusti* 1786.

Zu Speier Herr Bischof und Fürst contra das Domkapitel daselbst, die anfechten wollende Landesherrliche und Bischöfliche Gerechtsame betreffend.

Absolvitur Relatio & Conclusum

1mo ponatur des Herrn Fürst Bischoffen anderweite allerunterthänigste Berichtliche Anzeige de præsentato 7 Januarii an. curr. samt der impetrantischen documentatione insinuati mandati procuratorii ad acta;

2do. Mit Verwerfung der abermaligen unzulänglichen Paritions Anzeige, und des überflüsigen Declarations Gesuches, detur dem impetratischen Domkapitel, in Ansehung der von Kai

serlichen

serlichen Majestät zur unabweichlichen Richtschnur festgesetzten Gränzen der Domkapitlischen potestati administratoriæ sede vacante und des untersagten gänzlichen Gebrauchs der Ausdrücke: gebohrner Senat auch Erb- und Grundherrschaft, ex officio terminus duorum mensium, um innerhalb desselben Kaiserlicher Majestät bestimmt anzuzeigen, wie Capitulum dem wirklichen Innhalt der Kaiserlichen Vorschrift vom 28ten August 1781. durchaus nachzuleben bereit seie, unter der Verwarnung, daß ansonsten die angedrohete Sequestration der Præbendal-Revenüen wirklich erkannt seyn und diesfalls Commissio Cæsarea auf den Herrn Fürst-Bischoffen expediret werden solle.

3tio. Quoad punctum restitutionis spolii rescribatur dem Herrn Fürst Bischoffen: Herr Fürst Bischof habe in Ansehung derjenigen Domkapitularen, welche durch Restitution der Spoliengelder den Kaiserlichen Anordnungen bis anher die schuldige Folge nicht geleistet hätten, bis zu derselben gänzlichen Successiven Abtrag an der, einen jeden betreffenden Rata der Domkapitlischen Præbendal Einkünften jährlich den dritten Theil, jedoch dergestalten einzuziehen, daß hiebei vordersamst von der ganzen Summa restituenda eines jeden die, von Kaiserlicher Majestät allergnädigst bewilligte Trauergelder a ein hundert fünfzig Gulden abgezogen, und respective denjenigen, von welchen die ganze Rata bereits an die Kammer restituiret worden sei, zurückgestellt, und endlich in Ansehung des Domkapitularen von Greifenclau, als ehmaligen Statthalters, annoch nebst obigen Trauergeldern sechshundert Gulden in Abzug gebracht werden können.

4to. Nachdeme einerseits Herr Fürst Bischof Kaiserliche Majestät alleruntertbänigst versicheret hat, daß die von seiner Fürstlichen Kammer erworbene Güter niemal anderst, als mit dem darauf haftenden Last der Steuerbarkeit acquiriret worden seyen, und Capitulum anderer Seits den ihm in membro X. Conclusi de 30. Aprilis 1784 auferlegten Beweiß herzustellen nicht vermogt; als wird nunmehr, mit Verwerfung des auf eine Localuntersuchung gestellten impetratischen Begehrens, und nach ernstlichem Verweis, des den Sedisvacanz Protocollen widersprechenden ungegründeten Vorgebens, womit Capitulum Kaiserliche Majestät behelliget hat, der Art. Xmus der Fürstlichen Wahlkapitulation, auch in Rucksicht der darinn der Fürstlichen Kammer im Falle der Unzulänglichkeit einer einfachen Landesschatzung Reichsgesetzwidrig aufgebürdeten Uebernahm, von Obristrichterlichen Amtswegen andurch annullirt und aufgehoben.

Ignaz von Hofmann.

Qq.

Schreiben eines Hochwürdigen Domkapitels zu Speier an Seine Hochfürstlichen Gnaden d. d. Speier den 7ten November 1786.

Vorläufig war es Uns schon überhaupt bekannt, daß die ehevorige reichshofräthlichen Erkenntnisse durch ein anderweites Conclusum vom 29ten August bestättiget worden seien, und daß immittelst eingefolgte Conclusum selbst hat Uns solches näher verkündet. Ueber dessen Hauptgegenstand haben Wir bei gegenwärtiger Generalversammlung einen der Zeit und den Umständen angemessenen Abschluß genommen.

In belang deren zu zalenden Interregnumsgeldern hingegen erklärten die noch rückhaftende Individua, daß, da nur erst bis Dominica nova des künftigen Jahrs ihre Präbenden Einkünfte wieder fähig werden und also auch nur die Rechnungen des nämlichen Jahrs in Rücksicht der Unständigkeit des Ertrags der richtige Maasstab zur Heimzalung seyn kann, Euer Hochfürstliche Gnaden sich zum voraus gänzlich gesichert halten mögen, daß Höchstdieselbe sodann nach einem Pflichtmäßigen Verzeichniß der Præbendal-Einkünften und nach dem Buchstaben der allerhöchsten Kaiserlichen Vorschrift werden berichtiget werden.

In dem Jahre 1787. wird noch ein Nachtrag folgen.

www.ingramcontent.com/pod-product-compliance
Lightning Source LLC
Chambersburg PA
CBHW030326270326
41926CB00010B/1525

* 9 7 8 3 7 4 3 6 7 9 4 3 6 *